시경詩經 Ⅰ

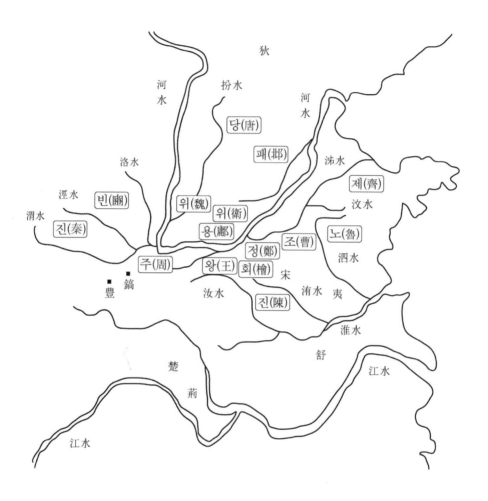

狄

河水　扮水　河水

당(唐)

패(邶)

洛水　沛水

제(齊)

涇水　빈(豳)　위(魏)　위(衛)　汶水

渭水　진(秦)　용(鄘)　조(曹)　노(魯)

주(周)　왕(王)　정(鄭)　회(檜)　泗水

■鎬

■豐　汝水　宋　洧水　夷

진(陳)　淮水

楚　舒

荊

江水

江水

* 위『시경』지리도는 굴만리(屈萬里)의『시경전석(詩經全釋)』부록에 나오는 지도
를 모본으로 하여 작성했다.

느낌이 있는 고전 _ 가장 오래된 노래

시경詩經 I

국풍國風

정용환 역해

경인문화사

역자 서문

1. 『시경』 번역과 관련해

시란 마음으로 느낀 바가 말로 드러난 것이며, 『시경』은 희로애락을 담은 중국에서 가장 오래된 시집이다. 20여 년 전 한국학중앙연구원 대학원 재학 시절에 『시경』 강독회 참석을 인연으로 하여 시 읽기에 흥미가 생겼다. 『시경』을 읽으면 즐거웠지만 다른 한편으로 의미가 애매하거나 모호한 부분들이 좀처럼 해소되지 않기도 했다. 이에 『시경』의 시들을 더 깊게 음미해보고자 몇 가지 주석서들을 참조해 읽어나갔는데 가장 곤란했던 두 가지 점은 서로 다른 해석 및 동식물 명칭의 불명확성이었다. 그러한 난제들을 극복하기 위해 부득이하게 각각의 시들에 대해 원문 한 글자씩 음을 새기고 훈을 조사해 차근차근 번역하면서 철저하게 읽어나가기로 마음먹었다. 2001년과 2002년 사이에 아리조나대학교 동양학과에서 연구하던 시절에 한자문화권과 영어권의 여러 주석서들을 두루 검토해가며 초역했고 귀국한 뒤에도 더 광범위한 자료조사와 독회를 통해 계속해서 원고를 보완해왔다. 요약하자면, 본 번역서에서는 『시경』의 더욱 명확한 이해를 위해 동서고금의 주석서를 두루 참조해 각 시들의 풍부한 의미와 느낌을 오롯이 한글에 담아내려고 시도했을 뿐만 아니라, 동식물에 대한 연구서들을 조사해 그 학명과 설명을 명확하게 제시하고자 했다.

전통 주석서, 현대 주석서, 영문 번역서 등을 널리 참조해보면 『시경』의 시들이 매우 다른 관점에서 이해되는 경우가 많다. 특히 『시경』의 풍(風),

아(雅), 송(頌) 세 가지 범주 가운데 풍에 대한 해석이 다양하다. 풍에 나오는 시들에 대한 의미 해석과 관련해 『모시(毛詩)』, 『정전(鄭箋)』, 『시집전(詩集傳)』 등은 현대 주석서들과 견해 차이를 보인다. 옛 주석서들은 풍의 시를 도덕적 감화 측면에서 해석한 반면에, 최근의 주석서들은 민간의 일상적 감정을 담은 것으로 본다. 본 번역서에서는 풍의 시들을 번역하는 과정에서 옛 주석서뿐만 아니라 요시카와 코오지로(吉川幸次郎)와 홍순륭(洪順隆)이 지은 『시경국풍(詩經國風)』, 왕연해(王延海)의 『시경금주금역(詩經今注今譯)』, 웨일리(Arthur Waley)의 영역본 등 현대의 설도 두루 참조해 반영했다. 또한 국풍 각 시의 의미에 대해서는 『모시서』의 설을 참고할 수 있도록 해설 뒤에 부기해두었다.

『시경』에 나오는 동식물의 정확한 이름을 제시하고자 했으며, 관련 학명을 조사해 풀이에서 밝혀두었다. 『시경』의 시들은 주변 동식물에 빗대거나 공명함으로써 그 의미가 드러난 경우가 많기 때문에 이에 대한 이해가 중요하다. 처음에는 대만 대화서국(大化書局)에서 편찬한 『시경동식물도감총서(詩經動植物圖鑑叢書)』에 실려 있는 청(淸) 나라 서정(徐鼎)의 『모시명물도설(毛詩名物圖說)』, 일본 강원봉(岡元鳳)의 『모시품물도고(毛詩品物圖考)』, 당(唐) 나라 육기(陸璣)의 『육씨초목조수충어소도해(陸氏草木鳥獸蟲魚疏圖解)』를 참조한 뒤에 이영노의 『원색한국식물도감』과 대조해서 식물의 이름을 찾았다. 그러던 차에 반부준(潘富俊)·여승유(呂勝由)가 지은 『시경식물도감(詩經植物圖鑑)』과 고명건(高明乾)·동옥화(佟玉華)·유곤(劉坤)이 지은 『시경동물석고(詩經動物釋詁)』를 구해 참조했다. 최근에는 고명건(高明乾)·왕봉산(王鳳産)·모설비(毛雪飛)가 지은 『시경동식물도설(詩經動植物圖說)』 동물편과 식물편이 출간되어 참고했다. 이 연구서들에는 『시경』에 나오는 동식물의 학명을 전문적으로 밝혀놓고 있어서 거기에 의거해 동식물 이름을 더욱 상세히 파악할 수 있었다. 참고로 이 책에 수록한 동식물 관련 그림은 대부분 『모시명물도설』과 『모시품물도고』에 수록된 것들이다.

『시경』을 번역하는 과정에서 수사를 어떻게 처리할 것인지도 고민거리였다. 요즈음 영문 서적의 국문 번역서가 많지만 적절하게 수사를 번역하지 못한 경우를 자주 목격할 수 있다. 그 이유는 한국어의 경우 영어와 수사 사용법이 다르기 때문이다. 그런데도 한국어의 수사가 영어의 영향을 받아 부자연스럽게 사용되곤 한다. 『시경』을 번역하면서도 수사를 어떻게 번역할 것인지의 문제에 직면했다. 그래서 다음과 같이 한국어 수사를 정리해 번역했다. 첫째, 한국어에서 단수 및 복수의 경우 수를 구체적으로 밝혀주는 것이 좋다. 예를 들어 "한 사람", "두 사람", "라면 세 봉지" 등과 같은 경우가 그러하다. "타래", "첩", "마리" 등 한국어에 고유하게 발달되어 있는 수사 어휘를 적절히 활용해야 좋은 번역이 가능하다. 둘째, 한국어는 영어와 달리 셀 수 있는 명사라고 할지라도 특정한 수사 없이 단독으로도 쓰일 수 있다. 예를 들어 "산에 진달래꽃이 피었다"는 문장의 경우 수사가 명시적으로 표시되어 있지 않지만, '진달래꽃'이라는 낱말은 1개에서 시작해 그 이상의 복수까지도 지시할 수 있다. 이와 같이 수사가 없이 명사만을 단독으로 사용해 1개 이상의 수를 자연스럽게 표현함으로써 한국어에 맞게 번역할 수 있다. 셋째, 한국어 명사는 "~들"과 같이 불특정 다수를 나타내는 수사가 가능하다. 예를 들어 "버스정류장에 서있는 사람들"의 경우가 그러하다. 『시경』을 번역할 때에 이상의 세 가지 수사 관념을 가지고서 적절한 수를 찾아 번역했다.

그 밖에도 옛 한문과 현대 한국어 사이에 높임말 체계가 서로 달라서 이를 어떻게 번역할 것인지도 고민거리였다. 본 번역본에서는 가능하면 조사 및 어미에서 높임말을 사용하지 않았다. 높임말의 과도한 사용을 자제함으로써 시 본래의 내용에 조금이라도 더 가깝게 다가서는 것이 중요하다고 생각했다.

2. 『시경』의 역사

『시경』은 중국에서 제일 오래된 시 선집이다. 『시경』이라는 용어는 한 (漢) 나라 때에 만들어진 것이고 공자 당시까지는 "시(詩)" 또는 "시삼백(詩三百)"이라고 불렸다. 『사기』「공자세가」에 따르면, 공자가 삼천 여의 시에서 중복된 것을 제거하고 305편(제목만 남아있는 6편을 합하면 311편)을 다시 배열해 가락을 더해 노래로 불렀다고 한다.

한(漢) 나라 때 『시경』은 경(經)에 속하는 책이었다. 당시 『시경』 해석으로는 세 학파가 있었다. 제 나라 사람인 원고생(轅固生)에 의해 전수된 산동성(山東省) 북부의 제시파(齊詩派), 노 나라 사람인 신배공(申培公)에 의해 전수된 산동성(山東省) 남부의 노시파(魯詩派), 연(燕) 나라 사람인 한영(韓嬰)이 창립한 하북성(河北省) 북부의 한시파(韓詩派)가 그것이다. 삼가는 모두 당시에 사용하던 예서(隸書)를 사용했으므로 금문학파(今文學派)라고 불린다. 무제(武帝)가 유학을 국교로 정하면서 삼가시는 대학(大學)에서 교재로 사용됐다. 현재 삼가시는 사라지고 한영(韓嬰)이 지은 『한시외전(韓詩外傳)』과 노시파(魯詩派)였던 유향(劉向)의 『열녀전(烈女傳)』에 그 일부가 전한다.

현대에 유통되는 『시경』은 한(漢) 나라 때의 『모시(毛詩)』이다. 모형(毛亨)과 모장(毛萇) 두 사람이 주석을 달았지만 두 사람에 대한 전기는 상세하지 않다. 『모시』는 옛 서체로 쓰여 있으므로 고문학파(古文學派)라고 부른다. 서한(西漢) 시대에는 『모시』가 공식적으로 유통되지 않았고, 동한(東漢) 시대에 들어 민간에 있던 고전이 발흥하면서 학자들이 교재로 강의했다. 책 머리에 있는 「대서(大序)」에서는 풍·아·송·부·비·흥에 대해 설명하고, 각 시의 머리에 있는 「소서(小序)」에서는 그 시의 주지를 제시한다. 그러나 『모시』의 설과 삼가시의 설이 일치하지 않는 곳이 많다.

동한(東漢)의 정현(鄭玄, 127-200)이 삼가시와 『모시』를 비교 연구한 다음에 『모시』를 텍스트로 삼아 삼가시를 참고해 주석을 달았다. 정현의

『정전(鄭箋)』이 최초의 종합적 주석이라고 할 수 있다. 이후 남송(南宋) 주희(朱熹, 1130-1200)의 『시집전(詩集傳)』이 나오기까지 『모시』와 『정전』이 『시경』에 관해 권위를 차지했다. 주희는 다른 유가 경전과의 상관성을 중시하는 관점에서 『시집전(詩集傳)』을 지었다. 그의 시 해석은 『정전(鄭箋)』의 정치적 해석에서 탈피해 인간의 보편적 감정을 성리학적 관점에서 부각시켰다.

　청(淸) 나라 학자들은 주희의 시 해석이 옛 글에 대한 고증학적 지식이 부족하다고 생각해 새로운 해석법을 사용했다. 호승공(胡承珙, 1776-1832)의 『모시후전(毛詩後箋)』, 진환(陳奐, 1786-1863)의 『시모씨전소(詩毛氏傳疏)』, 마서진(馬瑞辰, 1782-1853)의 『모시전전통석(毛詩傳箋通釋)』 등이 그러하다. 참고로 호승공(胡承珙, 1776-1832)의 『모시후전』이 1837년에 출판되었다. 호승공은 안휘성(安徽省) 경현(涇縣) 사람이며 대만(臺灣)에서 지방 관리를 역임했다. 그에 대한 전기는 요시카와(吉川)의 수필집 『뢰봉탑(雷峯塔)』에 있다. 또한 진환(陳奐, 1786-1863)의 『시모씨전소』가 1847년에 출판되었다. 그는 소주(蘇州) 사람이고 단옥재(段玉裁)의 제자이다. 이 책은 언어학적으로 청(淸) 나라 학자들에게 많은 영향을 끼쳤다. 한편 운(韻)에 관해서는 청(淸) 나라 강유고(江有誥)의 『시경운독(詩經韻讀)』이 있다.(이상의 내용은 吉川幸次郎 編選, 洪順隆 評析, 『詩經國風』을 참고) 이밖에도 현대에 접어들어서는 『시경』에 나오는 동식물 및 물품의 이름을 고증한 책들을 포함해 많은 번역서들이 출판되고 있다.

　『시경』은 영어로도 많이 번역되었다. 『시경』은 처음에 예수회 신부였던 라샴(Lacharme)이 1733년쯤에 라틴어로 번역해 1830년까지 초고 상태로 있다가 프랑스 파리의 저명한 중국학자였던 몰(M. Jules Mohl)이 그것을 편집했다. 그러나 제임스 레게에 따르면 이 번역본은 각주가 없는 등 결점이 매우 많은 번역본이다.(제임스 레게 『시경』 영문 번역본 서문 참고) 『시경』 영문 번역본으로는 레게(James Legge)의 *The She King or The Book of*

Poetry, 칼그렌(Bernhard Karlgren)의 *The Book of Odes*, 웨일리(Arthur Waley) 의 *The Book of Songs*, 당자항(唐子恒)·료군(廖群)·안증재(安增才)의 *The Book of Songs* 등이 있다. 이 중에서 레게본은 주희의 주석을 충실하게 반영하고 있을 뿐만 아니라 동식물 이름을 밝히기 위해 『모시품물도고』에 의거해 영국 생물학자의 조언을 구하고 있다. 한편 웨일리본은 문학적으로 매우 돋보이는 번역을 하여 시의 맛이 잘 살아있다. 마지막으로 당자항본은 현대중국어 번역과 영어 번역이 함께 실려 있어서 교차해 참조하기에 좋다.

3. 시의 장르별 분류: 풍(風), 아(雅), 송(頌)

『모시』의 「대서」에 의하면 『시경』은 풍(風), 아(雅), 송(頌), 부(賦), 비(比), 흥(興) 등 육의(六義) 관점에서 이해할 수 있다. 육의 중에서 풍(風), 아(雅), 송(頌)은 시의 장르를 가리킨다. 풍(風)은 각 지역의 풍속을 읊었다. 왕이 직접 통치하던 주(周) 나라 및 제후들이 통치하던 지방의 풍습이 국풍(國風)에 들어 있으며, 모두 160편이다. 아(雅)는 주(周) 나라 왕실의 시이며 연회 및 조회 때에 주로 사용되었다. 아는 소아(小雅)와 대아(大雅)로 구분되며, 모두 105편이다. 송(頌)은 주(周) 나라, 노(魯) 나라, 상(商) 나라에서 조상의 공덕을 기린 시이다. 주로 왕조가 흥성하게 된 역사를 읊었으며, 모두 40편이다.

4. 시의 서술 방식: 부(賦), 비(比), 흥(興)

『시경』의 시를 구성하고 있는 각 장(章)들은 현대시의 연 개념에 상응하며, 그 서술 방식으로는 부(賦), 비(比), 흥(興)이 있다. 본 번역서에서는 주희의 설에 의거해 각 시의 장들이 부인지, 비인지, 흥인지의 여부를 해설 부분에서 표시해두었다. 부(賦)는 "갈담(葛覃)"이나 "권이(卷耳)"의 시처럼 해당 사물이나 일에 대해 직접 진술하는 것(直陳其事)을 말한다. 비(比)는 "종사(螽斯)"나 "녹의(綠衣)"의 시처럼 다른 사물을 끌어다가 화자가 말하고자 하는 의미를 형용하는 것(引物爲說)을 가리킨다. 마지막으로 흥(興)은 "관저(關雎)"나 "토저(兎罝)"의 시처럼 사물에 의탁해 말을 일으키는 것(託物興詞)을 뜻한다.

부(賦)가 직접 서술이라면 비(比)는 비유적 서술이다. 부와 비의 문체는 현대에도 널리 사용하는 서술 방식이라서 비교적 이해하기 쉽다. 이와 달리 흥(興)의 기법은 삶의 컨텍스트를 활용하는 매우 독특한 서술 방식이다. 이런 까닭에 『시경』의 시를 더욱 잘 감상하기 위해서는 흥의 기법에 대해 더 상세히 알아둘 필요가 있다. 흥의 기법을 사용한 시에서는 시인의 심정과 조응하는 주변 상황이나 사물을 먼저 묘사함으로써 시의 흥취를 자아낸다.

흥의 기법을 이해하기 위해 『시경』 첫머리에 나오는 「관저(關雎)」라는 시를 보자.

까앙까앙 물수리
황하의 섬에서 우네
정숙한 아가씨는
군자의 좋은 짝이라네

위 시에 나오는 섬의 물수리가 시인 삶의 컨텍스트에 해당한다면, "정숙한 아가씨는 군자의 좋은 짝"이라는 뒤 구절은 시인의 심정을 나타낸다. 맨 앞에 나오는 섬에서 우는 물수리는 시심의 발생과 긴밀하게 연계되어 있다. 섬에서 우는 물수리는 아가씨를 사모하는 시인의 마음과 공명함으로써 이 시의 의미를 감각적인 방식으로 확장한다. 이와 같이 주변 사물이나 상황이 시심과 긴밀히 조응하는 시를 흥(興)이라고 부른다.

흥은 시인이 처한 상황이나 사물에 대한 언급에 이어 자신의 심정을 일으키는 양식을 취한다. 「관저」 시에서 시인이 그리워하는 정숙한 아가씨는 꾸아앙 꾸아앙 우는 섬의 물수리를 시발로 하여 시인의 마음에서 움터 나온다. 그렇다면 시인이 사모하는 정숙한 아가씨는 시인의 마음으로부터만 나오는 것이 아니다. '정숙한 아가씨'라는 시구는 섬의 물수리가 꾸아앙 꾸아앙 울고 있는 것과 연관해서 발화된다. 이처럼 흥으로 이루어진 시 구절들에서는 배경적 상황과 시인의 마음이 공명한다.

만약 섬의 물수리가 시에 등장하지 않는다면 시인이 어떠한 상황에서 정숙한 아가씨를 그리워하는지 알 길이 없을 것이다. 물수리는 시인이 물가로 일을 나가거나 놀러 나갔을 때 자주 보았던 자연물이다. 시인은 그 물가를 거닐면서 문득 정숙한 아가씨를 그리워했을 것이다. 섬의 물수리는 짝을 찾아 저대로 울어대며 시인은 시인대로 정숙한 아가씨에 대한 그리움을 일으킨다. 섬에서 물수리가 울 때 시인의 마음에서 자연스럽게 요조숙녀를 그리는 마음이 터져 나온다.

위의 시에서 물수리는 부나 비 방식으로 사용되지 않는다. 만약 시인이 물수리 울음에 대해 직접 묘사하고 있다면 그것은 부(賦)이지 흥(興)이 아닐 것이다. 또한 물수리로써 정숙한 아가씨를 비유하고 있다면 그것은 비(比)이지 흥(興)이 아닐 것이다. 물수리는 시인의 의도와 상관없이 그저 짝을 찾아 저 울고 싶을 때 울었을 뿐이다. 그 울음이 시인의 마음을 형용하기 위해 억지로 조작되지 않는다. 물수리와 시인 사이에는 느슨한 혹은 여유로운 상호작용이 존재한다. 시인은 물수리가 우는 곳에서 삶을 영위하고 있으며 이러한 삶속에 정숙한 아가씨에 대한 그리움이 배어 있다. 물수리가 저대로 우는 그 곳에서 시인 마음에 그리움이 함께 길러지며, 그러한 감정이 시로써 자연스레 발화될 때 흥의 매력이 살아난다. 흥의 훈이 '일어남'이나 '일으킴'을 뜻하는 것도 그러한 까닭이다.

흥에서 시인의 시적 감수성은 주변 사물과 공명하면서 드러난다. 마치 산수화에서 산, 구름, 나무, 강물 등을 배경으로 하여 그 안에 점처럼 작은 모습으로 사람이 그려지는 것과도 비슷하다. 산수화에서는 광활한 여백과 조그마한 인물이 조응함으로써 기운이 생동하게 된다. 이처럼 인간은 주변 사물과 감응하는 과정 속에서 자신의 정취를 갖는다. 「관저」에서 정숙한 아가씨에 대한 그리움은 물수리의 울음이나 사냥과 조응한다. 그 이전도 아니고 그 이후도 아닌 주변 사물과 함께 진행되는 삶의 과정 중 어느 한 시점에 시인의 정서가 자연스레 표출되는 것이 흥이다.

비록 『시경』의 시는 아닐지라도 흥의 기법이 유감없이 발휘된 이백(李白)의 「자야오가(子夜吳歌)」를 보자.

장안(長安)에 달 하나 떴는데　　　　　　　長安一片月

집집마다 다듬이질 소리　　　　　　　　　萬戶擣衣聲

가을바람 그치지 않으니　　　　　　　　　秋風吹不盡

이게 다 옥관(玉關)의 모습　　　　　　　　總是玉關情

언제나 오랑캐를 평정하고　　　　　　　　何日平胡虜

님께서 원정을 마치려나　　　　　　　　　良人罷遠征

위의 시에서 서정적 자아는 전쟁나간 남편을 그리워하는 아낙들이다. 그들이 살던 장안은 가을철이 되면 하늘에는 한 조각 밝은 달이 뜨고 대기에는 쌀쌀한 바람이 분다. 이러한 삶의 지평들이 이 시에서는 흥의 역할을 한다. 얼핏 보면 달의 운행과 가을바람은 대수롭지 않은 일상적 현상으로 보일 수 있다. 그러나 이러한 가을이라는 환경과 함께 남편의 귀환을 염원하는 여인들의 마음은 깊이와 두께를 갖게 된다. 한 조각 밝은 달은 저대로 떴다 졌다 했을 것이고, 쌀쌀한 가을바람이 저대로 불어왔을 것이고, 그러한 상황에서 여인들은 밤이면 허전한 마음으로 고독하게 다듬이질 했을 것이다. 이처럼 한 조각 밝은 달과 가을바람은 외로운 여인들과 조응함으로써 쓸쓸한 정취가 형성된다.

이와 같이 흥은 주변물과 시인이 의도적으로 참견하지 않으면서 상호작용하는 존재들의 가입이다. 인간은 주변 사물과 어우러진 삶의 지평 속에 존재한다. 달은 달대로, 바람은 바람대로, 사람은 사람대로, 각자의 길을 가면서도 자연스레 서로 공명한다. 흥은 세계 내 여러 존재들이 자신의 이야기를 스스럼없이 드러내는 과정에서 조응함으로써 서로의 감정을 일으킨다는 점에서 유유자적한 만남이다. 흥의 기법을 이해한다면 『시경』에 나오는 많은 시들의 풍부한 정취 속으로 들어갈 수 있을 것이다.

『시경』을 읽노라면 자연스레 옛 사람들의 희로애락에 다가서게 된다. 그들은 삶의 여러 국면에서 사랑, 미움, 기쁨, 슬픔, 즐거움, 분노, 불안, 고독 등 매우 다양한 감정들을 진솔하게 쏟아낸다. 그러한 시들을 접할 때면 내가 살아오면서 경험했던 여러 느낌들이 더욱 뚜렷하고 새롭게 되살아난다. 그렇게 하여 시와 나 사이에서 삶의 의미를 반추하게 된다. 그들은 왜 그러한 감정을 토로했을까? 나는 삶에서 무엇을 느끼고 있으며, 그렇게 느끼는 까닭은 무엇일까?

2023년 9월
정용환

차 례

제1부

국풍(國風)

주희에 따르면 국(國)이란 제후들을 봉한 지역을 가리키고, 풍(風)이란 민속가요로 서 시(詩)를 가리킨다. 풍은 사람들을 감흥시키는 것과 관련된다. 마치 그것은 바람이 사물에 불어오면 소리가 생겨나고, 그 소리가 사물을 움직이는 것과 같다. 제후들이 시를 채집해 천자에게 올리자 천자가 받아서 악관에게 진열하게 하여 풍속의 좋고 나쁨을 헤아렸다. 국풍에는 15개 지역의 시가 실려 있다. 그 중에서 주남(周南)과 소남 (召南)을 정풍(正風)이라고 부르고, 나머지 13국의 시를 변풍(變風)이라고 부른다.

제1권. 주남(周南)

후직(后稷)

부줄(不窋)

국도(鞠陶)

공류(公劉)

고공단보(古公亶父, 太王)

계력(季歷)

문왕(文王, 昌)

무왕(武王, 發)

성왕(成王, 誦)

강왕(康王, 釗)

주(周)는 나라 이름이고, 남(南)은 남방의 제후국을 가리킨다. 주(周) 나라는 처음에 기산(岐山) 남쪽에서 시작했다. 후직(后稷)의 13세손인 고공단보(古公亶父, 太王)가 그곳에 거주했다. 나중에 문왕(文王)에 이르자 땅을 개척해 수도를 풍(豐) 땅으로 옮기면서 기(岐) 땅을 둘로 나누어 주공(周公) 단(旦)과 소공(召公) 석(奭)에게 주었다. 주공은 기(岐) 땅 중앙 지역을 받았고 소공(召公)은 남부 지역을 받았다. B.C. 1122년 무왕(武王)이 동쪽 하남성(河南省) 맹진현(孟津縣)으로 진출하고, 북쪽으로 황하를 건너 제후들의 군대와 합류해 상(商) 나라 수도인 조가(朝歌)를 공격했다. 당시 천자였던 상(商) 나라 왕 주(紂)는 지금의 하남성(河南省) 기현(淇縣)에서 자살했다. 무왕(武王)의 혁명이 성공해 주(周) 나라가 천자의 나라가 되었고, 수도를 풍(豐) 땅에서 호(鎬) 땅으로 옮겼다. 풍(豐) 땅은 지금의 섬서성(陝西省) 호현(鄠縣) 동부이고, 호(鎬) 땅은 지금의 섬서성(陝西省) 장안(長安) 서남부이다. 주남(周南) 11편은 국중(國中)에서 얻은 것과 남국(南國)에서 얻은 것이 섞여 있으며 주공단(周公旦)이 모았다고 한다.

1. 관저(關雎) / 물수리

까앙까앙 물수리
황하의 섬에서 우네
정숙한 아가씨는
군자의 좋은 짝이라네

들쭉날쭉한 노랑어리연꽃을
배의 좌우에서 헤치고
정숙한 아가씨를
자나 깨나 구하네
구해도 얻지 못해
자나 깨나 그리움에 사무쳐
오래도록
뒤척이며 구르네

들쭉날쭉한 노랑어리연꽃을
배의 좌우에서 따고
정숙한 아가씨를
거문고를 연주해 사귀네

들쭉날쭉한 노랑어리연꽃을
배의 좌우에서 고르고
정숙한 아가씨와
종과 북을 울리어 즐기네

關雎

關關雎鳩 在河之洲 窈窕淑女 君子好逑

參差荇菜 左右流之 窈窕淑女 寤寐求之 求之不得 寤寐思服 悠哉悠哉 輾轉
　反側

參差荇菜 左右采之 窈窕淑女 琴瑟友之 參差荇菜 左右芼之 窈窕淑女 鍾鼓
　樂之

〈關關雎鳩〉

關關(관관): 물수리 울음 소리. 주희에 의하면 암수가 서로 응하여 화답하는
　소리이다.

雎鳩(저구): 물수리. Pandion haliaetus. 매목 수리과. 王雎,
　魚鷹, 白鷲, 白鷙, 鷲, 鵰類(郭璞). 철새인 물수리는 강기
　슭의 절벽 등에 기거하면서 물고기를 잡아먹고 산다.
　물수리가 공중에서 정지비행을 하면서 수중을 엿보다
　가 아래로 곤두박질 쳐 강한 발톱으로 물고기를 낚아채
　어 날아오르는 모습이 일품이다. 봄과 가을에 우리나라
　전역에서 드물게 관찰되며 남부 지방에서 월동한다. 제
　주에서는 민물에 사는 숭어를 사냥하는 모습이 관찰되
　기도 한다.(고원상 기자, "날카로운 부리와 눈매, 제주
　해안서 먹이 찾는 물수리 포착", 『미디어 제주』, 2023.02.
　06. 그림은 『모시품물도고』에서)

雎鳩

河(하): 황하.

之(지): 어조사.

洲(주): 물 안의 사람이 거주할 수 있는 섬.

窈窕(요조): 정숙함.

君子(군자): 덕이 있는 남자.

好逑(호구): 좋은 짝.

荇菜

〈參差荇菜1〉

荇菜(행채): 노랑어리연꽃. Nymphoides peltatum (Gmelin) O. Kuntze. 쌍떡잎
　　식물 용담목 용담과 여러해살이풀 수초. 줄기는 희고, 잎은 둥글고 붉으며,
　　노란 꽃이 더운 여름에 핀다. 물에 떠 있고, 뿌리는 물속에 잠겨 있다.
　　부드러운 잎을 먹을 수 있다.

參差(참치): 연꽃이 들쭉날쭉하게 여기저기 많이 핀 모양.

左右(좌우): 물 위에 떠있는 배의 좌우.

流之(류지): 물길을 따라가며 마름을 취하다. '之(지)'는 마름을 가리킨다.

寤寐(오매): 깨었을 때나 잠들었을 때나 항상.

思(사): 그리워하다.

服(복): 그녀. '彼'와 같다. 혹은 '思'와 같은 의미로 해석하기도 한다.

悠(유): 오래도록. 생각이 끊이지 않고 계속되는 것으로, 그리움이 깊음을
　　나타낸다.

輾(전): 잠자리에서 몸을 반쯤 돌리다.

轉(전): 잠자리에서 몸을 한 바퀴 구르다.

反側(반측): 잠 못 들어 몸을 반대쪽으로 눕다.

〈參差荇菜2〉

琴瑟(금슬): 거문고. 주희에 의하면 금(琴)은 5현 또는 7현이고 슬(瑟)은 25현

이다.

友(우): 친구. 벗.

芼(모): 고르다.

해설: 모든 연이 흥이다. 물수리가 울고, 노랑어리연꽃이 자라는 강변 마을에서 읊은 구애시이다. 물수리 사냥은 남자의 구애를 연상시키고, 노랑어리연꽃의 확연한 자태는 예쁜 여자를 연상시킨다. 강변 마을에 사는 남자가 정숙한 여자를 만나 북과 종을 울려 즐거워했다. 참고로 공자와 주희는 『시경』에 대해 도덕주의적 관점을 취한다. 공자는 관저편에 대해 "즐거워하되 지나치지 않고, 슬퍼하되 다치지 않는다.(『논어』「팔일」)"라고 평했다. 나아가 『모시』에서는 "관저는 후비의 덕을 노래한 것으로 풍의 처음이니, 이로써 천하 사람들을 교화하고 부부의 도리를 바로 잡았다."라고 했다. 나중에 주희의 『시집전』은 공자와 『모시서』의 설을 취해 '물수리의 감정이 지극하면서도 구별이 있는 것'을 '후비의 바름'에 견주면서 도덕주의적 관점을 확실시 한다. 그러나 본 번역본에서는 도덕주의적으로 해석하기보다 가사 내용을 있는 그대로 전달하고자 했다.

2. 갈담(葛覃) / 칡덩굴 뻗었네

골짜기에
칡덩굴 뻗었네
저 무성한 잎에
방울새 날아드네
관목에 내려앉아

찌로로롱 노래 부르네

골짜기에
칡덩굴 뻗었네
저 조밀한 잎을
쳐내고 삶아서
가는 베와 굵은 베를 짜면
아무리 입어도 싫지 않다오

사씨(師氏)에게 말해다오
집에 가겠다고
어서 내 평상복을 빨고
어서 내 외출복을 세탁하세
어느 것을 빨고 어느 것을 놔두리?
부모에게 돌아가리라

葛覃

葛之覃兮 施于中谷 維葉萋萋 黃鳥于飛 集于灌木 其鳴喈喈
葛之覃兮 施于中谷 維葉莫莫 是刈是濩 爲絺爲綌 服之無斁
言告師氏 言告言歸 薄汚我私 薄澣我衣 害澣害否 歸寧父母

〈葛之覃兮1〉
葛(갈): 칡. Pueraria lobata(Willd.) Ohwi. 쌍떡잎식
　　물 장미목 콩과 덩굴식물.(그림은 『모시품물도고』
　　에서)
覃(담): 뻗다. 자라다.

葛

施(이): 뻗다.

中谷(중곡): 계곡.

維(유): '그것'을 가리키는 대명사.

黃鳥(황조): 검은머리방울새. Carduelis spinus. 참새목 되새과. 방울새는 그 울음소리가 작은 방울소리와 닮아 붙여진 이름이라고 한다. 검은머리방울 새는 참새보다 몸집이 약간 작은 겨울 철새로 우리나라 전역에서 월동하 며, 침엽수립과 혼효림에서 서식한다. 몸은 검은색과 노란색이 섞여 있으 며 정수리가 검다. 수십에서 수백 마리씩 무리지어 다니며 들깨씨 등 식물 의 씨앗을 먹는다.(그림은 『모시품물도고』에서). 검은머리방울새를 방울 새로 번역했다.

集(집): 내려앉다.

灌木(관목): 무더기로 자란 잡목.

喈喈(개개): 새 울음.

萋萋(처처): 무성한 모양.

黃鳥

〈葛之覃兮2〉

莫莫(막막): 한층 더 무성한 모양.

刈(예): 베다.

濩(호): 칡넝쿨을 찌는 것.

絺(치): 조밀한 갈포(葛布).

綌(격): 거친 갈포.

斁(역): 싫어하다. 싫증나다.

〈言告師氏〉

言(언): 어조사.

師氏(사씨): 시집가는 여자에게 행실을 가르치는 선생.

歸(귀): 시집가다, 부모에게 돌아가다.

薄(박): 서둘러. 어서. 빨리. 보통 어조사로 해석하지만, 『詩經』에서는 '서둘러', '어서', '급히' 정도의 뜻을 지닌다. 『시경금주금역』에 보면 고형(高亨)은 '薄'자를 '急急忙忙'이라고 풀이한다. 또한 『춘추좌전』 희공23년에 보면 "曹共公聞其騈脅, 欲觀其裸, 浴, 薄而觀之."라는 구절이 나오는데 공영달은 '薄'자를 '迫'자로 풀이한다. 이밖에도 『춘추좌전』 장공11년에 보면 "宋師未陳而薄之"라는 구절이 나오는데, 양백준은 『춘추좌전주』에서 '薄'자를 '迫'자로 풀이한다. 이러한 사례에서 유추해본다면 이곳에서 '薄'자에도 급박함의 뜻이 있음을 알 수 있다.

汚(오): 씻다.

私(사): 평상시 집에서 입는 옷.

澣(한): 옷을 빨다.

害(해): 어느. 어째서. 왜.

歸(귀): 돌아가다.

해설: 모든 연이 부이다. 무성한 칡덩굴에 검은머리방울새가 내려앉는 산골의 정경이 떠오른다. 멀리 산골 마을로 시집 간 후 칡덩굴 옷을 만들어 입으면서 친정 부모를 그리워했다.

* 주희에 의하면 후비가 스스로 지은 것이고, 『모시서』에 의하면 후비의 근본을 읊은 시이다.

3. 권이(卷耳) / 도꼬마리

도꼬마리 캐지만
광주리를 채우지 못 하고

아, 님 생각에
광주리를 큰 길에 두네

저 높은 돌 덮인 산에 오르는데
말이 주저앉네
우선 동잔에 술 따르고
님을 길게 그리워하지 않으리

저 높은 산마루에 오르는데
말이 파리하게 지쳤네
우선 뿔잔에 술 따르고
길게 상심하지 않으리

저 돌 박힌 산에 오르는데
말이 피곤하여 병들고
종도 아프네
아, 어찌해야 좋을까?

卷耳
采采卷耳 不盈頃筐 嗟我懷人 寘彼周行
陟彼崔嵬 我馬虺隤 我姑酌彼金罍 維以不永懷
陟彼高岡 我馬玄黃 我姑酌彼兕觥 維以不永傷
陟彼砠矣 我馬瘏矣 我僕痡矣 云何吁矣

〈采采卷耳〉
采采(채채): 계속해서 캐다.

卷耳(권이): 도꼬마리, 창이자. Xanthium strumarium. 쌍떡잎식물 초롱꽃목 국화과 한해살이풀. 먹을 수 있으며 봄과 여름에 개화한다. 전국에 분포하며 그 열매를 말린 창이자(蒼耳子)는 비염, 축농증, 피부염, 비듬 등의 치료제로 사용되기도 한다.(그림은 『모시명물도설』에서)

卷耳

頃筐(경광): 앞이 낮고 뒤가 높은 바구니.

嗟(차): 감탄사

寘(치): 놓다, 두다.

周行(주행): 주(周) 나라의 왕과 관리가 다니는 큰 길. '周道'와 같다.

〈陟彼崔嵬〉

陟(척): 오르다.

崔嵬(최외): 돌로 덮인 산.

虺隤(훼퇴): 병든 모양, 파리한 모양.

姑(고): 우선.

酌(작): 술을 따르다.

金罍(금뢰): 동으로 만든 술잔.

以(이): 어조사. 요구하다.

懷(회): 그리워하다.

兕

〈陟彼高岡〉

岡(강): 산마루.

玄黃(현황): 병든 모양. 말이 본래 검은 색이지만 병들어 마르면 노란 빛을 띤다.

兕觥(시굉): 코뿔소의 뿔로 만든 술잔. '兕'는 인도코뿔소(Rhinoceros unicornis)이다.(그림은 『모시명물도설』에서)

傷(상): 마음이 아프다.

〈陟彼岨矣〉
岨(저): 돌과 흙이 섞인 산.
瘏(도): 피곤하여 병나다.
云何(운하): 어떻게. 어찌.
吁(우): 근심.
痡(부): 병나다.

해설: 모든 연이 부이다. 멀리 출장 나간 남편을 그리워하는 시이다. 도꼬마
리를 캐다가 남편을 그리는 심정에 큰 길 가에 광주리를 던지기도
하고, 돌 많은 산에 올라 술을 마시기도 했다.
*『모시서』에 의하면 후비의 뜻을 읊은 것이고, 주희에 의하면 후비가 스스
로 지은 것이다.

4. 규목(樛木) / 가지 늘어뜨린 나무

남쪽에 가지 늘어뜨린 나무에
새머루덩굴 휘감았네
즐거운 님이시여
복과 양식이 당신을 평안하게 하리라

남쪽에 가지 늘어뜨린 나무에
새머루덩굴 덮여있네
즐거운 님이시여

복과 양식이 당신을 도우리라

남쪽에 가지 늘어뜨린 나무에
새머루덩굴 둘러있네
즐거운 님이시여
복과 양식이 당신을 이루어주리라

樛木
南有樛木 葛藟纍之 樂只君子 福履綏之
南有樛木 葛藟荒之 樂只君子 福履將之
南有樛木 葛藟縈之 樂只君子 福履成之

樛(규): 아래로 휘다.

葛藟(갈류): 새머루. Vitis flexuosa Thunberg. 포도과 낙엽활엽 덩굴 과일나무.

纍(류): 두르다. 새머루가 나뭇가지를 빙 두르고 올라간 모습.

履(리): 양식. '祿'과 같다.

綏(수): 편안하다.

荒(황): 가리다. 덮다.

將(장): 『모시전』은 '돕다'로, 주희의 『시집전』은 '크다'로 풀이한다.

縈(영): 얽히다, 두르다.

成(성): 이루다.

해설: 모든 연이 흥이다. 가지 늘어뜨린 나무에 새머루가 얽혀 자라는 정경
　　　에서 남편의 행복을 기원한 시이다.
　*『모시서』에 의하면 후비의 은덕이 아랫사람에게 미친 것에 대해 읊었다.

5. 종사(螽斯) / 베짱이 떼

날개치는 베짱이 떼
우글거리네
마땅히 너희 자손
번창하리라

날개치는 베짱이 떼
저 요란한 소리
마땅히 너희 자손
이어지리라

날개치는 베짱이 떼
즐겁게 노네
마땅히 너희 자손
화목하리라

螽斯

螽斯羽 詵詵兮 宜爾子孫 振振兮
螽斯羽 薨薨兮 宜爾子孫 繩繩兮
螽斯羽 揖揖兮 宜爾子孫 蟄蟄兮

螽斯

〈螽斯羽1〉

螽斯(종사): 베짱이. Holochlora nawae. 메뚜기목 여치과 곤충. '斯'자를 무의
　미한 어조사로 보기도 한다.(그림은 『모시품물도고』에서)
羽(우): 메뚜기가 울 때 날개가 배에서 벌어진 모양.

詵詵(선선): 많이 모인 모양.

宜(의): 분명히 ~할 것이다. 그 아래에서 말한 내용이 당연하다는 것을 표시한다.

振振(진진): 성대한 모양. 혹은 인후(仁厚)함.

〈螽斯羽2-3〉

薨薨(홍홍): 많은 모양. 혹은 무리지어 나는 소리.

繩繩(승승): 신중히 경계함. 끊기지 않음.

揖揖(읍읍): 화목하게 모이다.

蟄蟄(칩칩): 다정하게 모이다.

해설: 모든 연이 비이다. 풀밭에서 수백 마리의 베짱이 떼가 우르르 나는
　　　것에 빗대어 자손의 번창을 노래한 시이다.

　*『모시서』에 의하면 후비의 자손이 많음을 읊었다.

6. 도요(桃夭) / 물기 오른 복숭아나무

물기 오른 복숭아나무에
꽃 붉게 피었네
이 처녀 시집가서
가정을 잘 꾸리겠지

물기 오른 복숭아나무에
탐스런 복숭아 열렸네
이 처녀 시집가서
가정을 잘 꾸리겠지

물기 오른 복숭아나무에
푸른 잎 우거졌네
이 처녀 시집가서
가족을 잘 돌보겠지

桃夭
桃之夭夭 灼灼其華 之子于歸 宜其室家
桃之夭夭 有蕡其實 之子于歸 宜其家室
桃之夭夭 其葉蓁蓁 之子于歸 宜其家人

〈桃之夭夭〉

桃(도): 복숭아나무. Prunus persica (Linn.) Batsch. 장미과 낙엽활엽 교목성
　　과일나무(그림은『모시품물도고』에서). 그라네에 따르면 잘 자란 복숭아
　　나무와 붉은 꽃은 결혼 적령기의 젊은 여자를 뜻한다.

夭夭(요요): 잘 자란 한창 때 나무의 모양.

灼灼(작작): 꽃이 붉게 핀 모양.

之(지): 대명사.

子(자): 숙녀.

于(우): 어조사.

歸(귀): 시집가다.

宜(의): ~해야한다.

桃

室家(실가): 남자는 여자를 만나 '실(室)'을 꾸리고, 여자는 남자를 만나 '가
　　(家)'를 꾸린다. 그러므로 '실가(室家)'는 남자와 여자가 결합하여 새롭게
　　가정을 차리는 것을 말한다.

〈桃之夭夭2-3〉

有(유): 형용사나 부사 앞에 붙어 '~하다'고 표현해준다.

賁(분): 탐스럽게 익어가는 열매. 혹은 열매가 많이 달린 모양.

蓁蓁(진진): 우거진 모양.

家人(가인): 앞에 나오는 '室家'와 같은 뜻.

해설: 모든 연이 흥이다. 봄철 물기 오른 복숭아나무에 꽃피고 잎이 우거진
　　　정경에 의거하여 혼인할 여자를 축하한 시이다. 그라네에 따르면 복
　　　숭아나무는 15세에서 19세까지의 처녀를 뜻한다. 그 꽃은 처녀의 아름
　　　다움을, 열매는 처녀의 부덕(婦德)을, 잎사귀는 처녀의 성숙한 몸을
　　　상징한다.

*『모시서』에 의하면 후비가 이룬 것을 읊은 시이다.

7. 토저(兎罝) / 토끼그물

토끼그물 펼쳐
쩌렁쩌렁 말뚝 박네
건장한 저 무사
제후의 방패와 성벽이어라

토끼그물 펼쳐
길목에 치네
건장한 저 무사
제후의 좋은 짝이어라

토끼그물 펼쳐

숲속에 치네

건장한 저 무사

제후의 심복이어라

兎置

肅肅兎置 椓之丁丁 赳赳武夫 公侯干城

肅肅兎置 施于中逵 赳赳武夫 公侯好仇

肅肅兎置 施于中林 赳赳武夫 公侯腹心

〈肅肅兎置1〉

肅肅(숙숙): 신중하다. 여기서는 토끼그물을 한올한올 정리하여 펼치는 모습으
　　로 보았다.

兎(토): 토끼. Lepus eurapaeus. 토끼목 토끼과.(그림은 『모시품물도고』에서)

置(저): 토끼를 잡는 그물.

椓(탁): 두드리다.

兎

丁丁: 말뚝 박는 소리. 쩌렁쩌렁.

赳赳(규규): 용감한 모양.

武夫(무부): 무사.

公侯(공후): 제후(諸侯)의 작위. 제후에게는

　　공(公), 후(侯), 백(伯), 자(子), 남(男) 등 다섯 작위가 있었다.

干(간): 방패.

城(성): 성벽.

〈肅肅兎置2-3〉

施(이): 펼치다, 늘이다, 뻗다.

中逵(중규): 아홉 갈래로 뚫려있는 길. 사통팔달의 길. 즉 토끼가 잘 다니는
  길목.
仇(구): 짝, 벗.
中林(중림): 숲속.
腹心(복심): 심복.

해설: 모든 연이 흥이다. 쩌렁쩌렁 말뚝을 박는 것을 배경 삼아 건장한 무사
  를 찬미한 시이다.
  * 『모시서』에 의하면 후비의 교화를 읊었다.

8. 부이(芣苢) / 질경이

질경이 캐네
어서 캐세
질경이 캐네
어서 담세

질경이 캐네
어서 줍세
질경이 캐네
어서 따세

질경이 캐네
어서 옷자락에 넣세
질경이 캐네

어서 허리춤에 꼽세

茉苜
采采茉苜 薄言采之 采采茉苜 薄言有之
采采茉苜 薄言掇之 采采茉苜 薄言捋之
采采茉苜 薄言袺之 采采茉苜 薄言襭之

〈采采茉苜1〉
茉苜(부이): 질경이. Plantago asiatica L. 쌍떡잎식물 질경이목 질경이과 여러
　　해살이풀. 풀밭이나 길가, 또는 빈터에서 자란다. 어린잎은 식용하며, 한
　　방에서는 잎을 차전(車前), 종자를 차전자(車前子)라고 부르며 약재로 쓴
　　다.(그림은 『모시품물도고』에서)

茉苜

薄(박): 서둘러. 어서. 빨리.
言(언): 어조사.
有(유): 취하다.

〈采采茉苜2-3〉
掇(철): 줍다.
捋(랄): 잡아 따다. 주희에 의하면 씨를 줍는 것을 뜻한다.
袺(결): 옷자락에 담아 잡다.
襭(힐): 옷자락에 담아 허리춤에 꽂다.

해설: 모든 연이 부이다. 많은 사람들이 무리를 이루어 질경이를 캐면서
　　돌림노래를 주고받았다. 내용이 단순하면서도 대구의 형식을 사용하
　　여 리듬이 잘 살아있다.
　*『모시서』에 의하면 후비의 아름다움을 읊었다.

9. 한광(漢廣) / 한강이 넓어

남쪽 큰 나무에 가지 없어
휴식할 수 없네
한(漢)강에 유람하는 아가씨에게
간청하지 못 하네
한(漢)강이 넓어
헤엄칠 수 없네
양자강이 길어
뗏목을 띄우지 못 하네

무성한 섶나무 사이에서
좀목형을 베네
이 처녀 시집갈 때
그 말을 먹여야지
한(漢)강이 넓어
헤엄칠 수 없네
양자강이 길어
뗏목을 띄우지 못 하네

무성한 섶나무 사이에서
물쑥을 베네
이 처녀 시집갈 때
그 망아지 먹여야지
한(漢)강이 넓어
헤엄칠 수 없네

양자강이 길어
뗏목을 띄우지 못 하네

漢廣
南有喬木 不可休思 漢有游女 不可求思 漢之廣矣 不可泳思 江之永矣 不可
　　方思
翹翹錯薪 言刈其楚 之子于歸 言秣其馬 漢之廣矣 不可泳思 江之永矣 不可
　　方思
翹翹錯薪 言刈其蔞 之子于歸 言秣其駒 漢之廣矣 不可泳思 江之永矣 不可
　　方思

〈南有喬木〉
喬木(교목): 키가 크지만 가지가 없는 나무.
思(사): 어조사.
漢(한): 양자강의 지류. 섬서성(陝西省) 남부에서 발원해 호북성(湖北省) 무
　　창(武昌)으로 흘러든다.
遊女(유녀): 유람하거나 산보하는 아가씨.
泳(영): 헤엄치다.
永(영): 길다.
方(방): 뗏목을 타고 건너다.

〈翹翹錯薪1-2〉
翹翹(교교): 잡목이 우거진 모양.
薪(신): 잡목 중의 섶나무.
楚(초): 좀목형. Vitex negundo L. 마편초과 낙엽관목.(그림은『모시품물도고』
　　에서)

秣(말): 꼴.

蔞(루): 물쑥. Artemisia selengensis Turcz. ex Bess. 쌍떡잎 식물 초롱꽃목 국화과 여러해살이풀이다.(그림은『모시품물도고』에서)

駒(구): 작은 말.

해설: 모든 연이 흥과 비이다. 좀목형과 물쑥 등을 베는 강변 마을의 정경이다. 남자가 예쁜 여자를 흠모한 시이다.

*『모시서』에 의하면 커다란 덕이 미침을 읊었다.

10. 여분(汝墳) / 여강 제방

여(汝)강 제방을 따라
가지와 줄기 자르네
아직 내 님을 보지 못 하여
굶주리듯 허전하지요

여(汝)강 제방을 따라
새로 나온 가지 다듬네
님이 나를 보면
나를 버리진 않겠지요

방어의 꼬리가 붉어
왕실이 불타는 듯하네

비록 불타는 듯하지만

부모는 매우 가까운 사이지요

汝墳

遵彼汝墳 伐其條枚 未見君子 惄如調飢

遵彼汝墳 伐其條肄 旣見君子 不我遐棄

魴魚赬尾 王室如燬 雖則如燬 父母孔邇

〈遵彼汝墳1〉

遵(준): ~을 쫓아. ~을 따라.

汝(여): 강 이름. 하남성(河南省) 숭현(嵩縣) 천식산(天息山)에서 발원해 동
　　북쪽으로 이양(伊陽)과 임여(臨汝)를 거치고, 다시 동남쪽으로 양성(襄城)
　　을 거쳐 사하(沙河)와 만나고, 다시 동쪽으로 언성(郾城)과 상수(商水)를
　　거쳐 영(潁)강으로 흘러든다.

墳(분): 둑. 제방.

條(조): 나뭇가지.

枚(매): 나무줄기.

惄(녁): 허전하다, 우수에 잠기다.

調(조): 아침. '朝'와 같다.

〈遵彼汝墳2〉

肄(이): 예전에 벤 줄기에서 돋아난 새 가지.

旣(기): 실제로 일이 진행된 경우를 가리킨다. 여기서는 가정법으로 취했다.

遐(하): 멀리.

棄(기): 버리다. 님이 나를 버리는 것이다.

〈魴魚赬尾〉

魴(방): 방어. Megalobrama terminalis. 농어목 전갱이과.

赬(정): 붉다.

王室(왕실): 조정. 서주(西周) 왕조를 가리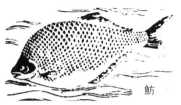
킨다. 서주 왕조가 포학하기가 불과 같
아서 백성의 고난이 매우 심했다.(왕연
해) 한편 주희에 의하면 주(紂)왕이 도
읍한 곳을 가리킨다.

燬(훼): 불, 타다, 태우다.

父母(부모): 누구를 지칭하는지 알기 어렵다. 아마도 부모가 계시는 고향을
가리킬 것이다.

孔(공): 매우.

近(근): 가깝다.

해설: 1연과 2연은 부이고, '방어의 꼬리'로 시작되는 마지막 연은 비이다.
강변에 나무가 자라고 물속에 방어가 노는 정경이다. 나무를 다듬을
때 방어의 붉은 꼬리를 보면서 왕실의 어려움에 처한 남편이 무사히
귀환하기를 바랐다. 낙강생의 『시경통고』에 의하면 남자가 부역에 나
갔다가 다행히 귀환하였으나 다시 부역을 나갈 때의 상황으로, 1연은
부역 나가 돌아오기 전이고, 2연은 다행히 돌아온 것이고, 3연은 다시
부역에 나간 것이다.

* 『모시서』에 의하면 문왕의 교화가 행해짐을 읊었다.

11. 인지지(麟之趾) / 기린의 발굽

기린의 발굽이여
인후한 임금의 자식이어라
오, 기린이여

기린의 이마여
인후한 임금의 가족이어라
오, 기린이여

기린의 뿔이여
인후한 임금의 혈통이어라
오, 기린이여

麟之趾
麟之趾 振振公子 于嗟麟兮
麟之定 振振公姓 于嗟麟兮
麟之角 振振公族 于嗟麟兮

麟(인): 전설상의 동물. 노루의 몸, 소의 꼬리, 말의 발굽 등이 달렸다고 전한
　　다. 한편 『시경동물석고』에서는 현대의 기린(Giraffa camelopardalis)으로
　　소개하고 있다.(그림은 『모시명물도설』에서)

趾(지): 발가락. 기린은 새로난 풀과 곤충을 밟지 않을 만큼 인자하다고 한다.
　　어진 귀족의 자손을 상징한다.

振振(진진): 믿음직한 모양.

公子(공자): 제후에게서 태어난 자식.

吁嗟(우차): 감탄사.

定(정): 이마. '頂'과 통한다.

公姓(공성): 군주와 성이 같은 귀족자제.

角(각): 뿔.

公族(공족): 제후의 동족.

해설: 모든 연이 흥이다. 고형은 공자의 획린가(獲麟歌)라고 했으나, 왕연해
　　　에 의하면 자식이 많은 것을 기린의 모습에 빗대어 축하한 시이다.
　＊『모시서』에 의하면 관저에 상응하여 공자(公子)의 믿음직스럽고 인후한
　　　모습을 읊었다.

제2권. 소남(召南)

소(召)는 땅 이름으로 소공(召公) 석(奭)의 채읍이다. 옛 설에 따르면 소(召)는 부풍(扶風) 옹현(雍縣) 남쪽에 소정(召亭)이 있었으니, 그 지역을 가리킨다. 소남 시는 총 14편이다.

1. 작소(鵲巢) / 까치집

까치가 집을 짓자
비둘기조롱이가 거처하네
이 처녀 시집올 때
수레 백 대로 맞아야지

까치가 집을 짓자
비둘기조롱이가 자리를 잡네
이 처녀 시집올 때
수레 백 대로 모셔야지

까치가 집을 짓자
비둘기조롱이가 알을 낳네
이 처녀 시집올 때
수레 백 대로 혼인하리라

鵲巢

維鵲有巢 維鳩居之 之子于歸 百兩御之
維鵲有巢 維鳩方之 之子于歸 百兩將之
維鵲有巢 維鳩盈之 之子于歸 百兩成之

鵲

維(유): 어조사.

鵲(작): 까치. Pica pica sericea. 참새목 까마귀과. (그림은『모시명물도설』에서)

鳩(구): 비둘기조롱이. Falco amurensis. 몸길이 30센티미터 정도이고, 매목
매과. 까마귀나 비둘기의 둥지를 이용해 알을 낳는다.(그림은『모시품물도
고』에서)

兩(양): 수레를 세는 단위.

御(어): 맞이하다.

方(방): 처소를 정하여 살다.

將(장): 보내다.

盈(영): 채우다

成(성): 성취하다.

鳩

해설: 모든 연이 흥이다. 여자가 집을 떠나 시집가는 것을 표현했다.
 *『모시서』에 의하면 부인의 덕을 읊었다.

2. 채번(采蘩) / 산흰쑥 따네

물가에서 섬에서
산흰쑥 따서
제후의 제사상에

차리네

물 흐르는 산골에서
산흰쑥 따서
제후의 궁실에
차리네

살며시 가발 올리고
아침부터 저녁까지 궁실에 있다가
살포시 가발 내리고
서둘러 집으로 돌아가네

采蘩
于以采蘩 于沼于沚 于以用之 公侯之事
于以采蘩 于澗之中 于以用之 公侯之宮
被之僮僮 夙夜在公 被之祁祁 薄言還歸

〈于以采蘩1-2〉

于(우): ~에 가서.

蘩(번): 산흰쑥. Artemisia sieversiana Ehrhart ex Willd. 쌍떡잎식물 초롱꽃목
　국화과 두해살이풀.(그림은 『모시품물도고』에서)

沼(소): 늪.

沚(지): 강 가운데 조그만 섬.

公侯(공후): 제후.

事(사): 제사. 혹은 누에를 기르는 일이라고 보는 설도 있다.(왕연해 『시경금
　주금역』, 31쪽)

澗(간): 산골에서 흐르는 물.

宮(궁): 묘(廟).

〈被之僮僮〉

被(피): 머리를 장식하는 가발.

僮僮(동동): 두려워 삼가는 모양. 살며시.

夙夜(숙야): 아침 일찍부터 저녁 늦게까지.

公(공): 조정. 공무를 보는 장소.

祁祁(기기): 급하지 않게 천천히. 살포시.

薄(박): 서둘러. 어서. 빨리.

言(언): 어조사.

해설: 모든 연이 부이다. 여자가 물가에서 산흰쑥을 따서 제후의 제사를
      차리는 모습이다.
 * 『모시서』에 의하면 부인이 자신의 직분을 잃지 않은 것을 읊었다.

3. 초충(草蟲) / 쌕새기

찌르르릉 쌕새기 울고
펄쩍펄쩍 메뚜기 뛰네
아직 님을 못 만나
두근두근 조바심 나요
님을 만나
함께 살아야
내 마음 놓이겠지

남산에 올라

고사리 뜯네

아직 님을 못 만나

근심 멈추지 않아요

님 만나

함께 살아야

내 마음 기쁘겠지

남산에 올라

살갈퀴 뜯네

아직 님을 못 만나

내 마음 아파요

님을 만나

함께 살아야

내 마음 풀리겠지

草蟲

喓喓草蟲 趯趯阜螽 未見君子 憂心忡忡 亦旣見止 亦旣覯止 我心則降

陟彼南山 言采其蕨 未見君子 憂心惙惙 亦旣見止 亦旣覯止 我心則說

陟彼南山 言采其薇 未見君子 我心傷悲 亦旣見止 亦旣覯止 我心則夷

〈喓喓草蟲〉

喓喓(요요): 쌕새기 우는 소리.

草蟲(초충): 쌕새기. Conocephalus thumbergi. 메

　뚜기목 여치과.(그림은 『모시품물도고』에서)

　趯趯(적적): 뛰는 모양.

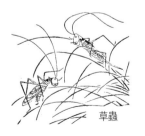

草蟲

阜螽(부종): 중국벼메뚜기. Oxya chinensis. 메뚜기목 메뚜기과. 몸빛깔은 황록색이고 머리와 가슴은 황갈색이다. (그림은 『모시품물도고』에서)

忡忡(충충): 근심하는 모양.

旣(기): ~하는 경우에.

覯(구): 만나다. 합치다.

降(강): 근심이 내리다. 마음이 안정되다.

阜螽

〈陟彼南山1-2〉

言(언): 어조사.

采(채): 뜯다. 따다. 캐다.

蕨(궐): 고사리. Pteridium aquilinum (L.) Kuhn. var. latiusculum (Desv.) underw. 잔고사리과 여러해살이 양치식물.(그림은 『모시품물도고』에서)

蕨

惙惙(철철): 매우 근심하는 모양.

說(열): 기뻐하다.

薇(미): 살갈퀴. Vicia sativa. 반부준·여승유의 『시경식물도감』에는 구주갈퀴덩굴(Vicia sepium Linn.)이라고 나와 있다. 쌍떡잎식물 장미목 콩과 덩굴성 여러해살이풀.(그림은 『모시품물도고』에서)

薇

夷(이): 평이하다.

해설: 모든 연이 부이다. 남자를 구하는 여자의 심정을 표현했다. 메뚜기가 뛰듯이, 고사리와 살갈퀴가 자라듯이 번민이 컸다.

*『모시서』에 의하면 대부의 아내가 예로써 스스로를 단속한 것을 읊었다.

주희에 의하면 남편이 문왕의 교화를 입어 밖에 부역 나가 있자 그 아내가 홀로 거처하며 시절의 변화를 느끼면서 남편을 이와 같이 생각했다.

4. 채빈(采蘋) / 네가래

남쪽에 흐르는 물가로
네가래 따러 가네
저 흐르는 냇물로
쇠뜨기말풀 따러 가네

네모난 광주리와 둥그런 광주리에
가득 채워
솥마다
삶네

종묘의 창 아래
음식을 차리네
누가 종묘를 주관하느냐고?
깨끗이 재계한 막내딸이라네

采蘋
于以采蘋 南澗之濱 于以采藻 于彼行潦
于以盛之 維筐及筥 于以湘之 維錡及釜
于以奠之 宗室牖下 誰其尸之 有齊季女

〈于以采蘋〉

于(우): ~에 가서.

蘋(빈): 네가래. Marsilea quadrifolia L. 다년생 수초로 숙근성 관엽식물이다.
　(그림은 『모시품물도고』에서)

濱(빈): 물가.

藻(조): 쇠뜨기말풀. Hippuris vulgaris L. 쇠뜨
　기말풀과 다년생 수초.(그림은 『모시명물도
　설』에서)

蘋

行潦(행료): 작은 규모의 흐르는 물.

藻

〈于以盛之〉

筐(광): 방형의 광주리.(그림은 『삼재도회』에서)

筥(거): 원형의 광주리.

湘(상): 삶다. 찌다.

錡(기): 세 발 달린 솥.(그림은 『삼재도회』에서)

釜(부): 발 없는 큰 솥.

筐　　　筥

〈于以奠之〉

奠(전): 두다. 제사상에 올리다.

宗室(종실): 종묘의 북쪽에 있는 집.

牖(유): 남쪽에 난 방의 창문.

尸(시): 제사를 주관하다.

齊(제): 엄숙히 하다.

季女(계녀): 집에서 가장 어린 딸.

錡　　　釜

해설: 모든 연이 부이다. 막네딸이 물가에서 네가래와 쇠뜨기말풀을 뜯어

솥에 삶아 제사상을 차리는 모습이다.

*『모시서』에 의하면 대부의 아내가 법도를 잘 따른 것을 읊었다.

5. 감당(甘棠) / 북지콩배나무

가지 더부룩한 북지콩배나무
자르지 말고 베지 말게
거기에서 소백(召伯)이 묵었다네

가지 더부룩한 북지콩배나무
자르지 말고 꺾지 말게
거기에서 소백(召伯)이 쉬었다네

가지 더부룩한 북지콩배나무
자르지 말고 휘지 말게
거기에서 소백(召伯)이 머물렀다네

甘棠
蔽芾甘棠 勿翦勿伐 召伯所茇
蔽芾甘棠 勿翦勿敗 召伯所憩
蔽芾甘棠 勿翦勿拜 召伯所說

甘棠

蔽芾(폐패): 작은 나무가 더부룩하게 우거진 모양.
甘棠(감당): 북지콩배나무. Pyrus betulaefolia Bunge. 다른 고명: 杜, 常棣.(그
　림은『모시명물도설』에서)

剪(전): 가지를 자르다.

伐(벌): 줄기를 베다.

召伯(소백): 소공(召公) 석(奭)을 가리킨다.

茇(발): 초가집.

敗(패): 꺾다.

憩(게): 휴식하다.

拜(배): 휘다.

說(세): 멈추다. 거주하다.

해설: 모든 연이 부이다. 문왕 시절의 소공(召公) 석(奭)을 찬양한 시이다.
     소공은 소읍(召邑)을 돌며 백성들의 분쟁을 해결해 주었다. 그가 잠시
     북지콩배나무 밑에서 쉬었기에 그것을 찬양했다.
* 『모시서』에 의하면 소백(召伯)의 교화가 남쪽 나라에 밝혀진 것이다.

6. 행로(行露) / 이슬 젖은 길

어둑어둑 이슬 젖은 길
한 밤 아니면 새벽녘이었으리
길에 이슬이 참 많았지요

참새에게 부리가 없었다면
어떻게 내 집 지붕을 뚫었겠어요?
당신에게 가정이 없었다면
어떻게 나를 법정에 불렀겠어요?
나를 법정에 세울지라도

집안이 만족치 못할 겁니다

쥐에게 어금니가 없었다면
어떻게 내 집 담장을 뚫었겠어요?
당신에게 가정이 없었다면
어떻게 나를 고소했겠어요?
나를 고소할지라도
당신을 따르지 않을 겁니다.

行露
厭浥行露 豈不夙夜 謂行多露
誰謂雀無角 何以穿我屋 誰謂女無家 何以速我獄 雖速我獄 室家不足
誰謂鼠無牙 何以穿我墉 誰謂女無家 何以速我訟 雖速我訟 亦不女從

〈厭浥行露〉

厭(염): 햇빛 침침하다. 어둡다. 비.

浥(읍): 촉촉하다, 적시다.

行露(행로): 길에 맺힌 이슬. 참고로 주희의 『시집전』에 의하면 "여자가 이른
　　새벽과 밤늦게 홀로 다니면 혹 사나운 자에게 침탈과 능욕을 당할 우려가
　　있으므로 길에 이슬이 많아서 옷을 적실까 두
　　렵다고 칭탁했다."

夙夜(숙야): 새벽과 밤.

〈誰謂雀無角〉

雀(작): 참새. Passer montanus. 참새과 새.(그림은 『모시품물도고』에서)

角(각): 부리. 왕연해의 『시경금주금역』에 의하면 '새부리'란 여자가 남자의

가해를 만난 것을 암시한다.

如(여): 너.

速(속): 법정에 부르다.

獄(옥): 법정에서 시비를 판정하다.

室家(실가): 신혼 가정.

〈誰謂鼠無牙〉

鼠(서): 쥐. Rattus norvegicus. 쥐과에 속하는 설치류 포유동물.

牙(아): 어금니.

墉(용): 담장.

訟(송): 죄의 시비를 타투다. 소송하다.

해설: 1연은 부이고, 2연과 3연은 흥이다. 예절을 지키지 않고 강제로 혼인하려
　　　는 남자를 지붕이나 담장을 뚫는 참새나 쥐에 비유해 비방하는 시이다.
　*『모시서』에 의하면 소백이 송사를 다스린 것을 읊었다.

7. 고양(羔羊) / 양

양 가죽을 준비해
명주실 다섯 타래로 바느질합니다
직무에서 돌아오면
정말 편안하지요

양 가죽 털을 뽑아
명주실 스무 타래로 바느질합니다

정말 편안하지요

집으로 돌아오면

양 가죽을 붙여서

명주실 여든 타래로 바느질합니다

정말 편안하지요

직무에서 돌아오면

羔羊

羔羊之皮　素絲五紽　退食自公　委蛇委蛇

羔羊之革　素絲五緎　委蛇委蛇　自公退食

羔羊之縫　素絲五總　委蛇委蛇　退食自公

〈羔羊之皮〉

羔(고): 작은 양.

羊(양): 염소. Capra hircus. 소과 포유류 동물.

　(그림은 『모시명물도설』에서) 학명 Capra

　hircus나 『모시명물도설』 그림은 오늘날 염

　소에 해당하지만, 한자 '羊'의 음을 그대로

　따라서 번역했다.

羊

皮(피): 가죽.

素絲(소사): 흰색 명주실로 만든 길게 늘어뜨린 장식물.

紽(타): 실타래. 실을 세는 단위.

退食(퇴식): 집에 돌아와 음식을 먹다.

公(공): 공무를 보는 장소.

委蛇(위이): 조용히 편안한 모양.

〈羔羊之革-羔羊之縫〉

革(혁): 물에 끓여 털을 제거한 가죽.

緎(역): 실 네 타래. 단위.

縫(봉): 옷에서 서로 이은 부분.

總(총): 열여섯 타래. 단위.

해설: 모든 연이 부이다. 양가죽을 명주실로 꿰매는 정경이다. 대부가 공무
　　를 마치고 돌아온 심정을 표현한 것이라는 설도 있고, 대부가 공무보
　　다 향락을 추구한 것을 비방한 것이라는 설(왕연해)도 있다.
＊『모시서』에 의하면 소남의 나라들이 문왕의 정사에 교화되어 지위에
　　있는 자들이 모두 검소하고 정직해 덕이 양과 같음을 읊은 시이다.

8. 은기뢰(殷其雷) / 천둥치는 소리

남산 앞에서
우르릉 천둥치네
당신은 왜 이곳을 떠나
쉴 짬도 없나요?
믿음직한 님이여
돌아오세요 돌아오세요

남산 옆에서
우르릉 천둥치네
당신은 왜 이곳을 떠나
쉴 틈도 없나요?

믿음직한 님이여
돌아오세요 돌아오세요

남산 아래서
우르릉 천둥치네
당신은 왜 이곳을 떠나
머물 겨를도 없나요?
믿음직한 님이여
돌아오세요 돌아오세요

殷其雷

殷其雷 在南山之陽 何斯違斯 莫敢或遑 振振君子 歸哉歸哉

殷其雷 在南山之側 何斯違斯 莫敢遑息 振振君子 歸哉歸哉

殷其雷 在南山之下 何斯違斯 莫或遑處 振振君子 歸哉歸哉

殷(은): 천둥치는 소리.

雷(뢰): 우레. 천둥. 남편이 멀리서 정처 없이 고생하며 헤매는 것을 암시한다.

陽(양): 산의 남쪽.

何(하): 어찌. 왜.

斯(사): 앞에 것은 '이 사람'을, 뒤의 것은 '이곳'을 가리킨다.

違(위): 가다.

不敢(불감): 감히 ~하지 못하다.

遑(황): 겨를. 틈.

振振(진진): 믿음직한 모양.

側(측): 곁. 옆.

息(식): 쉬다.

處(처): 거처.

해설: 모든 연이 흥이다. 이 시는 전쟁에 나가거나 부역 나간 남편이 빨리
　　　돌아오기를 바라는 부인의 시이다. 번개는 정처 없이 떠도는 남편의
　　　신세를 나타낸다.
　*『모시서』에 의하면 소남의 대부가 멀리 길을 떠나 정사에 종사하면서
　　　편안할 겨를이 없자, 그 아내가 그의 수고로움을 민망히 여기면서 의로움
　　　으로써 권면한 시이다.

9. 표유매(標有梅) / 매실 떨어지고

나무에서 매실 따고
이제 일곱 개 남았네
나와 사귀려는 남자여
좋은 때를 놓치지 마세요

나무에서 매실 따고
이제 세 개 남았네
나와 사귀려는 남자여
지금이 기회에요

나무에서 매실 따서
바구니에 담았네
나와 사귀려는 남자여
바로 말할 때에요

摽有梅

摽有梅 其實七兮 求我庶士 迨其吉兮
摽有梅 其實三兮 求我庶士 迨其今兮
摽有梅 頃筐墍之 求我庶士 迨其謂之

梅

摽(표): 떨어지다. 혹은 따다.

梅(매): 매화나무. Prunus mume Sieb. et Zucc. 장미과 낙엽활엽소교목.(그림
은 『모시품물도고』에서)

實(실): 열매. 매실은 시집갈 나이가 이미 찼음을 뜻한다.

庶(서): 많다.

士(사): 남자.

迨(태): 미치다. 이르다.

吉(길): 좋다. 길하다. 여기서는 좋은 때.

頃筐(경광): 앞이 낮고 뒤가 높은 바구니.

墍(기): 취하다. 가지다.

해설: 모든 연이 부이다. 매실의 성숙으로 자신의 상황을 빗대었다. 매실로
서 자신이 시집갈 나이가 되었음을 표현하면서 남자를 구하는 시이다.
* 『모시서』에 의하면 남녀가 제때에 혼인한 것을 읊었다.

10. 소성(小星) / 작은 별

셋인지 다섯인지 동쪽에서
작은 별들 가물거리네
밤길을 재촉하여

온종일 공무를 보니
참으로 운명은 서로 다르지요

가물거리는 작은 별들 중에
삼성(參星)과 묘성(昴星) 반짝이네
밤길을 재촉하여
이불과 침대보를 안고 가니
참으로 운명은 서로 다르지요

小星
嘒彼小星 三五在東 肅肅宵征 夙夜在公 寔命不同
嘒彼小星 維參與昴 肅肅宵征 抱衾與裯 寔命不猶

〈嘒彼小星1〉
嘒(혜): 희미하고 작은 모양.
三五(삼오): 세 개의 별과 다섯 개의 별. 별이 가물거려 세 개 혹은 다섯
   개로 보이는 것. 주희의 『시집전』에 의하면 초저녁이나 새벽이 될 즈음이다.
   혹은 『모전(毛傳)』에 의하면 세 개는 심성(心星) 즉 전갈자리(蠍, Antares)
   고 다섯 개는 주성(喌星) 즉 바다뱀(海蛇)자리이다. S자 모양의 전갈자리
   는 황도 12궁 중에서 8궁의 별자리로 한여름 남쪽 지평선 위에 보이고,
   바다뱀자리는 28수(宿)의 유(柳)·성(星)·장(張)에 해당하며 2월 초저녁 남
   쪽 하늘에 보인다.
      28수는 편의상 7개씩 묶어 동서남북의 네 방향에 분속시켰다. 동방7사
   (東方七舍)는 28수 중 춘분날 초저녁 동쪽 지평선 위로 떠오르는 각(角)을
   시작으로 차례로 떠오르는 항(亢)·저(氐)·방(房)·심(心)·미(尾)·기(箕) 별
   자리를 말한다. 북방7사는 하짓날 초저녁 동쪽 지평선 위로 떠오르는 두

(斗)를 시작으로 우(牛)·여(女)·허(虛)·위(危)·실(室)·벽(壁) 별자리를 말한다. 서방7사는 추분날 초저녁 동쪽 지평선 위를 떠오르는 규(奎)를 시작으로 루(婁)·위(胃)·묘(昴)·필(畢)·자(觜)·삼(參) 별자리를 말한다. 끝으로 남방7사는 동짓날 초저녁 동쪽 지평선 위로 떠오르는 정(井)을 시작으로 귀(鬼)·유(柳)·성(星)·장(張)·익(翼)·진(軫) 별자리이다. 달 운동을 기준으로 본다면 달은 각에서 시작해 계속 동쪽으로 움직여 약 28일 동안 진까지 이동하게 된다. 28수가 각에서 시작하는 이유는 북두칠성의 자루[柄]가 가르키는 방향을 이으면 바로 각에 이르기 때문이라고 한다.

〈28수〉

사방7사	수명(宿名)	소속성수	거성(距星)
동방7사	1.각(角)	2	α Vir(처녀)
	2.항(亢)	4	κ Vir(처녀)
	3.저(氐)	4	α Lib(천칭)
	4.방(房)	4	π Sco(전갈)
	5.심(心)	3	σ Sco(전갈)
	6.미(尾)	9	μ Sco(전갈)
	7.기(箕)	4	γ Sgr(궁수)
북방7사	8.두(斗)	6	φ Sgr(궁수)
	9.우(牛)	6	β Cap(염소)
	10.여(女)	4	ε Aqr(물병)
	11.허(虛)	2	β Aqr(물병)
	12.위(危)	3	α Aqr(물병)
	13.실(室)	2	α Peg(페가수스)
	14.벽(壁)	2	γ Peg(페가수스)
서방7사	15.규(奎)	16	ζ And(안드로메다)
	16.루(婁)	3	β Ari(양)
	17.위(胃)	3	35Ari(양)
	18.묘(昴)	7	17Tau(황소)
	19.필(畢)	8	ε Tau(황소)

사방7사	수명(宿名)	소속성수	거성(距星)
	20.자(觜)	3	λ Ori(오리온)
	21.삼(參)	10	δ Ori(오리온)
남방7사	22.정(井)	8	μ Gem(쌍둥이)
	23.귀(鬼)	5	θ Cnc(게)
	24.유(柳)	8	δ Hya(바다뱀)
	25.성(星)	7	α Hya(바다뱀)
	26.장(張)	6	υ Hya(바다뱀)
	27.익(翼)	22	α Crt(컵)
	28.진(軫)	4	γ Crv(까마귀)

- 거성은 대개 별자리 속에 있는 첫 번째 별이거나 가장 밝은 별이다
- 소속 성수는 별자리에 포함된 별의 총수를 말한다.
- 명말 청초에 서양의 천문학자들이 중국의 천문지에 기재되어 있는 각 수도를 고려하여 28수를 동정한 것을 기준으로 했고, 그 후 천문학자들이 검토한 것을 기준으로 적어놓았다. 학자에 따라서는 동정한 별이 다를 수 있다. ("28수" 한국 브리태니커 온라인, 2011. 1. 18일자 기사 참고. http://premium.britannica.co.kr/bol/topic.asp?article_id= b17a3868a)

〈사방7사: 그림은 『삼재도회』에서〉

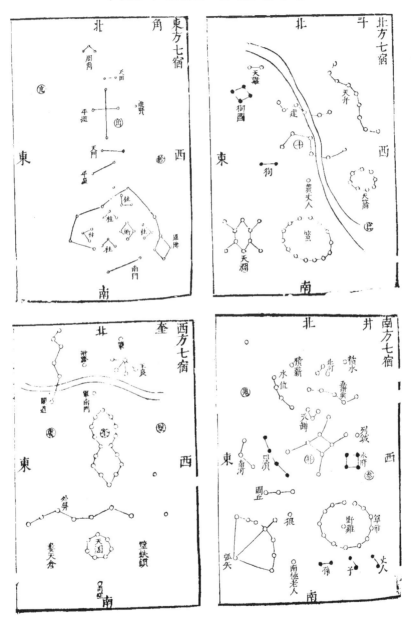

肅肅(숙숙): 빠른 모양.

宵征(소정): 밤에 거닐다.

夙夜(숙야): 새벽과 저녁.

在公(재공): 공무에 종사하다.

寔(식): 참으로. 진실로.

命(명): 맡은 임무. 운명.

〈嘒彼小星2〉

參(삼): 별자리. 지금의 오리온(Orion) 자리. 서방7사 중 하나의 별자리.

昴(묘): 별자리. 모우(牡牛, Pleiades) 자리. 서방7사 중 하나의 별자리. 황도
    12궁 중에서 2궁으로 한겨울 밤하늘 머리 위에 V자 형태로 보인다.

衾(금): 이불.

裯(주): 침대를 덮는 홑이불. 장막.

猶(유): ~같다.

해설: 모든 연이 흥이다. 밤마다 귀족의 잠자리에 나가는 소첩의 한탄을
    묘사한 시이다. 작은 별로 소첩들의 운명을 빗대었다.

  *『모시서』에 의하면 부인이 투기하는 행실이 없어 그 은혜가 미천한 첩에
    게 미쳐, 첩들이 군주를 모실 적에 마음을 다했다.

11. 강유사(江有汜) / 양자강이 갈라졌다 만나네

양자강이 갈라졌다 만난다네

아씨 시집가면서

나를 데려가지 않았어요

데려가지 않았으니
나중에 후회하겠지

양자강이 갈라졌다 만난다네
아씨 시집가면서
나와 함께 가지 않았어요
함께 가지 않았으니
나중에 내 방을 마련하겠지

양자강이 갈라졌다 만난다네
아씨 시집가고
아무 소식 없네요
나를 찾지 않으니
구슬피 휘파람을 불며 노래하겠지

江有汜
江有汜 之子歸 不我以 不我以 其後也悔
江有渚 之子歸 不我與 不我與 其後也處
江有沱 之子歸 不我過 不我過 其嘯也歌

江(강): 양자강.
汜(사) 강의 물줄기가 나뉘었다 다시 만나는 것을 말한다.
之子(지자): 시집가는 적처(嫡妻)를 가리킨다.
以(이): 더불어. 함께.
我(아): 잉첩(媵妾) 자신을 말한다.
渚(저): 강의 물줄기가 갈라지는 지점에 위치한 작은 섬.

沱(타): 강의 물줄기가 나뉘는 것이다.

過(과): 방문하다.

嘯(소): 휘파람불다.

해설: 모든 연이 흥이다. 고대 풍속에 여자가 시집갈 때 동족의 여자를 함께
    데리고 갔는데, 그렇게 하지 않아서 서운한 감정을 드러내었다.
  * 『모시서』에 의하면 잉첩을 찬미한 시이니, 수고롭되 원망하지 아니해
    적처가 잘못을 뉘우칠 수 있었다.

12. 야유사균(野有死麕) / 들판에 죽어 있는 고라니

들판에 죽어 있는 고라니
하얀 띠풀로 싸네
봄을 그리는 아가씨
건장한 남자가 꾀지요

떡갈나무 숲 속에
죽어있는 사슴 한 마리
하얀 띠풀로 잘 묶네
여기 옥처럼 흰 아가씨 있어요

천천히 부드럽게
내 옷자락 건드리지 마세요
삽살개가 짖지 않도록 하세요

野有死麕

野有死麕 白茅包之 有女懷春 吉士誘之
林有樸樕 野有死鹿 白茅純束 有女如玉
舒而脫脫兮 無感我帨兮 無使尨也吠

〈野有死麕〉

野(야): 성 밖의 들판.

麕(균): 고라니. Hydropotes inermis. 소목 사슴과.(그림은『모시품물도고』에서)

白茅(백모): 띠. Imperata cylindrica (Linn.) Beauv. 관련 고명: 黃. 외떡잎식물
  벼목 화본과 여러해살이풀.

懷春(회춘): 봄을 그리워하다.

吉士(길사): 멋있는 남자.

誘(유): 꾀다. 이끌다.

樸樕

〈林有樸樕〉

樸樕(박속): 떡갈나무. Quercus dentata Thunb. 참나무
  과 낙엽활엽교목.(그림은『모시품물도고』에서)

鹿(록): 사슴. Cervus sika. 소목 사슴과.

純束(순속): 잘 묶다.

尨

〈舒而脫脫兮〉

舒(서): 천천히. 느긋하게.

脫脫(탈탈): 느긋한 모양.

感(감): 느끼다. 움직이다.

帨(세): 허리에서 무릎까지 앞을 가리는 천.

尨(방): 삽살개. Canis familiaris. 식육목 개과.(그림은『모시품물도고』에서)

해설: 1연과 2연은 홍이고, "천천히 부드럽게"로 시작하는 3연은 부이다.
　　　사춘기 소녀가 남자를 구하는 시이다. 남자들이 봄에 노루와 사슴을
　　　사냥하여 하얀 띠풀로 싸는 것으로써 자신의 정서를 표출했다.
　　* 『모시서』에 의하면 무례함을 미워한 시이다.

13. 하피농의(何彼穠矣) / 꽃이 저토록 우거졌구나

어찌 저리도 무성할까?
채진목 꽃이여
어찌 조용하고 온화하지 않으리오?
공주가 탄 수레여

어찌 저리도 무성할까?
복숭아꽃 자두꽃이여
평왕(平王)의 손녀여
제(齊)나라 임금의 아들이여

무엇으로 낚시를 할까?
명주실을 꼬아 낚싯줄을 만든다네
제(齊)나라 임금의 아들이여
평왕(平王)의 손녀여

何彼穠矣

何彼穠矣 唐棣之華 曷不肅雝 王姬之車

何彼穠矣 華如桃李 平王之孫 齊侯之子

其釣維何 維絲伊緡 齊侯之子 平王之孫

〈何彼穠矣1-2〉

何(하): 얼마나. 매우.

穠(농): 꽃나무가 무성한 모양.

唐棣(당체): 중국채진목(棠振木). Amelanchier
sinica (Schneid) Chun. 장미과 낙엽교목.(그림
은 『모시품물도고』에서)

曷(갈): 어찌.

肅(숙): 엄숙하다.

雝(옹): 온화하다.

王嬉(왕희): 주 나라 왕실의 공주.

車(거): 수레.

唐棣

桃(도): 복숭아나무. Prunus persica (Linn.) Batsch. 장미과 낙엽활엽 교목성
과일나무.

李(이): 자두나무. Prunus salicina Lindl. 장미과 낙엽활엽교목 과일나무.

平王孫(평왕손): 주(周) 나라 평왕(平王) 의구(宜臼) 외손녀.(『시집전』에서
혹자의 설)

齊侯(제후): 제(齊) 나라 양공(襄公).(『시집전』에서 혹자의 설)

子(자): 자식.

〈其釣維何〉

釣(조): 물고기를 낚다.

維(유): 어조사.

絲(사): 명주실. 견사(絹絲).

緡(민): 낚싯줄.

純束(순속): 잘 묶다.

舒(서): 천천히. 느긋하게.

脫脫(탈탈): 느긋한 모양.

感(감): 느끼다. 움직이다.

帨(세): 허리에서 무릎까지 앞을 가리는 천.

尨(방): 삽살개. Canis familiaris. 식육목 개과.

해설: 모든 연이 흥이다. 주 나라 평왕(平王)의 손녀가 제(齊) 나라 임금의
　　 아들에게 시집가는 모습을 찬미했다.
　*『모시서』도 같다.

14. 추우(騶虞) / 사냥꾼

저 무성한 갈대 사이로
화살 한 발을 쏘아 암퇘지 다섯 마리 잡았네
역시 사냥꾼이야

저 무성한 망초 사이로
화살 한 발을 쏘아 멧돼지 다섯마리 잡았네
역시 사냥꾼이야

騶虞
彼茁者葭 壹發五犯 于嗟乎騶虞
彼茁者蓬 壹發五豵 于嗟乎騶虞

茆(줄): 풀이 자란 모양.

者(자): 어조사.

葭(가): 갈대. Phragmites communis (L.) Trin. 관련 고명: 蘆, 葦, 蒹葭. 화본과 여러해살이풀. (그림은 『모시품물도고』에서)

葭

發(발): 발사하다.

豝(파): 암돼지.

吁次(우차): 감탄사.

騶虞(추우): 수렵을 관장하는 관리. 『주역』 준(屯)괘 육삼 효사에서 "사슴을 만났는데 사냥꾼이 없다.[卽鹿無虞]"라고 나오니, 거기에서 '虞'는 사냥꾼을 가리킨다.

蓬(봉): 망초. 망초에는 개망초(E. annuus (L.) Pers), 민망초(Erigeron acer L.) 등이 있다. 국화과 두해살이풀.(그림은 『모시품물도고』에서)

豵(종): 모전에 따르면 1년 된 어린 돼지를 가리킨다. 정전에 따르면 태어난 지 삼가다 3일 된 돼지를 가리킨다.

해설: 모든 연이 부이다. 사냥을 찬미하는 시이다.

*『모시서』에 의하면 천하가 문왕의 교화를 입어 여러 종류의 사물이 번식하고 농한기에 사냥을 하는 광경이다.

제3권. 패풍(邶風)

강숙(康叔)

경공(頃公, B.C. 853)

희공(僖公, B.C. 854-B.C. 813)

무공(武公, 和, B.C. 812-B.C. 758)

장공(莊公, 楊, B.C. 757-B.C. 735)

환공(桓公, 完, B.C. 734-B.C. 719)

선공(宣公, 晉, B.C. 718-B.C. 700)

혜공(惠公, 朔, B.C. 699-B.C. 697)

검모(黔牟, B.C. 696-B.C. 687)

혜공(惠公, 朔, B.C. 686-B.C. 669)

의공(懿公, 赤, B.C. 668-B.C. 660)

문공(文公, 燬, B.C. 659-B.C. 635)

대공(戴公, 申, B.C. 660)

　패(邶) 나라, 용(鄘) 나라, 위(衛) 나라는 모두 상(商) 나라 왕이 직접 다스
리던 왕기(王畿) 지역이다. 주(周) 나라 무왕(武王)은 주(紂)왕의 수도였던
조가(朝家: 황하 북쪽에 있는 지금의 河南省 淇縣) 땅을 나누어 황하 북쪽
을 패(邶) 나라로 지정해 주(紂)의 아들인 무경(武庚)에게 봉했다. 조가(朝
家) 땅 남쪽을 용(鄘) 나라로 지정해 동생인 관숙(管叔) 선윤(鮮尹)에게 봉
하고, 조가(朝家) 땅 동쪽을 위(衛) 나라로 지정하여 동생인 채숙(蔡叔) 도
윤(度尹)에게 봉했다. 무왕(武王)이 죽은 뒤 상(商) 나라 후예인 무경(武庚)

이 반란을 일으키자 주공(周公)의 지휘 아래 관숙(管叔)과 채숙(蔡叔)이 협공해 평정했다. 이에 주공(周公)은 패(邶) 땅과 용(鄘) 땅을 위(衛) 나라로 통일해 동생 강숙(康叔)에게 봉했다. 여기에 나오는 시 중 가장 빠른 것은 강숙(康叔) 후 7대 임금 시절에 속하는 "백주(柏舟)"이다. 이 작품은 B.C. 9세기 초의 작품으로 추정된다.(『모시서』에 따른 것.) 19편의 창작 연대는 대략 B.C. 770년 이후이다.

1. 백주(柏舟) / 측백나무 배

두둥실 저 측백나무 배
물결 따라 떠내려갑니다
속 깊은 근심으로
시름시름 잠 못 드는 것은
술을 마시면서
마음껏 놀지 못 해서가 아니에요

내 마음 거울이 아니라서
남의 심중을 비추지 못 하고
형제가 있더라도
의지할 수 없답니다
서둘러 가서 하소연하니
도리어 화만 내네요

내 마음 돌이 아니라서
굴리지 못 하고

내 마음 자리가 아니라서
말아두지 못 합니다
거동을 단아하게
추스릴 수 없어요

시름으로 가득 차
소인배들 욕했지만
많은 아픔과
수모를 겪어야 했지요
고요히 그 일들을 생각하자니
잠 못 들며 손으로 가슴을 친답니다

일식과 월식이
번갈아 일어나네요
마음에 얼룩진 근심
빨지 않은 옷과 같고
고요히 그 일들을 생각하자니
떨쳐 일어서지 못 합니다

柏舟

汎彼柏舟　亦汎其流　耿耿不寐　如有隱憂　微我無酒　以敖以遊
我心匪鑑　不可以茹　亦有兄弟　不可以據　薄言往愬　逢彼之怒
我心匪石　不可轉也　我心匪席　不可卷也　威儀棣棣　不可選也
憂心悄悄　慍于群小　覯閔旣多　受侮不少　靜言思之　寤辟有摽
日居月諸　胡迭而微　心之憂矣　如匪澣衣　靜言思之　不能奮飛

〈汎彼柏舟〉

汎(범): 물 위에 떠내려가다.

柏(백): 측백나무. Thuja orientalis L. 고명건·모설비의『시경동식물도설』에는 Platycladus orientalis라고 나와 있다. 측백나무과 상록침엽교목. 측백나무는 단단하여 지조가 굳음을 비유한다.(그림은『모시품물도고』에서)

其流(기류): 흐르는 황하의 물. 정처 없음을 나타낸다.

耿耿(경경): 마음이 불안한 모양.

隱(은): 통절히 그리워하다.

寐(매): 잠자다.

微(미): 아니다.

敖(오): 멋대로 놀다.

遊(유): 거닐며 놀다.

柏

〈我心匪鑑〉

匪(비): 아니다.

鑑(감): 거울.

茹(여): 비추다. 건너다.

亦(역): 비록.

據(거): 의지하다.

薄(박): 서둘러. 어서. 빨리.

言(언): 어조사.

愬(소): 하소연하다.

逢(봉): 만나다.

怒(노): 성내다.

〈我心匪石〉

轉(전): 굴리다.

席(석): 자리.

卷(권): 말다.

威儀(위의): 예절을 갖춘 모양.

棣棣(체체): 아름답고 단아한 모양.

選(선): 뽑다. 가리다. 여기서는 문맥상 '추스리다'를 뜻한다. 참고로 주희는
'威儀棣棣 不可選也'라는 구절을 '위엄스러운 모양(威儀棣棣)이 매우 익
숙해 가릴 것이 없다'고 해석한다.

〈憂心悄悄〉

悄悄(초초): 깊이 근심하는 모양.

慍(온): 원망하다.

群小(군소): 여러 소인배.

覯(구): 만나다. 합치다.

閔(민): 아픔.

靜言(정언): 고요하게.

寤(오): 잠깨다.

辟(벽): 손으로 가슴을 치며 슬퍼하다.

摽(표): 치다. 두드리다.

〈日居月諸〉

日居月諸(일거월저): '居'자와 '諸'자는 의미가 없는 허사이다. 해와 달이
뜨고 지는 것. 즉 세월.

胡(호): 어찌.

迭(질): 갈마들다. 바뀌다.

微(미): 작다. 주희에 의하면 '이지러지다(虧)'를 뜻하지만, 낙강생의 『시경통고(詩經通詁)』에 의하면 일식과 월식을 가리킨다. 여기서는 후자를 따랐다.

澣(한): 옷을 빨다.

奮(분): 날개를 치다.

해설: 1연은 비이고, 2연과 3연과 4연은 부이고, 마지막 연은 비이다. 소인배들의 중상모략을 한탄하는 시이다. 위(衛) 나라 경공(頃公) 때 한 관리가 중상모략을 한탄했다는 설이 있다.(『모시』) 혹은 위선부인(衛宣夫人)이 위(衛) 나라로 시집가는 중에 남편이 죽자 끝까지 수절하면서 소인배들의 유혹을 물리쳤다고 하는 설도 있다.

2. 녹의(綠衣) / 초록 옷

저고리는 초록색
속옷은 노란색을 입었죠
내 근심
어찌 해야 그칠까요?

저고리는 초록색
치마는 노란색을 입었죠
내 근심
어찌 해야 사라질까요?

초록색 명주실을

그대가 염색했지요

그 때 그 사람아

나를 탓하지 마오

갈옷 틈새로 바람이 부니

시원하여라

그 때 그 사람아

정말 내 맘에 들었다오

綠衣

綠兮衣兮 綠衣黃裏 心之憂矣 曷維其已

綠兮衣兮 綠衣黃裳 心之憂矣 曷維其亡

綠兮絲兮 女所治兮 我思古人 俾無訧兮

絺兮綌兮 凄其以風 我思古人 實獲我心

〈綠兮衣兮1〉

綠(녹): 초록색.

兮(혜): 음률을 맞추는 어조사.

裏(리): 속. 안.

曷(갈): 어찌.

維(유): 어조사.

其(기): 어조사.

已(이): 그치다.

〈綠兮衣兮2-4〉

衣(의): 윗도리.

裳(상): 치마.

治(치): 다스리다. 여기서는 옷을 물들이다.

古人(고인): 죽은 부인.

俾(비): 하여금.

訧(우): 잘못. 과실.

絺(치): 조밀한 갈포(葛布).

綌(격): 거친 갈포.

凄(처): 춥다. 쓸쓸하다.

획(獲): 얻다.

해설: 모든 연이 비이다. 헤어진 옛 여인을 회상한 시이다. 즉 푸른 저고리와
노란 속옷은 옛 여인의 유품이다.(왕연해) 혹은 주희에 의하면 위(衛)
나라 장공(莊公)의 부인 장강(莊姜: B.C.757-B.C.735)이 자신이 버림받
은 것을 근심한 시라고 한다. 주희는 노란색이 정색(正色)이고 푸른색
이 간색(間色)인데, 간색으로 저고리를 만들고 정색으로 속옷을 만들
었으니 제자리를 잃은 것이라고 하였다. 부인 장강(莊姜)은 미인이었
지만 자식이 없었다. 장강은 첩에게서 낳은 아들 완(完)을 친자식처럼
키웠고 장공이 그를 후계자로 삼았다. 그러나 또 다른 첩에게서 주우
(州吁)라는 아들이 태어나자 장공은 그에게 정을 주어 후계자로 삼으
려 하면서 나중에 분란이 일어났다. 관련 고사는 『사기』와 『춘추좌전』
「은공(隱公)3년」을 참고할 것.

3. 연연(燕燕) / 제비들

날개를 올렸다 내렸다

제비 납니다
이 아씨 시집갈 때
먼 들까지 배웅갔지요
저만치 보이지 않자
비 오듯 눈물이 흘렀어요

날아 올랐다 내렸다
제비 납니다
이 아씨 시집갈 때
멀리까지 데려다 주었지요
저만치 보이지 않자
우두커니 서서 울었어요

째엑 짹
제비 납니다
이 아씨 시집갈 때
남쪽 멀리 보내러 갔지요
저만치 보이지 않자
내 마음 참으로 서러웠어요

둘째는 믿음직스러우며
마음이 진실하고 넓답니다
언제나 따뜻하고 부드러웠고
거동을 신중히 하였지요
돌아가신 임금의 마음에 들었기에
나를 더욱 슬프게 했어요

燕燕

燕燕于飛 差池其羽 之子于歸 遠送于野 瞻望弗及 泣涕如雨
燕燕于飛 頡之頏之 之子于歸 遠于將之 瞻望弗及 佇立而泣
燕燕于飛 下上其音 之子于歸 遠送于南 瞻望弗及 實勞我心
仲氏任只 其心塞淵 終溫且惠 淑愼其身 先君之思 以勗寡人

〈燕燕于飛1-2〉

燕(연): 제비. Hirundo rustica. 제비과 새.(그림은『모시품물도고』에서)

于飛(우비): 날아가다.

差池(차지): 제비의 들쭉날쭉한 날개짓.

之(지): 이.

于歸(우귀): 시집가다. 혹은 친정집에 돌아가다.

野(야): 성 밖의 들판.

瞻(첨): 보다.

望(망): 멀리 내다보다.

及(급): 미치다.

泣涕(읍체): 눈물을 흘리며 울다.

頡(힐): 날아 오르다.

頏(항): 날아 내리다.

지(之): 어조사.

遠(원): 멀리에 도착하다.

于(우): ~에.

將(장): 보내다.

佇(저): 우두커니. 오래다. 기다리다.

〈燕燕于飛3-仲氏任只〉

下上其音(하상기음): 소리가 높아졌다 낮아졌다 변폭이 심한 것.

南(남): 남쪽 변방.

勞(로): 수고하다. 근심하다.

仲氏(중씨): 보내는 사람이 더 나이가 많고 지위가 높으므로 가는 사람을
　　이렇게 불렀다.

任(임): 믿음직하다.

只(지): 어조사.

塞淵(색연): 마음이 가득하고 깊은 것.

終(종): 끝까지.

溫(온): 온화하다. 따뜻하다. 부드럽다.

且(차): 또한.

惠(혜): 유순하다.

淑(숙): 맑다. 좋다. 착하다.

愼(신): 삼가다. 조심하다.

勖(욱): 힘쓰다. 분발시키다.

寡人(과인): 왕비가 자신을 일컫는 말. 혹은 일반 사람이 자신을 일컫는 말.

해설: 1연과 2연과 3연은 흥이고, 마지막 연은 부이다. 둘째 딸이 시집가는
　　것을 아쉬워하고 있다.

　*『모시서』에 의하면 위(衛) 나라 장공(莊公)의 부인 장강(莊姜)이 첩이었
　　던 대규(戴嬀)를 그녀의 친정인 진(陳) 나라로 보내면서 지은 시라고 한
　　다. 제비가 날아 올랐다 내렸다 하는 데서 자신의 성쇠를 읊고 있다.
　　장공이 죽고 환공(桓公)이 즉위하자 폐첩에게서 태어난 주우(州吁)가 대
　　규의 아들인 완(完)을 죽이고 대규를 친정인 진 나라로 쫓아 보냈다.

4. 일월(日月) / 해와 달

해가 떴다 달이 떴다
세상을 비춥니다
이런 사람은
처음과 나중이 다르니
어찌 편안할 수 있겠어요?
전혀 나를 돌아보지 않습니다

해가 떴다 달이 떴다
세상을 덮습니다
이런 사람은
남과 사이가 좋지 못 하니
어찌 편안할 수 있겠어요?
전혀 나에게 응대하지 않습니다

해와 달이 번갈아
동쪽에서 나옵니다
이런 사람은
언행이 좋지 않으니
어찌 편안할 수 있겠어요?
차라리 그를 잊는 편이 낫습니다.

해와 달이 번갈아
동쪽에서 나옵니다
부모님

쉼 없이 나를 길러 주시느라
어찌 편안하실 수 있겠어요?
나를 보살핌이 끊나지 않습니다.

日月

日居月諸 照臨下土 乃如之人兮 逝不古處 胡能有定 寧不我顧
日居月諸 下土是冒 乃如之人兮 逝不相好 胡能有定 寧不我報
日居月諸 出自東方 乃如之人兮 德音無良 胡能有定 俾也可忘
日居月諸 東方自出 父兮母兮 畜我不卒 胡能有定 報我不述

〈日居月諸1〉

居(거): 어조사.

諸(저): 어조사.

下土(하토): 세상.

乃(내): 이에.

之(지): 이.

逝(서): 어조사.

胡(호): 어찌.

定(정): 머물다. 안정하다.

寧(영): 어찌. 차라리.

顧(고): 돌아보다.

〈日居月諸2-4〉

冒(모): 덮다.

報(보): 갚다.

德音(덕음): 행위와 말. 언행.

俾(비): 하여금.

畜(흑): 기르다.

卒(졸): 마침내.

述(술): 선친의 업적을 기리다.

해설: 모든 연이 부이다. 남편에게 사랑을 얻지 못하여 지은 시이다. 마지막
　　구절에서는 부모의 지극한 은혜를 회상했다.
*『모시서』에 의하면 위(衛) 나라 장강(莊姜)이 자신의 처지를 슬퍼했다.
　　주우(州吁)의 난을 당하여 선군에게 답례를 받지 못하고서 곤궁함에 이
　　른 자신을 슬퍼한 시이다.

5. 종풍(終風) / 마침내 바람이 불고

마침내 바람이 거세게 불자
님은 나를 보고 웃었죠
이제 깔보며 거만하게 비웃으니
내 마음 애석합니다

마침내 바람이 불고 흙비가 내리더니
님이 사랑스럽게 나에게 왔죠
이제 오도가도 않으니
오래도록 그립습니다

마침내 바람이 불고 날씨가 음산하더니
머지않아 구름이 끼네요

뜬눈으로 잠 못 자며
눈물콧물로 재채기만 나옵니다

어둑어둑 구름이 끼더니
우르릉 천둥치네요
뜬눈으로 잠 못 자며
님을 그립니다

終風

終風且暴　顧我則笑　謔浪笑敖　中心是悼
終風且霾　惠然肯來　莫往莫來　悠悠我思
終風且曀　不日有曀　寤言不寐　願言則嚏
曀曀其陰　虺虺其靁　寤言不寐　願言則懷

〈終風且暴〉

終(종): 이미. 끝내.

笑(소): 웃다.

謔(학): 헐뜯다.

浪(랑): 물결치다.

笑敖(소오): 업신여기다.

〈終風且霾〉

中心(중심): 마음속.

悼(도): 슬퍼하다.

霾(매): 흙비가 오다.

惠然(혜연): 유순한 모양.

肯(긍): 기꺼이

來(래): 오다.

莫往莫來(막왕막래): 왕래하지 않다.

悠悠(유유): 아득히 오래됨.

〈終風且曀 -曀曀其陰〉

曀(에): 날씨가 음산하다.

寢(침): 잠자다.

言(언): 어조사.

嚏(체): 재채기하다. 헐떡거리다. 열망하다.

虺虺(훼훼): 천둥 소리.

懷(회): 마음에 품다.

해설: 모든 연이 비이다. 버림받은 여자가 자신의 처지를 읊은 시이다.

  *『모시서』에 의하면 위 나라 장강이 주우의 포악함을 만나 업신여김을
  당하면서도 바로잡지 못하는 자신의 처지를 서글퍼한 시이다.

6. 격고(擊鼓) / 북을 울리다

둥둥 북을 울리며
무기를 잡고 사방으로 뛰어다니죠
사람들은 나라를 개척하여 조(漕) 땅에 성을 쌓거늘
우리만 남쪽으로 행진합니다

손자중(孫子仲)을 따라

진(陳) 나라와 송(宋) 나라를 평정하면서
집에 돌아가지 못 하니
근심이 가득합니다

아무데서 자고 아무데서 멈추다가
말을 잃자
숲속에서
찾아 헤메었습니다

살아서건 죽어서건 함께 살자고
당신과 약속했죠
당신의 손을 잡고
함께 늙자고 했죠

아, 우리의 인생이여
저는 살아남지 못 할 겁니다
아, 우리의 맹세여
저는 기약할 수 없습니다

擊鼓
擊鼓其鏜 踊躍用兵 土國城漕 我獨南行
從孫子仲 平陳與宋 不我以歸 憂心有忡
爰居爰處 爰喪其馬 于以求之 于林之下
死生契闊 與子成說 執子之手 與子偕老
于嗟闊兮 不我活兮 于嗟洵兮 不我信兮

〈擊鼓其鏜〉

鏜(당): 북소리.

踊(용): 뛰다.

躍(약): 뛰다.

用(용): 사용하다.

兵(병): 병기. 무기.

土(토): 토목 공사. 건설하다.

國(국): 나라.

漕(조): 위(衛) 나라의 읍 이름. 지금의 하남성(河南省) 활현(滑縣).

都(도): 도읍. 도시. 위(衛) 나라 도읍으로 지금의 하남성(河南省) 기현(淇縣)
   을 가리킨다.

南(남): 남쪽. 위 나라 남쪽에는 황하 건너 정(鄭) 나라, 송(宋) 나라, 진(陳)
   나라가 있었다. 여기서는 정(鄭) 나라를 가리킨다.

〈從孫子仲〉

孫子仲(손자중): 장수 이름.

平(평): 평정하다.

陳(진): 나라 이름. 지금의 하남성(河南省) 진주(陳州).

宋(송): 나라 이름. 지금의 하남성(河南省) 상구(商丘).

有忡(유충): 근심으로 마음이 무거운 모양.

〈爰居爰處〉

爰(원): 이에.

居(거): 떨어지다(距). 거리.

處(처): 쉬다.

喪(상): 잃다.

契(계): 만나다. 합하다. 약속하다.

〈于嗟闊兮〉

闊(활): 살다. 많은 주석본에서 '이별하다'로 해석하지만 여기에서는 택하지
　　않았다.

子(자): 너.

成說(성설): 약속. 맹세.

偕老(해로): 함께 살며 늙는 것.

不我活(불아활): 전쟁에서 살아남지 못하다.

洵(순): 진실되다. 참되다.

不我信(불아신): 나는 옛 맹세가 실현될거라고 기대할 수 없다.

해설: 모든 연이 부이다. 처를 두고 멀리 전쟁나간 남편의 정서를 읊었다.
　　　임금의 자리를 찬탈했던 위(衛) 나라 주우(州吁)는 B.C709년에 국내
　　　의 반대 정서를 완화하고자 남쪽 정(鄭) 나라를 쳐들어갔다고 하며,
　　　이것은 그 때의 시라고 한다.

　*『모시서』에 의하면 주우가 난을 일으키기만 하고 무례한 것을 원망한
　　시이다.

7. 개풍(凱風) / 남풍

멧대추나무 줄기에
남풍 붑니다
멧대추나무의 성장은
어머님의 노고이지요

멧대추나무 가지에
남풍 붑니다
어머님은 지혜롭고 좋으신데
우리 형제는 못났지요

준(浚) 땅 아래에
차가운 샘 솟아나건만
우리 일곱 자식
어머님의 고생거리죠

아름다운 꾀꼬리는
그 소리가 좋건만
우리 일곱 자식
어머님 마음을 위로하지 못 하지요

凱風
凱風自南 吹彼棘心 棘心夭夭 母氏劬勞
凱風自南 吹彼棘薪 母氏聖善 我無令人
爰有寒泉 在浚之下 有子七子 母氏勞苦
睍睆黃鳥 載好其音 有子七人 莫慰母心

棘

〈凱風自南1〉

凱風(개풍): 남쪽에서 불어오는 바람. 자식을 기르
　는 어머니의 노고를 비유한다.

棘(극): 멧대추나무. Zizyphus jujuba Mill. 관련 고명: 棗. 갈매나무과 낙엽교
　목으로 열매가 대추보다 작고 둥글며 먹을 수 있다. 자식을 비유한다.(그

림은 『모시품물도고』에서)

心(심): 줄기.

夭夭(요요): 잘 자란 한참 때 나무의 모양.

劬勞(구로): 어려운 고난.

〈凱風自南2〉

薪(신): 잘라낸 곁가지. 무성한 가지.

聖(성): 지혜롭다.

善(선): 좋다.

令(령): 좋다. '我無令人(아무령인)'은 어머니의 훌륭함에 비해 자식들이 그
    렇지 못함을 뜻한다.

〈爰有寒泉〉

爰(원): 이에. 여기.

浚(준): 위(衛) 나라 읍. 지금의 산동성(山東省) 복현(濮縣) 부근.

〈睍睆黃鳥〉

睍睆(현환): 아름다운 모양.

黃鳥(황조): 꾀꼬리. Oriolus chinensis diffusus. 참새목 꾀꼬리과. 자식들이
    꾀꼬리처럼 아름다운 목소리로 어머니를 즐겁게 해드리고 싶은 심정을
    담았다. 『시경동물석고』에 의하면 이곳의 '黃鳥'는 「빈풍(豳風)/칠월(七
    月)」과 「소아(小雅)/출거(出車)」에 나오는 '倉庚', 즉 꾀꼬리를 가리킨다.
    한편 「주남(周南)/갈담(葛覃)」, 「진풍(秦風)/황조(黃鳥)」, 「소아(小雅)/황
    조(黃鳥)」, 「소아(小雅)/면만(綿蠻)」에 나오는 '黃鳥'는 검은머리방울새를
    가리킨다.

載(재): 곧. 즉. 이에.

慰(위): 위로하다. '莫慰母心(막위모심)'은 꾀꼬리가 사람의 마음을 즐겁게
　　하듯이 어머니의 마음을 즐겁게 해주지 못하는 것을 뜻한다.

해설: 1연은 비이고, 나머지 연은 흥이다. 어머니의 노고를 회상하며 쓴 시이다.
　*『모시서』에 의하면 효자가 어머니의 재혼을 간청하는 시이다.

8. 웅치(雄雉) / 장끼

장끼 날아 오르며
퍼드득 날개칩니다
내 마음 당신뿐인지라
저절로 슬퍼지네요

장끼 날아 오르자
날개치는 소리 가득합니다
의젓한 당신
참으로 내 마음 아프게 하네요

저 해와 달을 보며
사모하는 마음 그친 적 없었지요
길이 멀다하니
어찌 나에게 올 수 있겠어요?

남자들이여
참된 거동을 모르네요

남을 괴롭히거나 탐내지 않으면
좋으련만

雄雉

雄雉于飛 泄泄其羽 我之懷矣 自詒伊阻
雄雉于飛 下上其音 展矣君子 實勞我心
瞻彼日月 悠悠我思 道之云遠 曷云能來
百爾君子 不知德行 不忮不求 何用不臧

雄雉

〈雄雉于飛1〉

雄雉(웅치): 장끼. Phasianus colchicus. 닭목 꿩과. 화려한 장끼는 멋있는 남
　자를 연상케 한다.(그림은『모시품물도고』에서)

于飛(우비): 날아가다.

泄泄(예예): 느릿느릿 날개치는 모양.

詒(이): 보내다. 전하다.

伊(이): 그.

阻(조): 근심하다. 슬퍼하다. '慼'과 같다.

〈雄雉于飛2〉

展(전): 진실하다. 의젓하다.

矣(의): 어조사.

勞(로): 수고하다.

〈瞻彼日月〉

瞻(첨): 보다.

云(운): 어조사.

曷(갈): 어찌.

〈百爾君子〉
百(백): 모든.
爾(이): 너.
君子(군자): 부인이 다른 남자를 호칭할 때 사용한다.
忮(기): 해를 입히다.
臧(장): 착하다.

해설: 1연과 2연은 흥이고, 3연과 4연은 부이다. 멀리 나간 남편을 그리워하
면서 주위의 남자들을 경계한 시이다. 참고로 위(衛) 나라 선공(宣公)
은 성 생활이 문란해 아버지의 첩인 이강(夷姜)을 빼앗아 부인으로
삼았다고 한다.
*『모시서』에 의하면 위 나라 선공을 풍자한 시이다. 그는 음란하여 국사를
돌보지 않고 자주 군대를 일으켜 대부들이 오랫동안 부역하므로 남녀들
이 홀로 있는 것을 원망했다. 이에 사람들이 걱정하여 이 시를 지었다.

9. 포유고엽(匏有苦葉) / 박 잎이 마르고

박 잎이 마르고
개울이 깊습니다
깊으면 옷 벗고 건너고
얕으면 옷 걷고 건너지요

개울에 물 가득하고

유오유오 까투리가 웁니다
개울이 차올라도 수레 굴대를 적시지 못 할 즈음
까투리가 울며 장끼를 찾지요

동트자
큰기러기들 정답게 웁니다
신부를 맞으려는 신랑은
얼음이 녹기 전에 서두르지요

뱃사공이 손짓하자
모두 건넜지만 저는 못 건넜어요
모두 건넜지만 저는 못 건넜어요
제 짝을 기다려요

匏有苦葉
匏有苦葉 濟有深涉 深則厲 淺則揭
有瀰濟盈 雉鷕雉鳴 濟盈不濡軌 雉鳴求其牡
雝雝鳴雁 旭日始旦 士如歸妻 迨氷未泮
招招舟子 人涉卬否 人涉卬否 卬須我友

〈匏有苦葉〉
匏(포): 박. Lagenaria siceraria (molina) Standley. 관
　　련 고명: 瓠, 壺. 쌍떡잎식물 박목 박과 덩굴성
　　한해살이풀.(그림은『모시품물도고』에서)
苦(고): 마르다(枯).
濟(제): 여울. 개울. 시내.

涉(섭): 건너다.

厲(려): 옷을 벗고 건너다. 고형(高亨)에 의하면 '厲'는 '裸'의 음이 바뀐 것이라고 한다.(왕연해,『시경금주금역』)

揭(게): 옷을 걷어잡고 물을 건너다.

〈有瀰濟盈〉

有瀰(유미): 물이 가득한 모양.

有鷕(유요): 까투리 우는 소리. 유오유오.

濡(유): 젖다.

軌(궤): 수레의 굴대.

〈雝雝鳴雁-招招舟子〉

雝雝(옹옹): 화답하며 우는 소리.

雁(안): 큰기러기. Anser fabalis. 기러기목 오리과.

旭(욱): 해가 뜨다.

旦(단): 아침.

歸(귀): 신부를 맞이하다.

迨(태): 미치다.

冰(빙): 얼음

泮(반): 녹다. 풀리다. 봄이 와 얼음이 녹는 것을 말한다.

招招(초초): 손짓하여 부르는 모양.

卬(앙): 나.

須(수): 기다리다.

해설: 1연과 2연과 4연은 비이고, 3연은 부이다. 봄에서 겨울까지 남들이 신부를 맞았지만 자신은 아직 찾지 못한 심정을 읊었다.

* 『모시서』에 의하면 위 나라 선공의 음란함을 풍자한 시이다.

10. 곡풍(谷風) / 동풍

살랑살랑 동풍 불면
구름 끼고 비가 옵니다
부부가 마음을 합하기 위해서는
화를 내서는 안 되지요
순무와 무를 캐면서
뿌리로써 판단하지 마세요
약속한 대로
죽도록 당신과 함께 하려고 했었지요

천천히 길을 걷자
마음에 원한이 서립니다
이렇게 가까운 사이인데
서둘러 문지방에서 보내는군요
누가 씀바귀를 쓰다고 했을까요?
나에겐 냉이처럼 달콤하지요
당신 새 여자 들이더니
형제처럼 잘 지내는군요

경(涇)강이 위(渭)강을 만나면 그 더러움을 압니다
위강은 맑고 고요해 바닥까지 보이지요
당신 새 여자 들이더니

나를 싫어하더이다
내 다리일랑 들어가지 마세요
내 통발일랑 꺼내지 마세요
나를 돌아보지 않으니
내가 떠나더라도 무슨 근심 있겠어요?

물 깊으면
뗏목과 배를 띄우고
물 얕으면
물살따라 헤엄치지요
특별한 비책 없이
그저 열심히 노력했고
사람들이 어려우면
기어가서 도와줬어요

나를 돌보기는커녕
원수로 여기고
내 순수함까지 망쳐놔서
팔수 없는 고물이 되고 말았지요
예전 그 어렵던 시절엔
당신과 함께 고꾸라졌는데
이제 살만 하니
나를 독처럼 피하네요

내가 담근 김장은
겨울을 대비한 것인데

나로 가난을 이기더니

당신 새 여자 들였지요

얼굴을 을그락 불그락 이지러뜨리며

나를 고생시켰는데

당신은 옛 일을 잊어버리고

나에겐 화만 남았어요

谷風

習習谷風 以陰以雨 黽勉同心 不宜有怒 采葑采菲 無以下體 德音莫違 及爾
　　同死

行道遲遲 中心有違 不遠伊邇 薄送我畿 誰謂荼苦 其甘如薺 宴爾新昏 如兄
　　如弟

涇以渭濁 湜湜其沚 宴爾新昏 不我屑以 毋逝我梁 毋發我笱 我躬不閱 遑恤
　　我後

就其深矣 方之舟之 就其淺矣 泳之游之 何有何亡 黽勉求之 凡民有喪 匍匐
　　救之

不我能慉 反以我爲讎 旣阻我德 賈用不售 昔育恐育鞠 及爾顚覆 旣生旣
　　育 比予于毒

我有旨蓄 亦以御冬 宴爾新昏 以我御窮 有洸有潰 旣詒我肆 不念昔者 伊余
　　來墍

〈習習谷風〉

習習(습습): 살랑살랑 바람이 부는 모양.

谷風(곡풍): 동쪽에서 불어오는 바람.

以陰(이음): 구름이 잔뜩 끼다.

黽勉(민면): 힘쓰다.

葑(봉): 순무. Brassica rapa L. 쌍떡잎식물 양귀
비목 겨자과 한해살이풀 또는 두해살이풀.(그
림은『모시명물도설』에서)

菲(비): 무. Raphanus sativus L. 쌍떡잎식물 양귀
비목 겨자과 한해살이풀 또는 두해살이풀.

下體(하체): 뿌리 부분. 뿌리까지 수확하지 않은 것으로써 남편의 덧없는
사랑을 비유했다. 이 구절은『춘추좌전』희공 33년에 진(晉) 나라 구계(臼
季)가 문공에게 능력에 따라 신하를 등용해야지 죄인의 아들이라고 하여
거부해서는 안 된다고 조언하는 대목에서 인용된다. 그곳에 의하면 순
임금이 우의 아버지인 곤(鯀)을 죽였지만 아들인 우를 임금으로 추대했고,
제 나라 환공은 적의 참모였던 관중을 제상으로 삼았다. 이러한 예에서
보듯이 무의 뿌리 부분이란 그 사람과 관련된 보이지 않은 부분이며, 그
뿌리가 좋지 않은 경우도 있지만 그 때문에 잎사귀의 좋음도 버려서는
안 된다는 것을 뜻한다.

德音(덕음): 행위와 말. 언행.

違(위): 어긋나다.

〈行道遲遲〉

行道(행도): 길을 걷다.

遲遲(지지): 천천히.

違(위): 원한.

伊(이): 어조사.

邇(이): 가깝다.

薄(박): 서둘러. 어서. 빨리.

畿(기): 문지방. 방에서 나오지도 않고 문지방에서 잘가라고 말하는 것을
가리킨다.

荼(도): 씀바귀. Ixeris dentata. 국화과 여러해살이풀.

薺(제): 냉이. Capsella bursa-pastoris (L.) Medic. 양
　귀비목 십자화과.(그림은 『모시품물도고』에서)

宴(연): 편안하다.

涇(경): 강 이름. 한 줄기는 감숙성(甘肅省) 화평현
　(化平縣) 서남부 대관산(大關山) 기슭에서 발원해
　동북쪽으로 흐르고, 다른 줄기는 감숙성(甘肅省) 고원현(固原縣) 남부 계
　두산(笄頭山)에서 발원해 동남쪽으로 흐른다. 두 줄기는 경천현(涇川縣)
　에서 만나고, 동남쪽으로 흘러 섬서성(陝西省)을 거쳐 고릉현(高陵縣)에
　서 위(渭)강으로 흘러든다. 경강의 물 색은 탁하다.

渭(위): 강 이름. 감숙성에서 발원해 섬서성을 거쳐 황하로 흐른다. 위강의
　물은 맑다.

湜湜(식식): 바닥이 훤히 보일 정도로 물이 맑은 모양.

屑(설): 달갑게 여기다.

梁(양): 다리.

笱(구): 물고기를 잡기 위해 대나무로 만든 통발.

閱(열): 허용하다.

遑(황): 겨를.

恤(휼): 근심하다.

我後(아후): 내가 떠난 뒤.

〈就其深矣〉

方(방): 뗏목.

亡(망): 없다.

喪(상): 재난.

匍匐(포복): 바닥에 엎드려 기어가다.

〈不我能慉〉

慉(휵): 기르다. 좋아하다.

阻(조): 막다. 방해하다.

賈(고): 상품.

售(수): 팔다.

育(육): 생계. 살다.

鞫(국): 곤궁.

顚覆(전복): 엎어지다. 거꾸러지다.

〈我有旨蓄〉

旨蓄(지축): 달콤하게 담근 채소.

御(어): 준비하다.

御窮(어궁): 가난을 막다.

有洸(유광): 성내어 얼굴이 붉은 모양.

有潰(유궤): 성내어 얼굴이 이지러진 모양.

詒(이): ~하게하다.

肄(이): 수고. 노력. '肄'자는 『설문』에 의하면 '勞'이고 『광아』에 의하면 '苦'
　　이다.

伊(이): 어조사.

墍(기): 화. 성남.

해설: 1연과 3연은 비이고, 2연은 부와 비이고, 4연과 6연은 흥이고, 5연은
　　　부이다. 남편에게 버림받은 여자의 시이다.

　*『모시서』에 의하면 위 나라 사람들이 윗사람들에게 동화되어 새로 들인
　　여자에게 빠져 옛 아내를 버렸다.

11. 식미(式微) / 날씨가 어둑하거늘

날씨가 어둑하거늘
왜 돌아오지 않나요?
당신이 돌아오지 않으니
이슬 맺힌 길에서 무얼 하겠어요?

날씨가 어둑하거늘
왜 돌아오지 않나요?
당신이 안 계시니
흙탕물 속에서 무얼 하겠어요?

式微
式微式微 胡不歸 微君之故 胡爲乎中露
式微式微 胡不歸 微君之躬 胡爲乎泥中

式(식): 어조사.

微(미): 날씨가 어둑어둑해지다.(왕연해, 『시경금주금역』)

胡(호): 어찌.

微(미): 없다.

君(군): 남자를 가리키는 말. 애인.

露(로): 이슬.

泥(니): 더럽다. 진흙.

해설: 모든 연이 부이다. 사랑받지 못한 부인이 그 마음을 읊었다.
　*『모시서』에 의하면 여(黎) 나라 임금이 위 나라에 붙으니 그 신하들이

돌아갈 것을 권한 시이다.

12. 모구(旄丘) / 언덕배기

언덕배기 칡덩굴이여
마디마디 길게도 뻗었구나
막내와 첫째는
왜 이리 오래 걸리나?

어디에 거처하실까?
짝이 있으니까 오지 않겠지
왜 오래도록 소식 없을까?
이유가 있으니까 오지 않겠지

여우가죽 옷도 닳았는데
동쪽에서 수레 보이지 않네
막내와 첫째는
나와 함께하지 않네

작고 희미하구나
올빼미 새끼여
막내와 첫째는
옷 입고 귀를 막았네

旄丘

旄丘之葛兮 何誕之節兮 叔兮伯兮 何多日也

何其處也 必有與也 何其久也 必有以也

狐裘蒙戎 匪車不東 叔兮伯兮 靡所與同

瑣兮尾兮 流離之子 叔兮伯兮 襃如充耳

〈旄丘之葛兮〉

旄丘(모구): 앞이 높고 뒤가 움푹한 언덕. 가파른 언덕.

葛(갈): 칡. Pueraria lobata(Willd.) Ohwi. 쌍떡잎식물 장미목 콩과 덩굴식물.

誕(탄): 광활하다.

節(절): 식물 줄기의 마디.

叔(숙): 셋째 아들.

伯(백): 첫째 아들.

〈何其處也-狐裘蒙戎〉

與(여): 짝. 벗.

久(구): 혼인하지 못하고 오래 기다리다.

狐裘(호구): 여우 가죽으로 만든 겉옷.

蒙戎(몽융): 가죽이 닳아져 낡은 모양.

匪(비): 아니다.

流離

〈瑣兮尾兮〉

瑣(쇄): 자잘하다.

尾(미): 작다.

流離(유리): 긴점박이올빼미. Strix uralensis. 올빼미목 올빼미과.(그림은 『모
시품물도고』에서)

襐(유): 옷을 잘 입다.

充耳(충이): 옥으로 된 귀를 막는 장식.

해설: 1연은 흥이고, 나머지 연은 부이다. 여인이 구애하다 받아들여지지
　　　않자 서운함을 표했다.

＊『모시서』에 의하면 위 나라 임금을 꾸짖었다. 오랑캐 사람들이 여 나라
　　임금을 몰아내자 여나라 임금이 위 나라에 붙었다. 이에 위 나라가 방백(方
　　伯)·연수(連帥)의 직분을 닦지 못하자 여나라 신하들이 위 나라를 탓했다.

13. 간혜(簡兮) / 장쾌하여라

장쾌하여라
만무(萬舞)를 추려하네
정오가 되면
앞뜰에서 춤추네

덩치 우람한 사람들
공(公)의 뜰에서 만무(萬舞)를 추네
호랑이 같은 힘으로
단단히 말 고삐를 잡네

왼 손으로 피리를 쥐고
오른 손으로 꿩 깃털을 잡았네
물들인 듯 붉은 자태로
공(公)이 술잔을 내리네

산에는 개암나무 자라고

습지엔 감초 자라네

내가 그리는워하는 사람은

서쪽의 미인이에요

저 미인

서쪽에 사는

簡兮

簡兮簡兮 方將萬舞 日之方中 在前上處

碩人俣俣 公庭萬舞 有力如虎 執轡如組

左手執籥 右手秉翟 赫如渥赭 公言錫爵

山有榛 隰有苓 云誰之思 西方美人 彼美人兮 西方之人兮

〈簡兮簡兮-碩人俣俣〉

簡(간): 마음이 통쾌하다.

方將(방장): 지금 ~하려하다.

萬舞(만무): 춤 이름. 남자들이 무리를 이루어 춤을 춘다.

日之方中(일지방중): 해가 하늘 가운데 있을 때. 즉 정오. 정오에 태학(太學)
  의 학생에게 춤을 가르쳤다고 한다.

前上處(전상처): 건물 앞 높은 부분.

碩人(석인): 몸집이 큰 사람.

俣俣(우우): 큰 모양.

公庭(공정): 제후의 앞뜰.

虎(호): 호랑이. Panthera tigris amurensis. 식육목 고양이과.

轡(비): 말고삐.

組(조): 끈.

〈左手執籥-山有榛〉

籥(약): 대나무로 만든 피리. 취약(吹籥)은 구멍이 세 개, 무약(舞籥)은 구멍
  이 여섯 개이다.

秉(병): 잡다. 쥐다.

翟(적): 꿩의 깃.

赫(혁): 붉다.

渥(악): 적시다. 염색하다.

赭(자): 붉은 색.

錫(석): 주다.

爵(작): 술잔.(그림은 『삼재도회』에서)

爵

榛(진): 개암나무. Corylus heterophylla Fisch. 쌍떡잎식물 이판화군 참나무목
  자작나무과 낙엽활엽 관목.(그림은 「모시품물도고」에서)

濕(습): 습지.

苓(령): 감초(甘草). Glyeyrrhiza uralensis Fischer.
  쌍떡잎식물 장미목 콩과 여러해살이풀. 고명건·모
  설비의 『시경동식물도설』에는 호장근(Polygonum
  cuspidatum, 마디풀과 다년생 초본식물)이라고 나와
  있다.(그림은 「모시명물도설」에서)

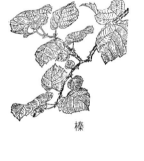

榛

云(운): 어조사.

西方(서방): 서쪽. 정확히 어디인지는 모른다.

美人(미인): 아름다운 사람.

苓

해설: 1연과 2연과 3연은 부이고, 마지막 연은 흥이
    다. 문무(文武)를 겸비한 현인을 칭송했다. 위
    (衛) 나라 조정에서 만무(萬舞)를 가르쳤던 악
    사(樂師)의 모습을 칭송한 시라고 한다. 개암나무와 감초가 서로 다른

땅에서 자라듯 멀리에서 춤추는 모습을 보고 칭송하고 있다.
* 『모시서』에 의하면 현자를 등용하지 않음을 풍자한 시이다.

14. 천수(泉水) / 샘물

샘물이 솟아
기(淇)강으로 흐릅니다
위(衛) 땅을 못 잊어
날마다 생각하지요
저 아리따운 아씨들과
함께 이야기 나누곤 했죠

길을 나서 제(泲)강 가에서 묵고
니(禰)강 가에서 송별연을 가졌습니다
여자가 시집가면
부모형제를 떠나야 하죠
내 시어머니께 물어보세요
아니면 큰언니께 물어보세요

길을 나서 간(干) 땅에서 묵고
언(言) 땅에서 송별연을 했습니다
기름 칠하고 빗장 지르고
수레를 몰아
아무 탈없이
위(衛) 땅에 도착했죠

비천(肥泉)강을 그리며

길게 탄식합니다

수(須) 땅과 조(漕) 땅을 그린지

오래 되었어요

말 몰고 노닐면서

우수나 덜어보렵니다

泉水

毖彼泉水 亦流于淇 有懷于衛 靡日不思 孌彼諸姬 聊與之謀

出宿于泲 飲餞于禰 女子有行 遠父母兄弟 問我諸姑 遂及伯姉

出宿于干 飲餞于言 載脂載舝 還車言邁 遄臻于衛 不瑕有害

我思肥泉 茲之永歎 思須與漕 我心悠悠 駕言出遊 以寫我憂

〈毖彼泉水〉

毖(비): 샘물이 솟아나는 모양.

淇(기): 강 이름. 지금의 하남성(河南省) 탕음(湯陰)과 기현(淇縣) 등을 흐른다.

孌(연): 아름다운 모양.

諸(제): 모든.

姬(제희): 위(衛) 궁전에 거처하는 여자.

聊(요): 원하다.

〈出宿于泲〉

泲(제): 강 이름. 지금의 하북성(河北省)에서 발원한다.

宿(숙): 자다.

餞(전): 전별하다. 손님이 떠나기 전에 음식을 대접하다. 송별연.

禰(니): 강 이름. 지금의 산동성(山東省) 하택현(荷澤縣) 서남부를 흐른다.

行(행): 시집가다.

問(문): 방문하다.

姑(고): 시어머니.

伯姉(백자): 큰언니.

〈出宿于干〉

干(간): 땅 이름. 지금의 하북성(河北省) 청풍현(淸豐縣) 서남부.

言(언): 땅 이름. 지금의 하북성 청풍현 북부로 추정된다

載(재): 곧. 즉. 이에.

脂(지): 기름칠하다.

還(환): 돌아오다.

邁(매): 가다.

遄(천): 빠르다.

臻(진): 이르다.

不瑕(하): 크게 ~않다.

〈我思肥泉〉

肥泉(비천): 물줄기가 여러개로 갈라지는 것. 일설에는 지금의 조가현(朝歌
縣) 부근에 있는 강 이름이라고 한다. 후자를 따른다.

玆(자): 불어나다.

須(수): 땅 이름. 지금의 하남성(河南省) 활현(滑縣) 동남부.

漕(조): 땅 이름. 지금의 활현 동쪽에 있는 백마현(白馬縣).

悠悠(유유): 아득히.

駕(가): 멍에를 매다.

言(언): 어조사.

寫(사): 쏟다. 버리다.

해설: 1연은 흥이고, 나머지 연은 부이다. 위(衛) 나라 여자가 먼 타국으로
　　　시집가 살며 읊은 시이다.
　*『모시서』에 의하면 위 나라로 시집온 여자가 친정 부모가 죽었어도 돌아
　　가지 못하므로 슬퍼한 시이다.

15. 북문(北門) / 북문

근심 안고
북문으로 나갑니다
여태 집 좁고 돈 없었지만
아무도 내 가난을 모르죠
애고, 하늘의 뜻인데
어찌 하겠어요?

왕이 일을 맡겨
조정의 일 많답니다
일마치고 돌아오면
가족이 나를 욕하죠
애고, 하늘의 뜻인데
어찌 하겠어요?

왕이 일을 주어
업무가 쌓인답니다
일마치고 돌아오면
가족이 나가라고 떠밀죠

애고, 하늘의 뜻인데
어찌 하겠어요?

北門
出自北門 憂心殷殷 終窶且貧 莫知我艱 已焉哉 天實爲之 謂之何哉
王事適我 政事一埤益我 我入自外 室人交徧讁我 已焉哉 天實爲之 謂之何哉
王事敦我 政事一埤遺我 我入自外 室人卒徧摧我 已焉哉 天實爲之 謂之何哉

〈出自北門〉
北門(북문): 성 북쪽에 있는 문.
殷殷(은은): 근심하는 모양.
窶(구): 거처가 좁다. 가난하다.
貧(빈): 재산이 없다. 가난하다.
艱(간): 어렵다. 가난하다.
已焉哉(이언재): 절망해 탄식하는 말.
天(천): 하늘.

〈王事適我〉
王事(왕사): 왕의 일.
適(적): 가다.
政事(정사): 조정의 일.
埤(비): 더하다.
室人(실인): 부인. 가족.
交徧(교편): 모두.
讁(적): 꾸짖다.

〈王事敦我〉

敦(퇴): 다그치다. 내몰다.

埤遺(비유): 증가하다.

摧(최): 꺾다. 저지하다.

해설: 1연은 비이고, 2연과 3연은 부이다. 업무에 시달리며 가족을 돌보지
    못하는 관리가 신세를 한탄했다.
  *『모시서』에 의하면 벼슬하였으나 뜻을 얻지 못한 것을 풍자한 시이다.

16. 북풍(北風) / 북풍

북풍이 서늘히 불자
눈이 펑펑 내립니다
저를 아끼고 좋아해
손을 당겨 함께 가지요
"뭘 느긋하게 꾸물거리나
어서 가세"라고 말해요

북풍이 휙 몰아치자
눈이 펄펄 내립니다
저를 아끼고 좋아해
손을 당겨 함께 돌아가지요
"뭘 느긋하게 꾸물거리나
어서 가세"라고 말해요

붉지 않다고 여우가 아니며
검지 않다고 까마귀가 아닐까요?
나를 아끼고 좋아해
손을 당겨 함께 수레에 오르지요
"뭘 느긋하게 꾸물거리나
어서 가세"라고 말해요

北風

北風其涼 雨雪其雱 惠而好我 攜手同行 其虛其邪 旣亟只且
北風其喈 雨雪其霏 惠而好我 攜手同歸 其虛其邪 旣亟只且
莫赤匪狐 莫黑匪烏 惠而好我 攜手同車 其虛其邪 旣亟只且

〈北風其涼〉

北風(북풍): 북쪽에서 불어오는 차가운 바람. 그라네에 의하면 북풍은 학정
　　을 풍자한다. 당시 백성들이 곤궁으로 고통받던 것을 뜻한다.

其(기): 어조사.

涼(량): 서늘하다.

雱(방): 눈이 펑펑 오다.

惠(혜): 아끼다. 사랑하다.

攜(휴): 손을 쥐어 끌다.

其虛(기허): 느긋하다.

其邪(기사): 천천히 하다.

亟(극): 빠르다.

只且(지차): 어조사.

〈北風其喈 - 莫赤匪狐〉

喈(개): 비와 바람이 세차게 내리는 모양.

霏(비): 눈이 펄펄 내리다.

歸(귀): 돌아오다.

烏

狐(호): 여우. Vulpes velpes. 식육목 개과.
　붉은 여우는 들판을 떠도는 야생 동물
　로 떠돌아다니는 신세를 비유한다.

烏(오): 큰부리까마귀. Corvus macrorhynchos. 참새목 까마귀과.(그림은 『모
　시품물도고』에서). 큰부리까마귀는 밖을 떠도는 야생동물이며 자신의 자
　신의 어려운 처지를 비유한다.

해설: 모든 연이 비이다. 여우와 큰부리까마귀처럼 떠돌아다니는 어려운
　　　환경에 처해 도움받은 것에 대해 읊었다.
　*『모시서』에 의하면 포학함을 풍자한 시이다.

17. 정녀(靜女) / 얌전한 그녀

얌전한 그녀, 귀여워라
성 모퉁이에서 나를 기다리네요
연인이 보이지 않아
머리를 긁적이며 서성여요

얌전한 그녀, 어여뻐라
나에게 붉은 통소를 선물하네요
이 붉은 통소로

그녀를 기쁘게 하죠

들판에서 그녀가 뽑아주는 삘기여
정말 아름다워라
삘기, 네가 예뻐서가 아니라
아름다운 그녀가 주었기에

靜女

靜女其姝　俟我於城隅　愛而不見　搔首踟躕
靜女其孌　貽我彤管　彤管有煒　說懌女美
自牧歸荑　洵美且異　匪女之爲美　美人之貽

〈靜女其姝〉
靜(정): 조용하다. 얌전하다.
姝(매): 귀엽다. 예쁘다.
俟(사): 기다리다.
偶(우): 모서리.
愛(애): 숨다.
搔(소): 긁다.
首(수): 머리.
踟躕(지주): 머뭇거리다. 당황하다.

〈靜女其孌〉
孌(연): 어여쁘다.
貽(이): 주다. 선물하다.
彤管(동관): 붉은 색 퉁소.

煒(위): 붉게 빛나다.

說(열): 기쁘다.

懌(역): 기뻐하다.

〈自牧歸荑〉

牧(목): 성 밖을 교(郊), 그 밖을 야(野), 그 밖을 목(牧)이라 한다.

荑(이): 띠에서 나는 여린 삘기. Imperata cylindrica (Linn.) Beauv. 관련 고명:
    茅. 외떡잎식물 벼목 화본과 여러해살이풀.

洵(순): 참으로. 진실로.

異(이): 특출하다. 빼어나다.

女(여): 너. 여기에서는 하얀 삘기를 가리킨다.

之(지): 이. 이것. 삘기.

해설: 모든 연이 부이다. 연애시이다.

 *『모시서』에 의하면 위 나라 임금이 무도하고 부인이 덕이 없음을 풍자했다.

18. 신대(新臺) / 새 누각

새 누각 찬란하고
황하에 물 가득하네
멋있는 짝을 구하였더니
볼품없는 대광주리더냐

새 누각 우뚝하고
황하에 물 질펀하네

멋있는 짝을 구하였더니
까칠까칠한 대광주리더냐

어망을 설치했더니
개리가 걸렸네
멋있는 짝을 구하였더니
이런 곱사등이더냐

新臺
新臺有泚 河水瀰瀰 燕婉之求 籧篨不鮮
新臺有洒 河水浼浼 燕婉之求 籧篨不殄
魚網之設 鴻則離之 燕婉之求 得此戚施

〈新臺有泚〉
新臺(신대): 새로 만든 누각.
泚(차): 맑다. 선명하다.
瀰瀰(미미): 물이 넓고 깊이 가득한 모양.
燕婉(연완): 부드럽고 멋있는 모양.
之(지): 이 이것.
籧篨(거제): 대광주리. 몸매가 뚱뚱하고 피부가 거친 추남을 비유한다.
鮮(선): 곱다. 뚜렷하다.

〈新臺有洒-魚網之設〉
洒(최): 높다. 우뚝하다.
浼浼(매매): 물이 찰랑이는 모양.
不殄(부진): 다하지 않다. 여기서는 피부가 곱지 않을 것을 뜻하는듯 하다.

鴻(홍): 개리. Anser cygnoides. 기러기목 오리과.(그
　림은 『모시품물도고』에서)

離(리): 걸리다.

戚施(척시): 곱추. 여기서는 등이 구부정하여 얼굴
　을 앞으로 내민 욕심 많은 모습을 그렸다.

鴻

해설: 1연과 2연은 부이고, 3연은 흥이다. 멋있는
　　짝을 구했으나 못생긴 짝만을 만난 것을 싫어하여 읊었다. '연완(燕婉)'
　　한 짝을 구한 것으로 보아 이 시는 남자가 읊은 것으로 추정된다. 한편
　　주석가들은 이 시에 나오는 추한 사람의 예를 위(衛) 나라 선공(宣公:
　　B.C.719년 즉위)에게서 찾는다. 선공은 음란해 아버지인 장공(莊公)의
　　첩 이강(夷姜)을 자신의 부인으로 삼았다. 그 사이에서 큰 아들 급(伋)이
　　나왔다. 급을 제(齊) 나라 공주 선강(宣姜)과 혼인 맺으려 하였으나, 예쁘
　　다는 것을 알고는 황하 북쪽에 누각을 지어 거기에서 기다려 자신의
　　짝으로 삼았다고 한다.

　*『모시서』도 같다.

19. 이자승주(二子乘舟) / 두 사람이 배 타고

두 사람이 배 타고
두둥실 떠있네요
그대를 염려하는
내 마음 어찌할 줄 모릅니다

두 젊은이 배 타고

두둥실 떠가네요
그대에게 아무 탈 없기를
간절히 바랍니다

二子乘舟
二子乘舟 汎汎其景 願言思子 中心養養
二子乘舟 汎汎其逝 願言思子 不瑕有害

二子(이자): 두 사람. 위(衛) 나라 선공의 배 다른 형제인 급(伋)과 수(壽)를
　　말한다.

乘舟(승주): 배를 타다.

汎汎(범범): 둥둥 떠내려가다.

景(경): 먼 모양.

願(원): 바라다. 생각하다.

言(언): 어조사.

養養(양양): 근심하여 어쩔줄 모르는 모양.

逝(서): 가다.

不瑕(하): 크게 ~않다.

해설: 모든 연이 부이다. 위험한 곳에 나아가는 것을 걱정하는 시이다. 위(衛)
　　나라 선공(宣公)은 첩 선강(宣姜: 제 나라 희공의 딸)과 사이에서 수
　　(壽)와 삭(朔)을 낳았다. 삭이 자라자 선강은 자기 아들을 태자로 삼고
　　자 태자였던 급(伋)을 죽이려고 했다. 급을 제(齊) 나라로 파견해 죽이
　　려고 하자 수(壽)가 그것을 알고 미리 급에게 알려 주었지만 그 말을
　　듣지 않았다. 이에 수가 급에게 술을 먹여 취하게 하고는 급의 깃대를
　　훔쳐서 먼저 출발해 대신 죽음을 당했다. 나중에 도착한 급이 그 사실

을 알고 난 뒤 그 역시 피살되었다. 이 시는 급(伋)의 유모가 지었다고
한다.

* 『모시서』도 같다.

제4권. 용풍(鄘風)

패풍, 용풍, 위풍은 한 지역권의 시로 묶을 수 있다. 주공(周公)은 패(邶) 땅과 용(鄘) 땅을 위(衛) 나라로 통일하여 동생 강숙(康叔)에게 봉했다. 상세한 내용은 패풍 해제를 참고할 것.

1. 백주(柏舟) / 측백나무 배

측백나무 배 두둥실
황하 가운데 떠있네
머리카락 두 갈래 늘어뜨린
내 짝이여
죽도록 마음 변치 않으리
어머니여, 하늘이여
저를 이해하소서

측백나무 배 두둥실
황하 가에 떠있네
머리카락 두 갈래 늘어뜨린
내 짝이여
죽도록 간사하지 않으리
어머니여, 하늘이여

저를 이해하소서

柏舟

汎彼柏舟 在彼中河 髧彼兩髦 實維我儀 之死 矢靡他 母也天只 不諒人只
汎彼柏舟 在彼河側 髧彼兩髦 實維我特 之死 矢靡慝 母也天只 不諒人只

柏舟(백주): 측백나무로 만든 배. 단단한 결심이나 지조를 뜻한다.

髧(담): 머리털이 늘어진 모양.

髦(모): 머리를 묶는 장식 띠.

維(유): 어조사.

儀(의): 짝.

之(지): 이르다.

矢(시): 맹세하다.

靡他(미타): 다른 마음이 없다. 마음이 변하지 않다.

也(야): 어조사.

只(지): 어조사.

諒(량): 믿다. 양해하다.

特(특): 짝.

慝(특): 사특하다. 간사하다.

해설: 모든 연이 흥이다. 애인에게 사랑을 다짐했다.

 * 『모시서』에 의하면 공강(共姜)이 스스로 맹세한 시이다. 위(衛) 나라 여덟
   번째 임금이었던 희후(僖候)의 태자 공백(共伯)이 죽은 뒤 그의 부인 공
   강(共姜)은 수절했다. 부모가 재가를 강요하자 이 시처럼 맹세하면서 속
   으로 근심했다고 한다.

2. 장유자(牆有茨) / 담 위의 남가새

담 위의 남가새
제거할 수 없고
깊은 방에서 했던 이야기
말할 수 없네
남에게 알려지면
부끄러운 일이죠

담 위의 남가새
뽑을 수 없고
깊은 방에서 했던 이야기
드러낼 수 없네
남에게 드러나면
말이 많아져요

담 위의 남가새
묶어 내다버릴 수 없고
깊은 방에서 했던 이야기
새어나가선 안 되네
남에게 새나가면
치욕이지요

牆有茨

牆有茨 不可掃也 中冓之言 不可道也 所可道也 言之醜也
牆有茨 不可襄也 中冓之言 不可詳也 所可詳也 言之長也

牆有茨 不可束也 中冓之言 不可讀也 所可讀也 言之辱也

〈牆有茨1〉

牆(장): 담. 벽.

茨(자): 남가새나무. Tribulus terrestris L. 남가새과 한해살이풀.(그림은『모시품물도고』에서) 남가새나무가 담을 가리는 것으로써 불륜의 정을 숨기는 것을 뜻한다.

掃(소): 제거하다.

中冓(중구): 궁전의 깊은 지역. 혹은 후미진 방.

道(도): 말하다.

醜(추): 추하다.

茨

〈牆有茨2-3〉

襄(양): 제거하다. 물리치다.

詳(상): 살피다.

束(속): 묶다.

讀(독): 빼다. 뽑다. 혹은 '말하다'로 해석하기도 한다.

해설: 모든 연이 흥이다. 불륜의 정을 풍자했다. 관련 고사가『춘추좌전』민공2년 부분에 나온다. 7세기 초 위(衛) 나라 선공(宣公)이 죽자 혜공(惠公)이 자리를 이었는데 나이가 어렸다. 혜공의 서형(庶兄)이었던 완(頑)은 혜공의 어머니와 정을 통해 자식 다섯을 낳았다. 제자(齊子), 대공(戴公), 문공(文公), 송환부인(宋桓夫人), 허목부인(許穆夫人)이 그들이다. 위 나라 사람들은 이 일을 부끄럽게 여겼다고 한다.

 *『모시서』도 같다.

3. 군자해로(君子偕老) / 임금이 늙도록 함께 하였네

옥장식 비녀 꽂은 그녀
임금이 늙도록 함께 하지요
정중히 걷는 모습
산과 강물 같아요
옷에는 천지자연 그려졌거늘
그대가 깨끗하지 못한 것을
어찌합니까?

그녀의 꿩 깃 그려진 옷
깨끗하고 선명하지요
검은 머리칼 구름같아
가발이 필요없어요
옥으로 만든 귀막이와
상아로 만든 빗치개 하고
훤칠한 이마 빛나네요
분명코 하늘이 내린
분명코 최고랍니다

그녀의 하얀 겉옷
옥처럼 깨끗하지요
주름진 갈포옷
그 안에서 출렁거리고
맑은 눈동자 훤칠한 이마에
또렷한 얼굴 가졌어요

진실로 그녀는
나라의 미녀랍니다

君子偕老

君子偕老 副笄六珈 委委佗佗 如山如河 象服是宜 子之不淑 云如之何
玼兮玼兮 其之翟也 鬒髮如雲 不屑髢也 玉之瑱也 象之揥也 揚且之晳也 胡
　　然而天也 胡然而帝也
瑳兮瑳兮 其之展也 蒙彼縐絺 是紲袢也 子之淸揚 揚且之顔也 展如之人兮
　　邦之媛也

〈君子偕老〉

偕老(해로): 백발이 되도록 함께 늙다.

副(부): 머리를 장식하는 물건.

笄(계): 옥으로 만든 비녀.

六珈(육가): 비녀의 윗 부분을 장식한 여섯 개의 옥.

委委佗佗(위위타타): 부드럽고 정중히 걷는 모양.

象服(상복): 귀족의 옷으로 해, 달, 별, 용, 짐승, 새 등이 그려져 있다.

不叔(불숙): 깨끗하지 못하다. 참고로 왕연해는 '丕俶'으로 보아 '크게 좋음'
　　으로 해석한다.

〈玼兮玼兮〉

玼(체): 옥처럼 곱고 선명한 모양.

翟(적): 꿩 깃이 그려진 옷으로 왕후(王后)가 입었다.

鬒(진): 숱이 많은 검은 머리카락.

屑(설): 달갑게 여기다.

髢(체): 숱이 적은 머리에 가발을 덧대다.

瑱(진): 귀막이 옥.

象(상): 상아(象牙).

揥(체): 상아로 만든 빗치개로 가리마를 탈 때 사용한다.

揚(양): 이마가 넓은 모양.

且(차): 어조사.

晳(석): 피부가 하얗다.

胡然(호연): 큰 모양. 혹은 '어찌'로 해석하기도 한다. 여기서는 '분명코'로
    해석한다.

天(천): 하늘.

帝(제): 세계를 주재하는 하늘에 있는 황제.

〈瑳兮瑳兮〉

瑳(차): 옥처럼 깨끗하다.

展(전): 임금과 만나는 공식적 행사에서 왕후가 겉에 입는 얇고 가벼운 하얀 옷.

蒙(몽): 덮다.

縐(추): 주름지다.

絺(치): 가는 갈포. 전의(展衣) 안에 입는 옷.

紲袢(설번): 속옷. '紲'은 '襮'과 같다.

淸(청): 맑은 눈동자.

揚(양): 넓은 이마.

顔(안): 얼굴.

展如(전여): 진실로.

邦之媛(방지원): 나라에서 손꼽히는 미녀.

해설: 모든 연이 부이다. 미녀의 아름다움과 정숙하지 못함에 대해 기술한
    시이다.

*『모시서』에 의하면 위 나라 부인을 풍자한 시이다. 선강(宣姜)은 위(衛)
나라 태자 급(伋)과 혼인하기로 되어 있었으나 급의 아버지 선공(宣公)은
그녀가 아름답자 빼앗아 부인으로 삼았다. 선강은 이러한 일을 부끄럽게
생각하지 않았다. 또한 나중에 선공이 죽고 혜공(惠公)이 즉위하자 선강
은 공자(公子)완(頑)과 정을 통하여 자식 다섯을 낳았다고 한다.

4. 상중(桑中) / 상중 땅에서

매(沫) 땅 들에서
새삼을 땁니다
누구를 생각할까요?
강씨의 예쁜 장녀랍니다
상중(桑中) 땅에서 기약하고
상궁(上宮) 땅에서 만나고
기(淇)강 가에서 나를 전송하였죠

매(沫) 땅 북쪽에서
보리를 땁니다
누구를 생각할까요?
익씨의 예쁜 장녀랍니다
상중(桑中) 땅에서 기약하고
상궁(上宮) 땅에서 만나고
기(淇)강 가에서 나를 전송하였죠

매(沫) 땅 동쪽에서

순무를 캡니다

누구를 생각할까요?

용(庸)씨의 예쁜 장녀랍니다

상중(桑中) 땅에서 기약하고

상궁(上宮) 땅에서 만나고

기(淇)강 가에서 나를 전송하였죠

桑中

爰采唐矣 沬之鄉矣 云誰之思 美孟姜矣 期我乎桑中 要我乎上宮 送我乎淇
　　之上矣

爰采麥矣 沬之北矣 云誰之思 美孟弋矣 期我乎桑中 要我乎上宮 送我乎淇
　　之上矣

爰采葑矣 沬之東矣 云誰之思 美孟庸矣 期我乎桑中 要我乎上宮 送我乎淇
　　之上矣

爰(원): 이에.

唐(당): 갯실새삼. Cuscuta chinensis Lam. 쌍떡
　잎식물 통화식물목 메꽃과 기생식물.(그림은
　『모시품물도고』에서)

沬(매): 땅 이름. 위(衛) 나라 도읍이었던 조가
　(朝家) 남쪽 17리에 있었다. 지금의 하남성(河
　南省) 기현(淇縣) 부근.

鄉(향): 땅.

孟姜(맹강): 강(姜)씨 집안의 장녀.

期(기): 약속하다.

桑中(상중): 땅 이름. 지금의 하북성(河北省) 복양현(濮陽縣) 부근.

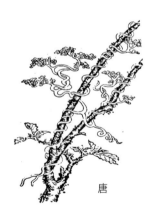

唐

孟弋(맹익): 익(弋)씨 집안의 장녀.

要(요): 맞이하다.

上宮(상궁): 땅 이름.

淇(기): 강 이름. 지금의 하남성(河南省) 탕음(湯陰)과 기현(淇縣) 등을 흐른다.

麥(맥): 보리(Hordeum vulgare var. hexastichon)나 밀(Triticum aestivum Linn.)을 가리킨다.『廣雅』

麥

에 보면 '來'는 밀(小麥)을 가리키고, '牟'는 보리(大麥)를 가리킨다. 그냥 '麥'이라고 쓰면 보리인지 밀인지 구분할 수 없다.(그림은『육씨초목조수충어』에서)

葑(봉): 순무. Brassica rapa L. 쌍떡잎식물 양귀비목 겨자과 한해살이풀 또는 두해살이풀.

孟庸(맹용): 용(庸)씨 집안의 장녀.

해설: 모든 연이 부이다. 연애시이다.

 *『모시서』에 의하면 음란함을 풍자한 시이다. 위 나라 왕실이 음란하여 남녀가 서로 좇아다녀 세족(世族)의 지위에 있는 자들까지도 서로 처와 첩을 도둑질하여 몰래 멀리서 만나기로 약속하므로 정치가 혼란해지고 백성이 떠돌아다니며 정착할 수 없었다.

5. 순지분분(鶉之奔奔) / 메추라기 정답게 놀고

매추라기 암수 정답게 놀고
까치 암수 정답게 사네
저렇게 나쁜 사람을

내가 형님으로 여겨야 하다니

까치 암수 정답게 놀고
매추라기 암수 정답게 사네
저렇게 나쁜 사람을
내가 임금의 부인으로 삼아야 하다니

鶉之奔奔
鶉之奔奔 鵲之彊彊 人之無良 我以爲兄
鵲之彊彊 鶉之奔奔 人之無良 我以爲君

鶉(순): 메추라기. Coturnix coturnix. 닭목 꿩과.(그림은『모시품물도고』에서)

鵲(작): 까치. Pica pica sericea. 참새목 까마귀과.

奔奔(분분): 암수의 새가 서로 잘 놀면서 친한 모양.

彊彊(강강): 암수의 새가 서로 친하게 사는 모양.

無良(무량): 어질지 못하다. 양심이 없다. 「소아/각궁」에는 '民之無良'이라는
　　구절이 보인다. 『춘주좌전』 선공(宣公) 2년에 보면 양짐(羊斟)이라는 병사
　　에게 어질지 못하다고 하면서 '人之無良'이라는 구절을 인용하고 있다.
　　송 나라 장군 화원(華元)이 정 나라와 싸우기 전날 밤에 병사들에게 양고
　　기를 잡아먹였는데, 자신의 수레를 모는 양짐에게는 주지 않았다. 그러자
　　다음날 싸움에 나서면서 양짐이 말하기를 "어제 밤의 양고기는 당신이
　　주관했으나 오늘 일은 내가 주관한다"고 하면서 화원을 수레에 태우고
　　정 나라 군대 깊숙이 들어가 포로가 되게 했다. 군자가 이를 두고 양짐이
　　어질지 못하다고 평했다.

君(군): 제후의 처를 '소군(小君)'이라고 부른다.

해설: 모든 연이 흥이다. 집안 어른의 못된 행실을 욕했다. 위(衛) 나라 혜공

(惠公)은 어머니 선강(宣姜)이 서형(庶兄) 완(頑)과 정을 통한 것을 원
망했다고 한다.

* 『모시서』에 의하면 위 나라 선강을 메추라기나 까치만도 못하다고 풍자
한 시이다.

6. 정지방중(定之方中) / 정성(定星)이 남쪽 하늘 가운데

해질녘 정성(定星)이 남쪽 하늘 가운데 뜨자
초구(楚丘) 땅에 궁전을 짓네
태양으로 방향을 측정하여
초구(楚丘) 땅에 궁전을 짓네
개암나무, 밤나무, 당개오동나무, 오동나무
개오동나무, 옻나무 심어
베어다 거문고 만드네

저 성터에 올라
초구(楚丘) 땅을 바라보네
초구(楚丘) 땅과 당(堂) 땅을 둘러보니
높은 산과 큰 언덕 펼쳐졌네
뽕나무밭을 살피고
지형의 길흉을 점쳤더니
매우 좋았네

상서로운 비 내리니
말치기에게 채비를 명하였네

별이 성성한 새벽녘 수레를 몰아

뽕나무밭에 도착했네

거기 모인 사람들 정직할 뿐 아니라

마음을 쏟아 일을 하고

큰 말과 암말이 삼천 마리라네

定之方中

定之方中 作于楚宮 揆之以日 作于楚室 樹之榛栗 椅桐梓漆 爰伐琴瑟

升彼虛矣 以望楚矣 望楚與堂 景山與京 降觀于桑 卜云其吉 終焉允臧

靈而旣零 命彼倌人 星言夙駕 說于桑田 匪直也人 秉心塞淵 騋牝三千

〈定之方中〉

定(정): 별 이름. 28수(宿)의 하나. Pegasus. 해질녘 정남방에 위치하므로 영
　실(營室) 혹은 실숙(室宿)이라고도 부른다.

方中(방중): 해가 질 때 정 남쪽 하늘의 중앙에 위치하는 것을 가리킨다.
　그 당시에는 정(定)의 위치로 동서남북을 확인했다. 또한 음력 10월 농한
　기가 되면 농민들을 시켜 토목공사를 했다.

作爲(작위): 건축물을 짓다.

楚(초): 땅 이름으로 초구(楚丘)를 가리킨다. 초구는 지금의 하남성(河南省)
　활현(滑縣) 동부. 위(衛) 나라 문공(文公)이 나라를 회복해 여기에 도읍을
　세웠다고 한다.

宮(궁): 궁실. 궁전.

揆(규): 헤아리다. 측량하다.

日(일): 해. 해의 위치.

樹(수): 심다.

榛(진): 개암나무. Corylus heterophylla Fisch. 쌍떡잎식물 이판화군 참나무목

자작나무과 낙엽활엽 관목.

栗(율): 밤나무. Castanea mollissima Bl. 참나무과 낙엽활엽교목 과일나무.

椅(의): 당개오동나무. 만주개오동나무. Catalpa
bungei C. A. Mey. 고명건·모설비의『시경동식물
도설』에는 Idesia polycarpa라고 나와 있다.(그림
은『모시품물도고』에서)

椅

桐(동): 오동나무. Paulownia fortunei (Seem.) Hemsl.
쌍떡잎식물 합판화군 통화식물목 현삼과 낙엽교목.

梓(재): 개오동나무. Catalpa ovata G. Don. 꿀풀목 능소
화과.

漆(칠): 옻나무. Toxicodendron vernicifluum. 옻나무과
낙엽활엽교목. 반부준·여승유의『시경식물도감』에
는 Rhus verniciflua Stockes라고 나와 있다.

桐

琴瑟(금슬): 거문고. 금(琴)은 7현이고 슬(瑟)은 25현이다.

〈升彼虛矣〉

虛(허): 성을 지을 터. 위(衛) 나라는 조가(朝家) 땅에서 조(漕) 땅으로 수도를
옮겼다. 여기서는 조(漕)에서 초구(楚丘) 땅을 바
라보는 것을 말한다.

桑

堂(당): 땅 이름. 초구(楚丘) 땅 부근.

景(경): 높다.

京(경): 크다.

桑(상): 뽕나무. Morus alba L. 뽕나무과.(그림은『모
시품물도고』에서)

卜(복): 거북 등껍질을 불태워 찢어진 자국을 보고 길흉을 점치는 것. 건출물
을 지을 지점과 날짜를 점쳤다.

兌(윤): 진실로.
臧(장): 좋다.

〈靈而旣零〉
靈(령): 신령스럽다.
零(령): 비오다.
倌人(관인): 임금의 수레와 말을 담당하던 관리.
星焉(성언): 별이 맑게 반짝거리다.
夙駕(숙가): 새벽에 출발하다.
說(세): 수레를 세우다.
匪(비): 아니다.
直(직): 정직하다.
秉心(병심): 하늘이 내린 타고난 마음.
塞(색): 충실하다.
淵(연): 사려가 깊다.
騋(래): 키가 7척이 넘는 큰 말.
牝(빈): 암말.

해설: 모든 연이 부이다. 국가를 새로 건설하면서 부흥의 예감을 읊었다.
위(衛) 나라는 B.C. 669년 혜공(惠公) 삭(朔)이 죽자 그의 아들 의공(懿
公) 적(赤)이 즉위했다. 의공은 음란사치 하여 즉위 10년째인 B.C.
660년 오랑캐가 수도였던 조가(朝家)를 함락한 뒤 피살되었다. 송(宋)
나라 환공(桓公)은 위 나라 유민들이 황하를 건너올 수 있도록 도와
선강(宣姜)과 완(頑) 사이에서 태어난 대공(戴公) 신(申)을 세워 조(漕)
에서 살게 했다. 대공은 즉위 1년만에 죽고, B.C. 658년 패왕(覇王)이
었던 제(齊) 나라 환공(桓公)은 대공의 동생 문공(文公) 훼(燬)를 도와

나라를 회복해 초구(楚丘)에 새 도읍을 새우게 했다. 문공은 정치를
열심히 하고 백성을 사랑했다고 한다.

*『모시서』도 같다.

7. 체동(蝃蝀) / 무지개

동쪽 하늘 무지개
아무도 만질 수 없고
여자가 시집가면
부모형제 멀어진다네

서쪽 하늘 무지개
아침 비에 솟아오르고
여자가 시집가면
부모형제 멀어진다네

이처럼
혼인하고 싶어하는 사람은
정말 믿을 수 없다네
약속을 모른다네

蝃蝀
蝃蝀在東 莫之敢指 女子有行 遠父母兄弟
朝隮于西 崇朝其雨 女子有行 遠兄弟父母
乃如之人也 懷昏姻也 大無信也 不知命也

蝃蝀(체동): 무지개. 쉽게 떴다가 쉽게 사라지는 변화무쌍함을 의미한다.

指(지): 가리키다.

有行(유행): 시집가다.

隮(제): 오르다. 무지개.

崇(숭): 높게 뜨다.

朝(조): 아침.

其雨(기우): 비가 그치지 않고 많이 내리는 모양.

乃(내): 어조사.

之(지): 이. 이것.

命(명): 예절.

해설: 1연과 2연은 비이고, 마지막 연은 부이다. 혼인할 시기의 불안정한
심리상태를 읊었다. 기존 가족과 이별, 새로운 배우자의 만남 등 여러
가지 불안정한 시기임을 읊었다. 왕연해의 『시경금주금역』에 의하면
여자가 남자의 변심을 질책하는 시이다.

8. 상서(相鼠) / 쥐를 보라

쥐에게도 가죽이 있거늘
사람이 의젓하지 못 해서야
의젓하지 못 하면서
죽지 않고 무엇 하나?

쥐에게도 이빨이 있거늘
사람이 단정하지 못 해서야

단정하지 못 하면서

죽지 않고 무엇 하나?

쥐에게도 사지가 있거늘

사람에게 예절이 없어서야

예절이 없으면서

죽지 않고 무엇 하나?

相鼠

相鼠有皮 人而無儀 人而無儀 不死何爲

相鼠有齒 人而無止 人而無止 不死何俟

相鼠有體 人而無禮 人而無禮 胡不遄死

相(상): 보다.

鼠(서): 쥐. Rattus norvegicus. 쥐과에 속하는 설치류 포유동물.

儀(의): 위엄.

止(지): 행실. 품행.

俟(사): 기다리다.

體(체): 사지.

胡(호): 어찌.

遄(천): 빠르다.

해설: 모든 연이 흥이다. 양심과 양식이 없는 사람을 쥐만도 못하다고 풍자

　　　했다.

　*『모시서』도 같다.

9. 간모(干旄) / 소 꼬리털 깃대

준(浚) 땅 교외에
하얀 실로 가선한
소 꼬리털 기 펄럭이고
좋은 말 네 마리가 수레를 끄네
저 멋있는 사람이여
무엇을 주오리까?

준(浚) 땅 도시에
흰 실로 꿰맨
새 그려진 기 펄럭이고
좋은 말 다섯 마리가 수레를 끄네
저 멋있는 사람이여
무엇을 주오리까?

준(浚) 땅 성에
흰 실로 짠
새깃 장식한 기 펄럭이고
좋은 말 여섯 마리가 수레를 끄네
저 멋있는 사람이여
무엇을 말하리까?

干旄

孑孑干旄 在浚之郊 素絲紕之 良馬四之 彼姝者子 何以畀之
孑孑干旟 在浚之都 素絲組之 良馬五之 彼姝者子 何以予之

孑孑干旄 在浚之城 素絲祝之 良馬六之 彼姝者子 何以告之

〈孑孑干旄〉
孑孑(혈혈): 뾰족 튀어나온 모양.
干旄(간모): 끝에 소(Bos grunniens, 야크) 꼬리털을 매단 깃대.
浚(준): 땅 이름. 지금의 하북성(河北省) 복양현(濮陽縣).
郊(교): 성 밖 지역.
素(소): 흰색.
紕(비): 가선하다
姝(주): 멋있다. 예쁘다.
畀(비): 주다.

〈孑孑干旟-孑孑干旌〉
旟(여): 붉은 비단에 송골매를 그려넣은 기.
組(조): 짜다. 꿰매다.
旌(정): 끝을 새 깃으로 장식한 기.
祝(축): 짜다.

해설: 모든 연이 부이다. 위(衛) 나라 문공(文公)의 완벽한 행렬을 찬미했다.
　　　위나라 문공의 신하들이 대부분 선을 좋아하니, 현자들이 착한 도리로
　　　써 조언했다.
　*『모시서』도 같다.

10. 재치(載馳) / 말을 달리다

말 달리고 수레 몰아
위(衛) 나라 제후를 위로하러 가리라
먼 길 말을 달려
조(漕) 땅에 왔노라
대부가 산 넘고 물 건너 쫓아오니
내 마음 걱정이구려

나를 좋아하지 않으니
돌아가지 않으리라
당신의 나쁜 행실 보노라면
내 근심 사라지지 않노라
나를 좋아하지 않으니
강 건너 돌아가지 않으리
당신의 나쁜 행실 보노라면
내 근심 멈추지 않는구려

저 산비탈에 올라
패모를 뜯노라
여자가 생각을 거듭하여
따로 갈 길 있나니
나 욕하는 허(許) 나라 사람들
다 유치하고 미쳤어라

보리 더북하게 자란

들판을 가로지르노라

큰 나라에 하소연하려면

누구에게 말미암고 누구에게 가야하나?

대부여 군자여

나를 욕하지 말게나

당신들의 모든 생각

내가 가는 길만 못할지니

載馳

載馳載驅 歸唁衛侯 驅馬悠悠 言至於漕 大夫跋涉 我心則憂

旣不我嘉 不能旋反 視爾不臧 我思不遠 旣不我嘉 不能旋濟 視爾不臧 我思
　不閟

陟彼阿丘 言采其蝱 女子善懷 亦各有行 許人尤之 衆穉且狂

我行其野 芃芃其麥 控于大邦 誰因誰極 大夫君子 無我有尤 百爾所思 不如
　我所之

〈載馳載驅〉

載(재): 어조사.

馳(치): 말을 달리다.

驅(구): 채찍질하다.

唁(언): 망한 나라를 위로하다.

衛候(위후): 위 나라가 수도를 초구(楚丘)로 옮긴 이후인 점으로 볼 때 문공
　(文公)을 가리킨다.

悠悠(유유): 아득한 모양.

言(언): 나. 혹은 어조사.

漕(조): 위(衛) 나라 읍. 지금의 하남성(河南省) 활현(滑縣).

跋(발): 풀이 많은 산길을 가다.

涉(섭): 물을 걸어서 건너다.

〈旣不我嘉〉

旣(기): 즉. 곧.

嘉(가): 찬미하다. 기뻐하다.

旋反(선반): 길을 돌리다.

閟(비): 문을 닫다.

〈陟彼阿丘〉

陟(척): 오르다.

阿丘(아구): 한 쪽이 불쑥 올라간 산 언덕.

蝱(맹): 패모. Fritillaria cirhosa D. don. 외떡잎식물 백합목 백합과 여러해살이
　　풀. 고명건·모설비의 『시경동식물도설』에는 bolbostemma paniculatum(假貝
　　母)라고 나온다.(그림은 『모시품물도고』에서)

善懷(선회): 품은 생각이 많다.

尤(우): 탓하다.

稚(치): 어리다.

狂(광): 미치다.

〈我行其野〉

芃芃(봉봉): 풀이 더북더북 무성한 모양.

控(공): 하소연하다. 변명하다. 소국이 대국에게 자신의 처지를 하소연하는
　　것을 말한다. 『춘추좌전』 문공13에 보면 정 나라 대부 자가(自家)는 당시
　　대국이던 진(晉) 나라에게 화평하려고 하기 위해 이 시를 인용한다.

邦(방): 나라.

因(인): 말미암다.

極(극): 이르다.

之(지): 이르다. 도달하다.

해설: 모든 연이 부이다. 위 나라에서 허 나라로 시집간 허목부인(許穆夫人)
이 지은 시이다. 위(衛) 나라 선공(宣公)이 죽은 뒤 선강(宣姜)과 사이
에서 낳은 삭(朔)이 자리를 이어 혜공(惠公)이 되었다. 그러나 위 나라
백성이 그를 싫어해 4년 뒤 난이 일어나 제 나라로 도망쳤다. 위 나라
사람들은 급의 동생 검모(黔牟)를 임금으로 삼았다. 검모 8년 제 나라
양공(襄公)은 제후들을 이끌고 위 나라를 치고는 혜공을 복귀시켰다.
제 나라의 간섭으로 선공의 자식이었던 검모의 동생 소백(昭伯, 혹은
頑)이 혜공의 어머니 선강과 정을 통하여 자식 다섯을 낳았다. 제자(齊
子), 대공(戴公), 문공(文公), 송환부인(宋桓夫人), 허목부인(許穆夫人)
이 그들이다. 혜공이 죽자 그의 아들 적(赤), 즉 의공(懿公)이 즉위했다.
허목부인은 소녀 시절 제 나라와 허(許) 나라에서 청혼이 있었는데
허 나라 신부가 되기를 싫어했다. 위 나라가 어려울 때 강국인 제 나라
는 도움을 줄 수 있지만 작은 허 나라는 그렇지 못하다고 생각했기
때문이다. 그러나 결과적으로 허 나라에 시집가게 되었다. 허 나라는
황하 남쪽에 있으며 위 나라와 강을 사이로 하고 멀리 떨어져 있었다.
지금의 하남성(河南省) 허창(許昌)에 해당한다. B.C. 660년 겨울 오랑
캐가 위 나라를 공격하여 의공(懿公)은 형택(滎澤) 땅에서 죽고 수도
조가(朝家) 땅도 함락되었다. 송 나라 환공(桓公)은 황하를 건너온 위
나라 사람들을 도와주고, 희갑(姬甲)을 대공(戴公)으로 즉위시켜 위
나라 아래에 있는 조(漕) 땅에 정주하도록 도왔다. 머지않아 대공이
죽자 훼(燬)가 임금에 올라 문공(文公)이 되었다. 허목부인은 조국이
망하자 B.C. 659년 봄 수레를 몰아 조(漕) 땅에 가서 문공을 도와 대국

에게 구원을 요청할 계획이었다. 그러나 허(許) 대부는 부모가 돌아가시고 난 다음에는 친정에 가면 안 된다고 꾸짖으며 제지했다. 이에 이 시를 썼다고 한다. 관련기사는 『춘추좌전』 「민공2년」을 참조할 것.
 * 『모시서』도 같다.

선공(宣公)-이강(夷姜): 급(伋), 검모(黔牟), 완(頑, 昭伯).
선공(宣公)-선강(宣姜): 수(壽), 삭(朔, 惠公).
소백(昭伯)-선강(宣姜): 제자(齊子), 신(申, 戴公), 훼(燬, 文公), 송환부인(宋桓夫人), 허목부인(許穆夫人).
선공→혜공→검모→혜공→의공

제5권. 위풍(衛風)

　패풍, 용풍, 위풍은 한 지역권의 시로 묶을 수 있다. 주공(周公)은 패(邶) 땅과 용(鄘) 땅을 위(衛) 나라로 통일하여 동생 강숙(康叔)에게 봉했다. 상세한 내용은 패풍 해제를 참고할 것.

1. 기욱(淇奧) / 기강 물굽이

기(淇)강 물굽이를 보게나
푸른 마디풀 무성하네
문채나는 군자
자르고 갈아 놓은 옥처럼
쪼고 갈아 놓은 옥처럼
장중하고 위엄있어라
빛나고 의젓하여라
문채나는 군자를
못내 그리워하네

기(淇)강 물굽이를 보게나
푸른 마디풀 우거졌네
문채나는 군자
보석 귀마개 화려하고
머리카락 묶는 고리 반짝이네

장중하고 위엄있어라
빛나고 의젓하여라
문채나는 군자를
못내 그리워하네

기(淇)강 물굽이를 보게나
푸른 마디풀 빽빽하네
문채나는 군자
금과 주석처럼
둥글거나 네모난 옥처첨
너그럽고 부드러워라
수레 가로대에 기대어
농담도 잘하지만
무례하지 않다네

淇奧

瞻彼淇奧 綠竹猗猗 有匪君子 如切如磋 如琢如磨 瑟兮僩兮 赫兮咺兮 有匪
　君子 終不可諼兮

瞻彼淇奧 綠竹青青 有匪君子 充耳琇瑩 會弁如星 瑟兮僩兮 赫兮咺兮 有匪
　君子 終不可諼兮

瞻彼淇奧 綠竹如簀 有匪君子 如金如錫 如圭如璧 寬兮綽兮 猗重較兮 善戲
　謔兮 不爲虐兮

〈瞻彼淇奧1〉

瞻(첨): 보다.

淇(기): 강 이름. 지금의 하남성(河南省) 탕음(湯陰)과 기현(淇縣) 등을 흐른다.

奧(욱): 물굽이.

竹(죽): 마디풀. Polygonum aviculare L. 이곳의 '竹'은 대나무로 알려져 있지만,『모시명물도설』과 반부준·여승유의『시경식물도감』에 의하면 기(淇)강 가에 대나무가 없었을 것이므로 마디풀(扁蓄)을 가리키는 것으로 보인다.(그림은『모시명물도설』에서)

猗猗(의의): 아름답게 우거진 모양.

匪(비): 문채.

切(절): 뼈나 뿔을 자르다.

磋(차): 갈다.

琢(탁): 옥돌을 쪼다.

磨(마): 가다.

瑟(슬): 장중한 모양.

僩(한): 위엄있는 모양.

赫(혁): 빛나는 모양.

咺(훤): 의젓하다.

諼(훤): 잊다.

〈瞻彼淇奧2〉

靑靑(청청): 무성한 모양.

充耳(충이): 옥으로 된 귀를 막는 장식.

琇(수): 옥돌과 비슷한 모양의 보석.

瑩(영): 옥의 광택.

會(회) 머리카락을 묶는 부분. 이 부분에 옥으로 된 고리가 있어서 빛이 난다고 한다.

弁(변): 짐승 가죽으로 만든 모자.

〈瞻彼淇奧3〉

簀(책): 대자리.

金(금): 금.

錫(석): 주석.

圭(규): 장방형의 옥.

璧(벽): 원형의 옥.

寬(관): 너그럽다.

綽(작): 여유가 있다.

猗(의): 기대다. 의지하다.

重較(중교): 수레의 차량 양쪽 옆에 세운 나무.

戲謔(희학): 조롱하다.

虐(학): 사납다. 극렬하다.

해설: 모든 연이 흥이다. '기강의 물굽이 및 마디풀'과 함께 감정을 일으켰다.
    위 나라 귀족의 화려하고 의젓한 거동을 찬미했다.
 *『모시서』에 의하면 위(衛) 나라 선공(宣公)의 아버지 무공(武公)을 찬미
    한 것이라고 한다. 무공은 비록 자리를 찬탈한 과실이 있지만 주(周) 평왕
    (平王) 13년(B.C. 812) 경(卿)이 되어 훌륭한 업적을 남겼다고 한다.

2. 고반(考槃) / 악기를 두드리다

산골짜기에서 악기를 두드리며
저 큰 사람 여유롭네
홀로 잠들었다 깨어나 말하며
잊을 수 없노라 길게 맹세하네

산비탈에서 악기를 두드리며
저 큰 사람 느긋하네
홀로 잠들었다 깨어나 노래부르며
지나칠 수 없노라 길게 맹세하네

산언덕에서 악기를 두드리며
저 큰 사람 걸어가네
홀로 잠들었다 깨어나 누워서
아무 말 않겠노라 길게 맹세하네

考槃
考槃在澗　碩人之寬　獨寐寤言　永矢弗諼
考槃在阿　碩人之薖　獨寐寤歌　永矢弗過
考槃在陸　碩人之軸　獨寐寤宿　永矢弗告

考(고): 두드리다.

槃(반): 악기.

澗(간): 산골물.

碩人(석인): 큰 사람.

矢(시): 맹세하다.

諼(훤): 잊다.

阿(아): 산비탈.

薖(과): 관대한 모양.

陸(륙): 높고 평평한 지역.

軸(축): 길. 나아가다.

해설: 모든 연이 부이다. 산골짜기에서 은거하는 사람의 고독에 대해 읊었다.
왕연해에 의하면 시의 작자는 몰락한 귀족 혹은 실의에 빠진 관료나
학자 등이었을 것이다.
  *『모시서』에 의하면 장공(莊公)을 풍자한 시이다. 선공의 업을 계승하지
못하여 현자로 하여금 물러나 곤궁하게 살도록 했다.

 3. 석인(碩人) / 큰 사람

저 훤칠하고 장려한 여인
문채나는 비단옷에 홑옷을 입었네
제(齊) 나라 임금의 딸이요
위(衛) 나라 임금의 부인이요
제(齊) 나라 태자의 여동생이요
형(邢) 나라 임금의 처제요
담(譚) 나라 임금의 처제라네

손은 띠의 새싹 같고
피부는 엉긴 기름 같고
목은 하늘소 같고
이빨은 표주박 씨 같고
매미의 이마와 나비의 눈썹이네
살포시 웃으며 보조개 짓고
아름다운 눈, 흑백이 선명하네

저 품위있고 장려한 여인

들판에 수레를 세웠네
튼튼한 숫말 네 마리에
붉은 색 장식한 재갈 채우고
꿩 깃 꽂은 휘장 두르고 조정에 나오네
대부는 일찍 퇴근하여
임금을 괴롭히지 않네

가득 흐르는 황하의 물
콸콸콸 북쪽으로 흐르네
철썩 그물을 던져
황어와 철갑상어 잡아 올리네
갈대와 물억새 길게 자라자
강(姜)씨 성의 여자들이 성대하게 치장하고
용맹한 무사들이 호위하네

碩人

碩人其頎　衣錦褧衣　齊侯之子　衛侯之妻　東宮之妹　邢侯之姨　譚公維私
手如柔荑　膚如凝脂　領如蝤蠐　齒如瓠犀　螓首蛾眉　巧笑倩兮　美目盼兮
碩人敖敖　說于農郊　四牡有驕　朱幩鑣鑣　翟茀以朝　大夫夙退　無使君勞
河水洋洋　北流活活　施罛濊濊　鱣鮪發發　葭菼揭揭　庶姜孽孽　庶士有朅

〈碩人其頎〉
碩人(석인): 큰 사람. 아름다운 사람.
頎(기): 헌걸차다.
衣錦(의금): 비단으로 만든 문채나는 예복을 입다.
褧衣(경의): 홑옷. 재질이 얇아서 안에 입은 비단옷이 비친다.

齊侯(제후): 제(齊) 나라 장공(莊公).

衛侯(위후): 위(衛) 나라 장공(莊公).

東宮(동궁): 태자가 거처하는 곳.

妹(매): 손아래 누이.

邢(형): 형(邢) 나라의 옛 지역. 지금의 하북성(河北省) 태현(台縣).

姨(이): 아내의 자매.

譚(담): 담(譚) 나라 옛 지역. 지금의 산동성(山東省) 제남(濟南) 동부.

維(유): 이.

私(사): 자매의 남편. 형부 또는 제부.

〈手如柔荑〉

柔荑(유이): 어린 띠 싹. 손이 하얗고 고운 모양을 비유한다.

凝脂(응지): 응결된 지방. 윤기나는 피부를 비유한다.

領(영): 목.

蝤蠐(추제): 하늘소. Anoplophora chinensis.

瓠犀(호서): 표주박 안에 들어있는 하얀 씨.

螓首(진수): 매미의 이마. 넓고 윤기나는 이마를 비유한다.

蛾眉(아미): 나비의 눈썹. 미인의 눈썹을 비유한다.

倩(천): 보조개가 생기며 웃다.

盼(반): 눈의 검은 부위와 흰 부위가 분명한 것.

〈碩人敖敖〉

敖敖(오오): 키가 큰 모양.

說(세): 멈추다.

農郊(농교): 들판. 성(城)에서 15리 떨어진 곳.

四牡(사모): 네 마리의 숫 말.

驕(교): 씩씩한 모양.

朱幩(주분): 붉은 색의 재갈 장식.

鑣鑣(표표): 재갈. 왕성한 모양.

翟(적): 꿩 깃을 단 수레. 부인의 수레에 산꿩의 깃으로 장식을 했다.

茀(불): 부인의 수레 앞과 뒤를 가리는 장막.

〈河水洋洋〉

洋洋(양양): 물이 가득한 모양.

活活(활활): 물 흐르는 소리.

施(시): 설치하다.

罛(고): 그물.

濊濊(활활): 물이 막히며 흐르는 모양. 혹은 투망을
　물에 던지는 소리.

鱣(전): 철갑상어. 칼루가(kaluga). 황어(鰉魚). Huso
　dauricus. 철갑상어과 물고기. 큰 것은 신장이 5미
　터, 체중이 1톤에 이른다.(그림은 『모시명물도설』
　에서)

鮪(유): 철갑상어. Acipenser sinensis. 철갑상어과 물
　고기. 큰 것은 신장이 2미터, 체중이 600킬로그램
　에 이른다.(그림은 『모시명물도설』에서)

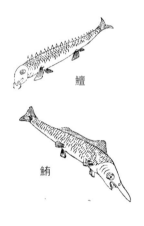

鱣

鮪

發發(발발): 물고기가 그물에 걸려 꼬리를 치는 모양.

葭(가): 갈대. Phragmites communis (L.) Trin. 관련 고명: 蘆, 葦, 蒹葭. 화본과
　여러해살이풀.

菼(담): 물억새. Triarrhena sacchariflora (Maxim.) Nakai. 벼과 여러해살이풀.

揭揭(게게): 긴 모양.

庶姜(서강): 함께 시집가는(陪嫁) 강(姜)씨 성의 여자들. 즉 조카들.

孽孽(얼얼): 성대하게 치장한 모양.

庶士(서사): 신부를 호위하는 제(齊) 나라의 무사들.

해설: 모든 연이 부이다. 장강(莊姜)이 제(齊) 나라로부터 처음 시집올 때
　　　사람들이 찬미한 시이다.

　*『모시서』에 의하면 장강을 안타깝게 여긴 시이다. 장공(莊公)이 총애하는
　　첩에게 미혹되어 그로 하여금 교만하게 위를 참람하게 했다. 장강은 어질
　　어도 답례를 하지 않아 끝내 자식이 없었다. 그러므로 나라 사람들이
　　안타깝게 여기면서 걱정했다.

4. 맹(氓) / 사나이

무지한 사나이
베를 끼고 가서 명주실로 바꾸려 했어요
당신은 명주실을 바꾸러 온 게 아니라
나에게 청혼하러 왔지요
당신을 배웅하여 기(淇)강을 건너고
돈구(頓丘) 땅에 도착했지요
내가 혼인 날짜를 어긴 것이 아니라
당신에게 좋은 중매인이 없었어요
화내지 말고
가을철로 정합시다

저 허물어진 담장에 올라
복관(復關) 땅을 바라봤어요

복관 땅이 보이지 않아
눈물만 줄줄 흘리다가
복관 땅이 보이자
웃으며 이야기했지요
당신이 거북점과 산대점을 쳐서
허물이 없다고 했지요
당신이 수레를 몰고 와
나와 혼수품을 싣고 갔답니다

뽕나무 잎이 지기 전에
잎사귀 무성해요
아, 비둘기여
오디를 먹지 말고
아, 여성이여
사내와 즐기지 마세요
사내의 즐김은
말할 수 있지만
여성의 즐김은
아무 말 못 한답니다

뽕나무 잎이 질 때
노란 잎사귀 떨어져요
내가 당신에게 가서
삼년을 곤궁하게 살았지요
기(淇)강 가득 차
수레의 휘장을 적시고

나에겐 아무런 잘못 없지만
당신이 변덕스럽지요
중심 없이
이랬다 저랬다 한답니다

삼년 간 부인이 되어
가사일을 마다하지 않으며
새벽처럼 일어나 밤늦게 자기를
하루도 빠짐 없었어요
혼인을 맺자
나에게 폭력을 휘둘렀죠
내 형제는 아무 것도 모르고
나를 놀려대니
조용히 생각에 잠겨
스스로를 한탄할 뿐이랍니다

당신과 함께 늙었거늘
원망만 나오네요
기(淇)강에는 기슭이 있고
늪지에는 언덕이 있지요
머리카락 땋던 청춘기엔
서로 웃으며 즐거웠고
맹세는 단단하여
배반을 생각지 않았지요
배반은 생각지도 않았건만
다 허사랍니다

氓

氓之蚩蚩 抱布貿絲 匪來貿絲 來卽我謀 送子涉淇 至于頓丘 匪我愆期 子無
　良媒 將子無怒 秋以爲期

乘彼垝垣 以望復關 不見復關 泣涕漣漣 旣見復關 載笑載言 爾卜爾筮 體無
　咎言 以爾車來 以我賄遷

桑之未落 其葉沃若 于嗟鳩兮 無食桑葚 于嗟女兮 無與士耽 士之耽兮 猶可
　說也 女之耽兮 不可說也

桑之落矣 其黃而隕 自我徂爾 三歲食貧 淇水湯湯 漸車帷裳 女也不爽 士貳
　其行 士也罔極 二三其德

三歲爲婦 靡室勞矣 夙興夜寐 靡有朝矣 言旣遂矣 至于暴矣 兄弟不知 咥其
　笑矣 靜言思之 躬自悼矣

及爾偕老 老使我怨 淇則有岸 隰則有泮 總角之宴 言笑晏晏 信誓旦旦 不思
　其反 反是不思 亦已焉哉

〈氓之蚩蚩〉

氓(맹): 백성.

蚩蚩(치치): 돈후한 모양. 또는 주희에 의하면 무지한 모양을 가리킨다.

布(포): 베. 다른 물건과 교환하는 화폐 구실을 했다.

謀(모): 혼사를 도모하다.

頓丘(돈구): 땅 이름. 지금의 하북성(河北省) 청풍현(淸豐縣) 서남부.

愆(건): 탓하다.

〈乘彼垝垣〉

垝(궤): 허물다.

垣(원): 담.

復關(복관): 땅 이름. 어디인지 분명하지 않다.

泣涕(읍체): 소리내어 눈물을 흘리며 울다.

載(재): 어조사.

卜(복): 거북이 등껍질을 불에 달궈 그 균열을 보고 점치는 것.

筮(서): 산대를 써서 길흉을 점치다.

體(체): 거북이 등껍질에 생긴 길흉의 모양.

無咎(무구): 허물이 없는 점괘.

賄(회): 재물.

遷(천): 옮기다.

〈桑之未落〉

桑(상): 뽕나무. Morus alba L. 뽕나무과.

沃若(옥약): 윤기있는 모양.

于嗟(우차): 감탄사.

鳩(구): 멧비둘기. Streptopelia Orientalis. 비둘기목 비둘기과 조류.(그림은
『모시품물도고』에서)

葚(심): 오디. 뽕나무 열매.

耽(탐): 즐기다.

猶(유): 오히려. 어떻게든.

說(설): 말하다.

女(녀): 소녀.

鳩

〈桑之落矣〉

隕(운): 떨어지다.

徂(조): 가다.

食貧(식빈): 곤궁한 생활.

湯湯(탕탕): 많은 물이 빠르게 흐르는 모양.

帷裳(유상): 수레를 덮는 휘장.

爽(상): 다르다. 잘못.

貳其行(이기행): 변심. 두 마음.

罔極(망극): 표준에서 벗어나다. 좋지 않다.

二三其德(이삼기덕): 행위가 변덕스럽다.

〈三歲爲婦〉

靡(미): 아니다.

室勞(실로): 가정의 고된 일.

夙興夜寐(숙흥야매): 아침 일찍 일어나고 밤 늦게 잠들다.

靡有朝矣(미유조의): 하루도 아침 늦게까지 잠자지 않았다.

遂(수): 혼인 약속을 하다.

咥(질): 냉소.

悼(도): 슬퍼하다.

〈及爾偕老〉

岸(안): 언덕. 기슭.

隰(습): 진펄. 습지. 늪.

泮(반): 물가.

總角(총각): 혼인하기 전까지 머리카락을 양갈래로 땋아 묶은 모양.

宴(연): 즐기다.

宴宴(연연): 다정한 모양.

旦旦(단단): 분명하고 확실히.

反(반): 약속을 어기다.

해설: 1연과 2연은 부이다. 3연은 비와 흥으로 뽕나무 잎이 무성한 것에서

삶의 속절없음을 드러내었다. 4연은 비이니, 시든 뽕나무 잎으로 자신의 고단한 삶을 비유했다. 5연은 부이다. 6연은 부와 흥이니, 원망스런 감정을 기강 기슭 및 늪지와 함께 읊었다. 버림받은 부인이 신세를 한탄했다.

＊『모시서』에 의하면 당시의 세태를 풍자한 시이다. 선공(宣公) 때에 예의가 사라지고 음란한 풍속이 크게 유행했다. 남녀 사이에 구별이 사라져 마침내 서로 달려가 유혹하다가 아름다운 자태가 쇠하면 다시 서로 버리고 등졌다. 그러다가 혹 곤궁해지면 스스로 자기의 짝을 버린 것을 후회했다. 그러므로 그 일을 차례대로 풍자해 바른 도리의 회복을 찬미하고 음탕함을 풍자했다.

5. 죽간(竹竿) / 대나무 막대기

기다란 대나무 막대기로
기(淇)강에서 낚시하지요
어찌 당신을 사모하지 않겠소만
멀리 있어 갈 수 없네요

천원(泉源)이 왼쪽에 흐르고
기(淇)강이 오른쪽에 흐르지요
여자가 시집가면
부모형제 멀어지네요

기(淇)강이 오른쪽에 흐르고
천원(泉源)이 왼쪽에 흐르지요

살포시 웃자 하얀 이 드러나고
걸음걸음 패옥 소리 절도 있네요

기(淇)강은 아득히 흐르고
향나무 상앗대에 소나무 배 떠있죠
수레를 몰아 밖을 거닐며
근심이나 쏟아볼까나

竹竿
籊籊竹竿 以釣于淇 豈不爾思 遠莫致之
泉源在左 淇水在右 女子有行 遠父母兄弟
淇水在右 泉源在左 巧笑之瑳 佩玉之儺
淇水滺滺 檜楫松舟 駕言出遊 以寫我憂

〈籊籊竹竿〉
籊籊(적적): 길면서 끝으로 갈수록 굵기가 줄어드는 모양.
致(치): 불러 오게 하다.

〈泉源在左〉
泉源(천원): 위 나라의 물 이름.으로 위 나라 서북쪽에 있으며 동남쪽으로
　　흘러 기(淇)강으로 들어간다. 그러므로 왼쪽에 있다고 했다. 기강은 위
　　나라의 서남쪽에 있으며 동쪽으로 흘러 천원과 합류한다. 그러므로 오른
　　쪽에 있다고 했다.(주희)
有行(유행): 시집가다.

〈淇水在右-淇水滺滺〉

瑳(차): 웃을 때 이빨이 하얗고 가지런한 모양.

佩玉(패옥): 장식으로 허리에 차는 옥.

儺(나): 절도있게 걷다.

滺滺(유유): 물 흐르는 모양.

檜(회): 향나무. Juniperus chinensis L. 측백나무과 상록침엽교목.

楫(즙): 노. 상앗대.

寫(사): 발산하다.

해설: 모든 연이 부이다. 마음에 두었던 여자가 다른 데로 시집가자 우수를
      읊었다. 샘물이 왼쪽 기(淇)강이 오른쪽에 있는 것은 서로 만날 수
      없는 운명을 말한다.

  *『모시서』에 의하면 위(衛) 나라 여인이 친정으로 돌아가고자 생각했다.

  6. 환란(芄蘭) / 박주가리

박주가리 가지여
뿔송곳을 찬 그대여
비록 뿔송곳을 찼을지라도
나를 이해하지 못 하네요
거만하게 우쭐대며
패물을 허리에 찼을 뿐

박주가리 잎사귀여
깍지를 낀 그대여

비록 깍지를 끼었을지라도
나를 감싸주지 못하네요
거만하게 우쭐대며
패물을 허리에 찼을 뿐

芄蘭

芄蘭之支 童子佩觿 雖則佩觿 能不我知 容兮遂兮 垂帶悸兮

芄蘭之葉 童子佩韘 雖則佩韘 能不我甲 容兮遂兮 垂帶悸兮

芄蘭(환란): 박주가리. Metaplexis japonica (Thunb.) Makino. 박주가리과 여러
　해살이 덩굴식물.(그림은『모시명물도실』에서)

支(지): 가지.

觿(휴): 뿔송곳. 당시 성인 남자가 차던 패물이다.
　박주가리 잎사귀 끝이 뾰족한 것이 뿔송곳과 비
　슷하다. 이것으로 어린남편을 은밀히 표시했다.
　(왕연해)

芄蘭

容(용): 펼쳐 보이다.

遂(수): 늘어뜨리다.

悸(계): 움직이다.

韘(섭): 깍지. 활을 쏠 때 손가락이 아프지 않게 엄지손가락에 끼운다.

甲(갑): 남녀가 서로 친밀하게 감싸다.

해설: 모든 연이 흥이다. 1연은 뾰족한 박주가리 가지와 함께 불만의 감정을
　　　일으켰다. 2연은 널따란 박주가리 잎으로 불만의 감정을 일으켰다.
　　　왕연해에 의하면 주 나라 당시 통치계급에게는 조혼 풍습이 있었으며,
　　　성년이 된 여자가 열두 세 살과 혼인하게 되어 불만을 표시한 시이다.

* 『모시서』에 의하면 위(衛) 나라 대부가 어린 혜공(惠公)의 교만함을 풍자
했다.

7. 하광(河廣) / 황하가 넓다

누가 황하를 넓다 하였나?
한 줄기 갈대 잎으로도 건널 수 있지요
누가 송(宋) 나라를 멀다 하였나?
발꿈치를 들면 볼 수 있지요

누가 황하를 넓다 하였나?
작은 나룻배도 띄울 수 없지요
누가 송(宋) 나라를 멀다 하였나?
반나절도 걸리지 않지요

河廣
誰謂河廣 一葦杭之 誰謂宋遠 跂予望之
誰謂河廣 曾不容刀 誰謂宋遠 曾不崇朝

一葦(일위): 갈대 한 줄기로 만든 배. 작은 배를 비유한다.
杭(항): 나룻배. 건너다.
宋遠(송원): 송(宋) 나라와 위(衛) 나라가 황하를 끼고 서로 멀리 있음을 말한다.
跂(기): 발끝으로 서다.
刀(도): 작은 배.
崇朝(숭조): '終朝'와 같다. 아침나절도 채 걸리지 않는다는 것을 뜻한다.

해설: 모든 연이 부이다. 송(宋) 나라 양공(襄公)의 어머니가 쫓겨나 위(衛) 나라에 있으면서 송 나라로 돌아가고자 하는 마음을 읊었다. 위 나라 문공(文公)의 누이가 송 나라로 시집을 가서 송 나라 양공(襄公)을 낳았다. 그 뒤 위 나라로 돌아와 있을 때 자신의 아들 양공(襄公)이 즉위했다. 이에 가서 보고자 하는 마음을 읊었다.

* 『모시서』도 같다.

8. 백혜(伯兮) / 남편이여

내 남편 용맹스러워
나라의 주걸이지요
남편은 창을 잡고
왕의 수레 앞머리에 서지요

내 남편 동쪽으로 간 뒤
내 머리카락 망초처럼 뒤엉켰지요
어찌 비누가 없으랴만
누구를 위해 얼굴을 꾸미겠어요?

비가 내렸으면 바라지만
밝은 해만 높이 솟았네요
간절히 남편을 그리려니
애닯은 마음에 머리가 아파오네요

어디에선가 원추리를 얻으면

뒷마당에 심지요
간절히 남편을 그리려니
내 마음만 괴롭네요

伯兮

伯兮朅兮 邦之桀兮 伯也執殳 爲王前驅
自伯之東 首如飛蓬 豈無膏沐 誰適爲容
其雨其雨 杲杲出日 願言思伯 甘心首疾
焉得諼草 言樹之背 願言思伯 使我心痗

〈伯兮朅兮〉
伯(백): 주희에 의하면 부인이 자기 남편의 자를 일컫는 말이다.
邦(방): 나라.
桀(걸): 특출난 사람.
殳(수): 창.
王(왕): 천자.
前驅(전구): 수레를 모는 앞 말 부분.

〈自伯之東〉
飛蓬(비봉): 바람에 펄럭이는 망초.
膏沐(고목): 머리카락을 감는 즙.
爲容(위용): 얼굴을 꾸미다. 화장하다.

〈其雨其雨-焉得諼草〉
杲杲(고고): 높고 밝은 모양.
甘心(감심): 애닲은 마음.

諼草(훤초): 원추리. Hemerocallis fulva (L.) L.
　백합과 여러해살이풀로 꽃이 화사하게 핀다.
　먹으면 근심을 잊게 한다는 말이 있다.

樹(수): 심다.

背(배): 뒷 마당. 집의 북쪽.

痗(매): 앓다. 괴롭다.

諼草

해설: 3연은 비이고, 나머지 연은 부이다. 3연에서 비가 내리는 것은 남편이
　　돌아오는 것을 비유하고, 해가 뜬 것은 그렇게 되지 않은 것을 비유한
　　다. 전쟁나간 남편을 그리워했다.
　*『모시서』도 같다.

9. 유호(有狐) / 여우

여우 한 마리 느릿느릿
기(淇)강 다리 위를 건너네요
마음속 근심으로
치마도 입지 못 합니다

여우 한 마리 느릿느릿
기(淇)강 여울을 서성이네요
마음속 근심으로
허리띠도 차지 못 합니다

여우 한 마리 느릿느릿

기(淇)강 가를 거니네요
마음속 근심으로
옷도 입지 못 합니다

有狐

有狐綏綏 在彼淇梁 心之憂矣 之子無裳

有狐綏綏 在彼淇厲 心之憂矣 之子無帶

有狐綏綏 在彼淇側 心之憂矣 之子無服

綏綏(수수): 느리게 움직이는 모양. 우수에 젖어 짝을 찾는 심정을 비유한다.

梁(양): 돌로 교각을 세워 통나무를 나란히 얹어서 묶어 만든 다리.

之(지): 이.

厲(려): 여울. 급류.

帶(대): 옷을 조이는 띠.

해설: 모든 연이 비이다. 여우가 물가를 천천히 서성이는 것으로써 짝을
      찾는 심정을 비유했다.

  *『모시서』에 의하면 당시의 세태를 풍자한 시이다. 위 나라의 남녀들이
    혼인할 시기를 놓쳐 짝을 잃었다. 옛날 나라에 흉년이 들면 예를 낮추고
    혼인을 많이 했다. 그 때 남녀들 중에서 집이 없는 사람들을 모았으니,
    이것은 백성을 기르기 위함이다.

10. 목과(木瓜) / 모과나무

나에게 모과를 던지자

붉은 옥돌로 화답하네요
단순한 보답이 아니라
영원히 좋자는 것이지요

나에게 명자 열매를 던지자
좋은 옥돌로 화답하네요
단순한 보답이 아니라
영원히 좋자는 것이지요

나에게 털모과 열매를 던지자
검은 옥돌로 화답하네요
단순한 보답이 아니라
영원히 좋자는 것이지요

木瓜
投我以木果 報之以瓊琚 匪報也 永以爲好也
投我以木桃 報之以瓊瑤 匪報也 永以爲好也
投我以木李 報之以瓊玖 匪報也 永以爲好也

木瓜(목과): 모과나무. Chaenomeles sinensis (Thouin) Koehne. 장미과 낙엽교목
　　으로 열매가 단단하다. 고명건·모설비의 『시경동식물도설』에는 Chaenomeles
　　speciosa(명자나무)라고 나와 있다.
瓊琚(경거): 옥으로 만든 장신구.
木桃(목도): 명자나무. Chaenomeles speciosa (Sweet.) Nakai. 장미과 낙엽활엽
　　관목으로 열매가 모과보다 작고 단단하다. 고명건·모설비의 『시경동식물
　　도설』에는 중국에서 자라는 명자나무의 한 종인 Chaenomeles cathayensis라

고 나와 있다.

瓊瑤(경요): 아름다운 옥.

木李(목이): 털모과. 마르멜로. Cydonia oblonga Mill. 장미과. 모과의 일종으로 열매가 단단하다.

瓊玖(경구): 옥 이름. 검은 색.

해설: 모든 연이 비이다. 모과, 명자 열매, 털모과 열매, 옥 등을 주며 남녀 간에 서로 사랑을 표시했다.

＊『모시서』에 의하면 제9齊) 나라 환공을 찬미했다. 위 나라가 오랑캐 사람들에게 패하여 조(漕)읍에 거처하자, 제 나라 환공이 구원하여 나라를 봉해주고 수레와 말과 기물과 옷을 주었다. 이에 위 나라 사람들이 이것을 생각하며 두텁게 보답하고자 하여 이 시를 지었다.

제6권. 왕풍(王風)

문왕(文王)

무왕(武王)

여왕(厲王)

선왕(宣王)

유왕(幽王)

평왕(平王, B.C. 770-B.C. 720)

환왕(桓王, 林, B.C. 719-B.C. 697)

장왕(莊王, 佗, B.C. 696-B.C. 682)

　왕(王)은 주 나라의 동쪽 도읍인 낙(洛)읍으로 기내(畿內) 사방 6백리를 가리킨다. 문왕(文王)의 도읍은 풍(豊)땅이었고, 무왕(武王)의 도읍은 호(鎬)땅이었다. 한편 서주(西周)의 여왕(厲王)은 포악했고 유왕(幽王)은 여색에 빠져 지내다가 견융(犬戎) 오랑캐에게 살해되었다. 그의 아들 평왕(平王)은 B.C. 770년 견융(犬戎) 오랑캐를 피해 제후들의 호위를 받으며 섬서성(陝西省) 호경(鎬京)에서 하남성(河南省) 낙양(洛陽)으로 옮겼다. 이것이 동주(東周)의 시작이다. 정현(鄭玄)의 『시보(詩譜)』에 의하면 왕풍(王風)은 평왕(平王), 환왕(桓王), 장왕(莊王) 삼대의 작품이라고 한다.

1. 서리(黍離) / 찰기장 이삭 숙이고

저 찰기장 이삭 숙이고
이 개기장 새싹 났네요
발걸음 무겁고
마음 초조합니다
나를 알려거든
아픈 마음 보세요
나를 모르는 사람들
무엇을 구하냐고 꾸짖지요
아득히 푸른 하늘이여
누가 나를 이렇게 만들었을까?

저 찰기장 이삭 숙이고
이 개기장 이삭 폈네요
발걸음 무겁고
마음 상합니다
나를 알려거든
아픈 마음 보세요
나를 모르는 사람들
무엇을 구하냐고 꾸짖지요
아득히 푸른 하늘이여
누가 나를 이렇게 만들었을까?

저 찰기장 이삭 숙이고
이 개기장 알알이 영글었네요

발걸음 무겁고
가슴 메입니다
나를 알려거든
아픈 마음 보세요
나를 모르는 사람들
무엇을 구하냐고 꾸짖지요
아득히 푸른 하늘이여
누가 나를 이렇게 만들었을까?

黍離

彼黍離離 彼稷之苗 行邁靡靡 中心搖搖 知我者 謂我心憂 不知我者 謂我何
　求 悠悠蒼天 此何人哉

彼黍離離 彼稷之穗 行邁靡靡 中心如醉 知我者 謂我心憂 不知我者 謂我何
　求 悠悠蒼天 此何人哉

彼黍離離 彼稷之實 行邁靡靡 中心如噎 知我者 謂我心憂 不知我者 謂我何
　求 悠悠蒼天 此何人哉

黍(서): 기장. Panicum miliaceum L. 벼과 한해살이풀. 찰기장으로 번역했다.

離離(리리): 숙이다. 처지다. 시들다.

稷(직): 기장. Panicum miliaceum L. 벼과 한해살이풀. '稷'은 덜 찰지며 '黍'
　보다 개화시기가 조금 늦다. 개기장으로 번역했
　다.(그림은 『모시품물도고』에서)

邁(매): 가다. 지나다.

靡靡(미미): 천천히.

中心(중심): 마음속.

搖搖(요요): 마음이 불안하고 초조한 모양.

稷

悠悠(유유): 아득히 먼 모양.

穗(수): 이삭.

醉(취): 취하다. 마음 상하다.

實(실): 곡식 낟알.

噎(얼): 목메다. 근심으로 숨을 제대로 쉬지 못하다.

해설: 모든 연이 부와 흥이다. 주(周) 나라가 수도를 동쪽으로 옮긴 뒤, 한
　　　대부(大夫)가 섬서성(陝西省) 호경(鎬京)으로 여행을 갔다. 그 지역은
　　　이미 폐허가 되었고 농부들이 땅을 개간해 기장과 같은 곡식을 어렵사
　　　리 가꾸고 있었다. 이에 슬퍼해 이렇게 읊었다고 한다.
　　* 『모시서』도 같다.

2. 군자우역(君子于役) / 님이 군대에 가더니

님이 군대에 가더니
돌아올 날 몰라요
언제 오시려나?
닭이 홰대에 깃들고
해가 저물자
소와 양이 산에서 내려오네요
군대 간 내 남편
어찌 그립지 않겠어요?

님이 군대에 가더니
날이 가고 달이 가네요

언제 만나려나?
닭은 횃대에 깃들고
해가 저물자
소와 양이 집으로 내려오네요
군대 간 내 남편
굶지나 말았으면

君子于役
君子于役 不知其期 曷至哉 雞棲于塒 日之夕矣 羊牛下來 君子于役 如之何
　勿思
君子于役 不日不月 曷其有佸 雞棲于桀 日之夕矣 羊牛下括 君子于役 苟無
　飢渴

〈君子于役1〉
役(역): 부역이나 병역.
期(기): 돌아올 날.
曷(갈): 언제. 어떻게. 어디에.
雞(계): 닭. Gallus domestica. 닭목 꿩과.
塒(시): 홰. 새가 깃드는 곳.
牛(우): 소. Bos taurus domestica. 소목[偶蹄目] 소과 포유류.
下來(하래): 산 비탈을 내려오다.
如之何(여지하): 어떻게.

〈君子于役2〉
佸(괄): 모이다. 만나다.
桀(걸): 홰.

括(괄): 이르다. 모이다.

苟(구): 오직. 진실로.

해설: 모든 연이 부이다. 부역이나 군대에 간 남편을 그리워했다.
* 『모시서』에 의하면 평왕(平王)을 풍자했다.

3. 군자양양(君子陽陽) / 건장한 저 사내

건장한 저 사내
왼손으로 생황(笙簧) 잡고
오른손으로 나를 방으로 부르니
오, 즐거워라

웃음 띤 저 사내
왼손으로 일산 잡고
오른손으로 나를 춤추자고 부르니
오, 즐거워라

君子陽陽
君子陽陽 左執簧 右招我由房 其樂只且
君子陶陶 左執翿 右招我由敖 其樂只且

陽陽(양양): 자신에 찬 모양.
簧(황): 혀. 관악기에 꽂는 떨림 판.
由房(유방): 방에서.

只且(지차): 어조사.

陶陶(도도): 화락한 모양.

翿(도): 깃으로 만든 일산. 춤출 때 쓴다.

敖(오): 춤추는 대열(주희). 혹은 왕연해에 의하면 지명이거나 쉴 때 연주하는 음악이다.

해설: 모든 연이 부이다. 애정시이다.

 *『모시서』에 의하면 주(周) 나라를 걱정하는 시이다. 군자가 난을 만나자 서로 불러서 녹을 받는 벼슬(祿仕)을 하여 몸을 보전하고 해를 멀리 했다.

4. 양지수(揚之水) / 출렁이는 물결

출렁이는 물결
묶어놓은 섶나무도 흘려보내지 못 하네
가족이여
신(申) 땅을 지키는 내 곁에 없으니
그리워라 그리워라
언제나 집에 돌아갈고

출렁이는 물결
묶어놓은 좀목형도 흘려보내지 못 하네
가족이여
보(甫) 땅을 지키는 내 곁에 없으니
그리워라 그리워라
언제나 집에 돌아갈고

출렁이는 물결
묶어놓은 용버들도 흘려보내지 못 하네
가족이여
허(許) 땅을 지키는 내 곁에 없으니
그리워라 그리워라
언제나 집에 돌아갈고

揚之水

揚之水 不流束薪 彼其之子 不與我戍申 懷哉懷哉 曷月予還歸哉
揚之水 不流束楚 彼其之子 不與我戍甫 懷哉懷哉 曷月予還歸哉
揚之水 不流束蒲 彼其之子 不與我戍許 懷哉懷哉 曷月予還歸哉

揚(양): 출렁이다.

束薪(속신): 묶어놓은 섶나무. 자유롭지 못한 자신의 불행한 처지를 뜻한다.

戍(수): 지키다.

申(신): 나라 이름. 평왕(平王) 어머니의 출생지. 지금의
   하남성(河南省) 남양현(南陽縣). 주(周) 나라 천자가
   초(楚) 나라의 공격을 막기 위해 군대를 파견하여 신
   (申) 나라를 방어했다.

楚(초): 좀목형. Vitex negundo L. 마편초과 낙엽관목.

甫(보): 나라 이름. 강(姜)씨 성의 나라.

蒲(포): 용버들. Salix matsudana Koidz. 버드나무과 낙엽
   활엽교목.(그림은 『모시풀물도고』에서)

許(허): 나라 이름. 지금의 하남성 허창(許昌) 부근.

蒲

해설: 모든 연이 흥이다. 주(周) 나라가 수도를 동쪽으로 옮긴 뒤 남쪽의

강성한 초(楚) 나라를 방어해야 했다. 신(申) 나라, 보(甫) 나라, 허(許)
나라가 그 울타리 역할을 하였지만 나라 규모가 작아 주(周) 나라에서
병력을 파견하여 근무하도록 했다. 이 시는 일정 기간 집에 가지 못하
고 한 곳에 가만히 있는 자신의 신세를 피력했다. 꼼짝 못하는 자신의
신세를 묶어놓은 섶나무에 비유했다.

* 『모시서』에 의하면 평왕을 풍자했다. 그는 자신의 백성을 어루만지지
  않고, 멀리 어머니의 나라인 신(申) 나라에 군대를 주둔하니, 주(周) 나라
  사람들이 원망했다.

5. 중곡유퇴(中谷有蓷) / 산 구렁의 익모초

산 구렁의 익모초
시들어 말랐네
남편과 이별한 여인들
탄식하네
슬프게 탄식하네
인생의 고난을 만났다네

산 구렁의 익모초
말라 붙었네
남편과 이별한 여인들
울부짖네
길게 울부짖네
인생의 불행을 만났다네

산 구렁의 익모초

누렇게 말랐네

남편과 이별한 여인들

그치지 않네

울음소리 그치지 않네

어떤 탄식이 이보다 더하랴

中谷有蓷

中谷有蓷 暵其乾矣 有女仳離 嘅其嘆矣 嘅其嘆矣 遇人之艱難矣

中谷有蓷 暵其脩矣 有女仳離 條其歗矣 條其歗矣 遇人之不淑矣

中谷有蓷 暵其濕矣 有女仳離 啜其泣矣 啜其泣矣 何嗟及矣

〈中谷有蓷1〉

蓷(퇴): 익모초. Leonurus sibiricus L. 고명건·모설비의 『시경동식물도설』에
는 Leonurus artemisia라고 나온다. 꿀풀과 두해살이풀.(그림은 『모시품물
도고』에서)

暵(한): 시들다. 마르다.

女(녀): 여인.

仳離(비리): 이혼하다.

嘅(개): 탄식하다.

遇(우): 만나다.

艱難(간난): 가난. 곤란. 어려움.

蓷

〈中谷有蓷2-3〉

脩(수): 시들다. 마르다.

條(조): 긴 모양.

嘯(소): 울부짖다.

不淑(불숙): 좋지 않다.

濕(습): 습한 곳.

啜(철): 울다.

嗟(차): 탄식하다.

해설: 모든 연이 흥이다. 남편에게 버림받고 외롭고 가난하게 살아가는 여인
　　의 한탄이다. 산 구렁의 노랗게 시든 익모초가 그러한 여인의 상황을
　　비유한다.
*『모시서』에 의하면 주(周) 나라를 걱정하는 시이다. 부부의 정이 날로
　쇠하고 박해져 흉년과 기근으로 부부가 서로를 버렸다.

6. 토원(兔爰) / 토끼는 느릿느릿 걷고

토끼는 느릿느릿 걷고
꿩은 그물에 걸렸네
나 어렸을 적
아무 걱정 없었거늘
어른이 되고서
온갖 근심 만났네
차라리 잠들어 꿈쩍하지 않았으면

토끼는 느릿느릿 걷고
꿩은 그물에 걸렸네
나 어렸을 적

아무 일 없었거늘
어른이 되고서
온갖 시름 만났네
차라리 잠들어 깨어나지 말았으면

토끼는 느릿느릿 걷고
꿩은 그물에 걸렸네
나 어렸을 적
힘든 일 없었거늘
어른이 되고서
온갖 어려움 만났네
차라리 잠들어 세상사 몰랐으면

兎爰

有兎爰爰 雉離于羅 我生之初 尚無爲 我生之後 逢此百罹 尚寐無吪

有兎爰爰 雉離于罦 我生之初 尚無造 我生之後 逢此百憂 尚寐無覺

有兎爰爰 雉離于罿 我生之初 尚無庸 我生之後 逢此百凶 尚寐無聰

〈有兎爰爰1〉
兎(토): 토끼.
緩緩(완완): 천천히. 느리게.
離(리): 그물에 걸리다.
羅(라): 그물.
生之初: 인생의 초기. 청소년기.
百罹(백리): 많은 근심.
尚寐(상매): 잠만 자고자 원하다.

吪(와): 움직이다.

〈有兎爰爰2-3〉
罦(부): 그물.
罬(동): 새그물.
庸(용): 일.
聰(총): 듣다.

해설: 모든 연이 비이다. 세상살이의 시름을 읊었다. 혹은 난세에 살면서
　　　태평성세의 시절을 회고했다. 동주(東周)의 두번째 천자 환왕(桓王)
　　　시대의 작품이라고 한다.
＊『모시서』에 의하면 주 나라를 걱정하는 시이다. 환왕이 신의를 잃자 제후
　　들이 배반하고 원한을 맺으면서 화가 연달았다. 왕의 군대가 패하자 군자
　　들이 그가 살아있는 것을 즐거워하지 않았다.

7. 갈류(葛藟) / 새머루

황하 가에
새머루 덩굴 길게 뻗었네
떨어져 사는 우리 형제
남을 아버지라 부르죠
아버지라 불러도
나를 돌보지도 않건만

황하 가에

새머루 덩굴 길게 뻗었네
떨어져 사는 우리 형제
남을 어머니라 부르죠
어머니라 불러도
나를 아끼지도 않건만

황하 가에
새머루 덩굴 길게 뻗었네
떨어져 사는 우리 형제
남을 형이라 부르죠
형이라 불러도
나에게 관심도 없건만

葛藟

綿綿葛藟 在河之滸 終遠兄弟 謂他人父 謂他人父 亦莫我顧
綿綿葛藟 在河之涘 終遠兄弟 謂他人母 謂他人母 亦莫我有
綿綿葛藟 在河之漘 終遠兄弟 謂他人昆 謂他人昆 亦莫我聞

〈綿綿葛藟1〉

綿綿(면면): 끊이지 않고 길게 이어진 모양.

葛藟(갈류): 새머루. Vitis flexuosa Thunberg. 포도과 낙엽활엽 덩굴 과일나무.

滸(호): 물가.

終遠(종원): 항상 멀리 떨어져 있다.

顧(고): 돌아보다.

〈綿綿葛藟2-3〉

涘(사): 물가. 강가.

有(유): 돌보다.

漘(순): 물가.

昆(곤): 형.

聞(문): 안부를 묻다.

해설: 모든 연이 흥이다. 가족과 떨어져 타향에서 살아가는 유랑민의 심정을
  읊었다.

*『모시서』에 의하면 왕족이 평왕을 풍자했다. 주 나라 왕실에서 도가 쇠하
  자 자기의 구족(九族)을 버렸다.

8. 채갈(采葛) / 칡을 캐다

칡 캐는 저 사람
하루를 못 보면
석 달이라도 된 듯하네

참쑥 캐는 저 사람
하루를 못 보면
삼추(三秋)라도 된 듯하네

황해쑥 뜯는 저 사람
하루를 못 보면
삼년이라도 된 듯하네

采葛

彼采葛兮 一日不見 如三月兮

彼采蕭兮 一日不見 如三秋兮

彼采艾兮 一日不見 如三歲兮

葛(갈): 칡. Pueraria lobata(Willd.) Ohwi. 쌍떡잎식물 장미목 콩과 덩굴식물.

蕭(소): 참쑥. Artemisia dubia Wall, ex Bess. 국화과 여러해살이풀. 반부준·
 여승유의 『시경식물도감』에는 Artemisia subdigitata Mattf로 나와 있다.

三秋(삼추): 맹추(孟秋), 중추(中秋), 계추(季秋). 가을을 가리킨다.

艾(애): 황해쑥. Artemisia argyi Levl. et Van.

해설: 모든 연이 부이다. 연애시이다.

 * 『모시서』에 의하면 참소를 두려워했다.

9. 대거(大車) / 달구지

님의 달구지 덜커덩 나아가고
가죽옷은 물억새처럼 푸르네
어찌 그대를 사모하지 않겠소만
두려워 아무 말 못 했소

님의 달구지 느릿느릿 나아가고
가죽옷 붉은옥처럼 빛나네
어찌 그대를 사모하지 않겠소만
두려워 달려가지 못 했소

살아서는 다른 집서 살지만
죽어서는 무덤을 같이 하세
나를 믿지 못 하겠소?
해처럼 분명한 나를

大車
大車檻檻 毳衣如菼 豈不爾思 畏子不敢
大車啍啍 毳衣如璊 豈不爾思 畏子不奔
穀則異室 死則同穴 謂予不信 有如皦日

〈大車檻檻〉
大車(대거): 소로 끄는 짐 싣는 수레. 달구지.
檻檻(함함): 수레가 움직이는 소리. 덜커덩.
毳衣(취의): 짐승의 털가죽으로 만든 윗도리.
菼(담): 물억새. Triarrhena sacchariflora (Maxim.) Nakai. 벼과 여러해살이풀.

〈大車啍啍 -穀則異室〉
啍啍(톤톤): 수레가 무겁게 움직이는 소리. 느릿느릿
璊(문): 붉은 옥.
穀(곡): 살다.
穴(혈): 무덤.
皦(교): 옥의 흰 빛.

해설: 모든 연이 부이다. 사랑하는 남자가 곁에 있지 못하자 그 슬픔을 읊었다.
 *『모시서』에 의하면 주 나라 대부를 풍자했다. 예의가 침체하여 남녀가
  음란했다. 그러므로 옛날을 말하여 지금의 대부들이 남녀의 송사를 다스

리지 못함을 풍자했다.

10. 구중유마(丘中有麻) / 삼 자란 언덕

삼 자란 언덕 위에
유자차(留子嗟) 사네
유자차(留子嗟) 사네
내려오면 흔쾌히 나에게 오겠지

보리 자란 언덕 위에
유자국(留子國) 사네
유자국(留子國) 사네
내려오면 나와 함께 식사하겠지

자두 자란 언덕 위에
유(留)씨 아들 사네
유(留)씨 아들 사네
내려와서 치마 꾸미는 옥돌을 주었지

丘中有麻
丘中有麻 彼留子嗟 彼留子嗟 將其來施施
丘中有麥 彼留子國 彼留子國 將其來食
丘中有李 彼留之子 彼留之子 貽我佩玖

麻

麻(마): 삼(대마). Cannabis sativa L. 삼과 1년생 초본식물.(그림은 『모시명물

도설』에서)

留(유): 성씨. 후대의 유(劉)씨. 혹은 왕연해에 의하면 '기다리다'는 뜻이다.

子嗟(자차): 사람 이름. 주희에 의하면 자(字)이다.

將(장): 바라다.

施施(시시): 쾌활하다.

子國(자국): 사람 이름.

佩玖(패구): 옥으로 된 허리에 차는 패물. 검은 색이다.

之子(지자) 류씨의 아들.

해설: 모든 연이 부이다. 속으로 사모하는 남자에게서 마침내 선물을 받고서
　　 읊었다.

　*『모시서』에 의하면 현자를 그리워했다. 장왕(莊王)이 밝지 못하여 현인이
　　추방을 당하니, 나라 사람들이 현인을 그리워하여 이 시를 지었다.

제7권. 정풍(鄭風)

환공(桓公)
무공(武公, 掘突, B.C. 770-B.C. 744)
장공(莊公, 寤生, B.C. 743-B.C. 701)
여공(厲公, 姬突, B.C. 700-B.C. 697)
소공(召公, 姬忽, B.C. 696-B.C. 695)
문공(文公, 姬捷, B.C. 672-B.C. 628)

정풍(鄭風)은 지금의 하남성(河南省) 중부 신정현(新鄭縣)을 중심으로 하는 지역의 노래이다. 주(周) 나라 선공(宣公)이 정(鄭) 나라를 처음 봉했다. 본래 정(鄭) 나라의 읍은 함림(咸林: 지금의 陝西省 華縣 부근) 땅에 있었다. 서주(西周) 말기에 선왕(宣王)이 동생 희우(嬉友)를 정(鄭) 나라의 환공(桓公)으로 봉했다. 환공(桓公)은 시대가 어려울 때를 대비해 지금의 하남성(河南省)에 피난지를 마련해 두었다. 그러다 주(周) 나라 유왕(幽王)이 견융(犬戎) 오랑캐에 살해되자 정(鄭) 나라 무공(武公)은 아버지가 준비해 두었던 하남성(河南省) 신정(新鄭)으로 도읍을 옮기고 평왕(平王)의 동천(東遷)을 도왔다. 장공(莊公)의 두 아들 희홀(姬忽)과 희돌(姬突)은 서로 왕위를 다투었다. 정현(鄭玄)에 의하면 정풍(鄭風) 21편은 정(鄭) 나라와 주(周) 나라가 하남성(河南省)으로 도읍을 옮기고 난 다음의 작품이라고 한다.

1. 치의(緇衣) / 검은 비단옷

검은 비단옷, 몸에 잘 맞는구려
낡아지면 내가 수선하리다
당신이 조정에서 돌아오면
식사를 차려주리다

검은 비단옷, 잘 어울리구려
낡아지면 내가 고쳐주리다
당신이 조정에서 돌아오면
식사를 차려주리다

검은 비단옷, 여유 있구려
낡아지면 내가 만들어 주리다
당신이 조정에서 돌아오면
식사를 차려주리다

緇衣
緇衣之宜兮 敝予又改爲兮 適子之館兮 還予授子之粲兮
緇衣之好兮 敝予又改造兮 適子之館兮 還予授子之粲兮
緇衣之蓆兮 敝予又改作兮 適子之館兮 還予授子之粲兮

緇衣(치의): 검은 비단옷.
宜(의): 적합하다.
敝(폐): 오래되다.
改爲(개위): 고쳐서 짓다.

適(적): 가다.

館(관): 집. 경(卿)들이 모여서 정사를 논의하는 곳.

還(환): 조정에서 돌아오다.

粲(찬): 음식.

蓆(석): 크다. 옷이 여유있는 모양.

해설: 모든 연이 부이다. 경대부의 아내가 조정에서 일하는 남편을 찬미했다. *『모시서』에 의하면 무공(武公)을 찬미했다. 아버지와 자식이 모두 주나라의 사도가 되어 자신들의 직책을 잘 수행하니, 나라 사람들이 이를 마땅하게 여겼다.

2. 장중자(將仲子) / 둘째 아들에게 부탁하다

둘째 아들이여
내 마을에 오지 마오
내가 심은 버드나무 꺾지 마오
버드나무 아껴서가 아니라오
부모님이 두려워서 그러오
사랑하는 둘째 아들이여
부모님의 꾸중이
두렵다오

둘째 아들이여
우리집 담을 넘지 마오
내가 심은 뽕나무 꺾지 마오

뽕나무를 아껴서가 아니라오
사람들의 많은 말이 두려워서 그러오
사랑하는 둘째 아들이여
어른들의 핀잔이
두렵다오

둘째 아들이여
우리집 동산에 넘어오지 마오
내가 심은 청단나무 꺾지 마오
청단나무 아껴서가 아니라오
남의 많은 말이 두려워서 그러오
사랑하는 둘째 아들이여
사람들의 말이
두렵다오

將仲子

將仲子兮 無踰我里 無折我樹杞 豈敢愛之 畏我父母 仲可懷也 父母之言 亦
　可畏也

將仲子兮 無踰我墻 無折我樹桑 豈敢愛之 畏我諸兄 仲可懷也 諸兄之言 亦
　可畏也

將仲子兮 無踰我園 無折我樹檀 豈敢愛之 畏人之多言 仲可懷也 人之多言
　亦可畏也

將(장): 청하다. 부탁하다.
仲子(중자): 둘째 아들.
踰(유): 넘다.

里(리): 마을.

樹(수): 심다.

杞(기): 용버들. Salix matsudana Koidz. 버드나무과 낙엽활엽교목. 고명건·
모설비의『시경동식물도설』에는 Salix integra라고 나온다. 반부준·여승
유의『시경식물도감』에 의하면 「소아/남산유대」의 '杞'자와 「소아/담로」
의 '杞'자는 호랑가시나무를 가리킨다. 한편 「진풍/종남」, 「소아/사모」,
「소아/사월」, 「소아/체두」, 「소아/북산」에서는 구기자나무를 가리킨다.

愛(애): 아끼다.

牆(장): 담장.

園(원): 정원.

檀(단): 청단나무. Pteroceltis tatarinowii Maxim.
느릅나무과 낙엽활엽교목으로 중국 황하 유역
에서 자란다.(그림은『모시명물도설』에서)

檀

해설: 모든 연이 부이다. 여자가 애인을 사랑하면서도 다른 사람들의 눈을
두려워했다.

*『모시서』에 의하면 장공(莊公)을 풍자했다. 그는 어머니가 동생만을 사랑
하자 분을 이기지 못해 동생을 해쳤다. 동생인 공숙(共叔)이 도리를 잃었
으나 공이 제어하지 못했고, 제중(祭仲)이 간했으나 공이 듣지 않았으니,
작은 것을 참지 못해 큰 난리로 귀결되었다.

3. 숙우전(叔于田) / 셋째 아들 사냥 나가고

셋째 아들 사냥 나가니
거리에 아무도 안 보이네

어찌 사람이 살지 않으랴만
다들 셋째만 못 하네
참으로 멋있고 인자하다네

셋째 아들 사냥 나가니
거리에 술마시는 사람 없네
어찌 술마시지 않으랴만
다들 셋째만 못 하네
참으로 멋있고 마음씨 좋다네

셋째 아들 들로 나가니
거리에 말타는 사람 없네
어찌 말타지 않으랴만
다들 셋째만 못 하네
참으로 멋있고 용감하다네

叔于田
叔于田 巷無居人 豈無居人 不如叔也 洵美且仁
叔于狩 巷無飮酒 豈無飮酒 不如叔也 洵美且好
叔適野 巷無服馬 豈無服馬 不如叔也 洵美且武

叔(숙): 형제 중 세번째.
田(전): 사냥하다.
巷(항): 마을 안에 있는 거리.
居人(거인): 생활하는 사람.
洵(순): 참으로. 진실로.

仁(인): 기질이 부드럽고 인자함.

狩(수): 사냥하다.

適(적): 가다.

野(야): 교외의 수렵하는 장소.

服馬(복마): 말을 타다.

해설: 모든 연이 부이다. 마음에 품고 있는 사내를 찬미했다.

* 『모시서』에 의하면 장공(莊公) 시절을 풍자했다. 장공 어머니는 장공을 출산할 적에 난산했으므로 그를 미워하고 동생 공숙(共叔, 段)을 편애했다. 공숙은 불의했음에도 불구하고 수도에 거처할 적에 갑옷을 수선하여 군대를 거느리고 사냥에 나가자 나라 사람들이 환호했다. 장공은 공숙이 어머니 지지를 얻어 난을 일으키기를 기다렸다가 평정함으로써 권력을 공고히 했다.

4. 대숙우전(大叔于田) / 셋째 아들 사냥 나가고

셋째 아들 사냥 나가

네 말 수레에 탔네

실을 잡듯 고삐를 잡자

곁말이 춤추듯 움직이네

늪으로 가자

삽시간에 불을 놓고

맨몸으로 호랑이를 잡아

조정에 올렸네

셋째여 다시는 그러지 마오

다치지 않도록 조심하오

셋째 아들 사냥 나가
노란 말 네 마리 수레에 탔네
가운데 두 말 뛰쳐오르자
말들이 큰기러기 떼처럼 달리네
늪으로 가자
삽시간에 불길 치솟네
셋째는 활을 잘 쏘고
말도 잘 몬다네
억센 팔꿈치로 말고삐를 당겼다
놓았다 하네

셋째 아들 사냥 나가
오총이 네 마리 수레에 탔네
가운데 두 말의 머리 가지런하고
곁말이 나란히 달리네
늪으로 가자
삽시간에 불길 퍼지네
말을 천천히 몰며
사이사이 화살을 쏘네
화살통을 놓고
활을 활집에 넣네

大叔于田

叔于田 乘乘馬 執轡如組 兩驂如舞 叔在藪 火烈具擧 襢裼暴虎 獻于公所

將叔無狃 戒其傷女

叔于田 乘乘黃 兩服上襄 兩驂雁行 叔在藪 火烈具揚 叔善射忌 又良御忌
  抑磬控忌 抑縱送忌

叔于田 乘乘鴇 兩服齊首 兩驂如手 叔在藪 火烈具阜 叔馬慢忌 叔發罕忌
  抑釋掤忌 抑鬯弓忌

〈叔于田1〉

乘(승): 타다. 몰다.

乘馬(승마): 수레에 매는 말 네 마리.

轡(비): 고삐.

組(조): 갓끈. 끈.

兩驂(양참): 곁말. 네 말이 끄는 마차에서 바깥쪽의 두 말.

藪(수): 늪.

火烈(화열): 맹렬한 불꽃.

具(구): 함께.

擧(거): 일어나다.

襢裼(단석): 웃통을 벗다.

暴虎(포호): 맨손으로 호랑이를 잡다.

公所(공소): 임금의 처소.

將(장): 청하다.

狃(뉴): 습관.

戒(계): 방비하다.

女(여): 너.

〈叔于田2〉

黃(황): 말 네 마리가 다 노란색임을 가리킨다.

上襄(상양): 머리를 들고 뛰어 오르다.

雁行(안행): 수레를 끄는 말의 배치를 기러기 떼에 비유했다.

揚(양): 솟다.

忌(기): 어조사.

良御(양어): 말을 잘 몰다.

抑(억): 어조사.

罄(경): 팔꿈치를 경쇠처럼 구부리다.

控(공): 고삐를 당겨 말을 세우다.

縱送(종송): 고삐를 풀어 말을 달리다.

〈叔于田3〉

鴇(보): 오총이. 흰털이 드문드문 섞인 검은 말.

齊首(제수): 말머리를 가지런히 하다.

如手(여수): 말 모는 자의 양 손처럼 나란히 말을 달리다.

阜(부): 왕성하다.

釋(석): 풀다.

掤(붕): 화살통 뚜껑.

鬯(창): 활집에 넣다.

해설: 모든 연이 부이다. 사냥 나간 사내의 위용을 읊었다. 혹은 정(鄭) 나라
　　　장공(莊公)의 동생 공숙(共叔)이 사냥 나간 것을 백성이 읊었다고 한다.
　*『모시서』에 의하면 장공(莊公)을 풍자했다. 공숙(共叔)이 재주가 많고
　　용맹을 좋아하여 의롭지 않은 방법으로 많은 사람의 지지를 얻었다.

5. 청인(淸人) / 청 땅의 군인들

청(淸) 땅 군인들 팽(彭) 땅에서
줄지어 네 말 수레 달리네
창에 달린 붉은 깃털 날리며
황하를 끼고 달리네

청(淸) 땅 군인들 소(消) 땅에서
날쌔게 네 말 수레 달리네
창에 달린 쇠고리 딸랑거리며
황하 가를 거니네

청(淸) 땅 군인들 축(軸) 땅에서
힘차게 네 말 수레 달리네
왼쪽에서 말 몰고 오른쪽에서 창들고
가운데 지휘관 위엄 있네

淸人
淸人在彭 駟介旁旁 二矛重英 河上乎翶翔
淸人在消 駟介麃麃 二矛重喬 河上乎逍遙
淸人在軸 駟介陶陶 左旋右抽 中軍作好

〈淸人在彭〉
淸(청): 땅 이름. 지금의 하남성(河南省) 중모현(中牟縣).
彭(팽): 땅 이름. 어디인지 분명하지 않다. 정(鄭) 나라와 위(衛) 나라 접경인
　황하 연안인 듯하다.

駟介(사개): 군용 수레의 무장한 말 네 마리.

旁旁(방방): 왕성한 모양. 줄지어 달리는 모양.

二矛(이모): 군용 수레 양쪽에 세워놓은 두 개의 창.

英(영): 창에 장식으로 매달은 붉은 색 깃털. 혹자는 실로 만든 붉은 술이라고
  도 한다.

乎(호): ~에.

翺翔(고상): 군용 수레를 달리
는 모양.

〈淸人在消〉

消(소): 정(鄭) 나라 위(衛) 나라
  의 접경 지역.

麃麃(표표): 용맹스런 모양.

喬(교): 창을 걸기 위해 창에 달
  린 고리.

逍遙(소요): 거닐다.

陶陶(도도): 말을 달리는 모양. 혹은 화락한 모양.

〈淸人在軸〉

軸(축): 땅 이름.

旋(선): 돌리다. 말을 몰다.

抽(추): 창을 빼다.

中軍作好(중군작호): 군대 중앙 지휘관의 멋있는 자태.

해설: 모든 연이 부이다. 진용이 잘 갖추어진 군대의 행렬을 묘사했다.

  *『모시서』에 의하면 문공(文公)을 풍자했다. 고극(高克)이 이익을 좋아해

자기의 임금을 돌아보지 않으니, 문공이 그를 미워해 멀리 하려고 했으나 할 수 없었다. 고극으로 하여금 병사를 거느리고 국경에서 오랑캐를 방어하게 하고, 그는 병사들을 진열해 황하 가를 하는 일 없이 배회했다. 병사들이 오래되도록 부르지 않자 해산하여 돌아가고 고극은 진(陳) 나라로 도망쳤다. 공자(公子)들이 평소 고극이 예로써 나아가지 않고 문공(文公)이 도로써 그를 퇴출시키지 않으면서 나라를 위태롭게 하고 군대를 멸망시키는 것을 미워해 이 시를 지었다.

6. 고구(羔裘) / 양가죽 옷

매끄러운 양가죽 옷
참으로 부드럽고 아름다워라
저 관리
변함없이 명령을 지키네

표범가죽 장식한 양가죽 옷
매우 힘차고 위엄있어라
저 관리
나라의 모범이라네

빛나는 양가죽 옷
늘어뜨린 패물 찬란하여라
저 관리
나라의 인재라네

羔裘

羔裘如濡 洵直且侯 彼其之子 舍命不渝

羔裘豹飾 孔武有力 彼其之子 邦之司直

羔裘晏兮 三英粲兮 彼其之子 邦之彦兮

〈羔裘如濡〉

羔裘(고구): 양가죽으로 만든 옷.

濡(유): 젖다. 적시다.

洵(순): 참으로. 진실로.

直(직): 정직.

侯(후): 멋있다.

舍(사): 지키다. 준수하다.

命(명): 명령.

渝(투): 달라지다. 변하다.

〈羔裘豹飾〉

豹(표): 표범. Panthera pardus. 식육목(食肉目) 고양이과 포유류.

飾(식): 꾸미다.

孔(공): 크다.

司直(사직): 시비를 가리는 관리.

〈羔裘晏兮〉

晏(연): 신선한 모양.

三英(삼영): 갓옷의 장식물.

粲(찬): 찬란한 모양.

彦(언): 선비. 인재.

해설: 모든 연이 부이다. 위엄있고 현명한 신하를 찬미했다.

*『모시서』에 의하면 옛날의 군자를 말해 자신의 조정을 풍자했다.

7. 준대로(遵大路) / 큰 길을 따라

큰 길을 따라
그대의 소매를 잡네
나를 미워하지 마오
옛 친구를 버리지 마오

큰 길을 따라
그대의 손을 잡네
나를 싫어하지 마오
옛 정을 저버리지 마오

遵大路
遵大路兮 摻執子之祛兮 我無惡兮 不寁故也
遵大路兮 摻執子之手兮 無我魗兮 不寁好也

遵(준): 좇다.

摻(삼): 잡다.

祛(거): 소매.

惡(오): 미워하다.

寁(삼) 빠르다. 여기서는 급히 헤어짐을 말한다.

故(고): 친구.

해설: 모든 연이 부이다. 남자가 변심해 떠나려고 하자 여자가 만류하고
　　　있다.
　*『모시서』에 의하면 장공(莊公)이 도리를 잃어 군자들이 떠나가니, 나라
　　　사람들이 그리워했다.

8. 여왈계명(女日鷄鳴) / 부인이 말하기를

부인이 말하기를, "닭이 울었어요"
남편이 답하기를, "아직 새벽이오"
당신이 일어나 하늘을 보세요
벌써 아침 별이 반짝여요
날쌔게 말을 모세요
청둥오리와 큰기러기 잡아오세요

화살을 쏘아 맞추면
당신과 요리하리다
그 안주로 술을 마시며
당신과 함께 늙으리다
거문고 음이 조화롭게 어울리면
그윽하기 그지없겠죠

당신이 저에게 오시기에
여러 옥패물 선물하지요
당신이 저를 따르기에
여러 옥패물 보내지요

당신이 저를 좋아하기에

여러 옥패물 보답하지요

女曰雞鳴

女曰雞鳴 士曰昧旦 子興視夜 明星有爛 將翱將翔 弋鳧與雁

弋言加之 與子宜之 宜言飮酒 與子偕老 琴瑟在御 莫不靜好

知子之來之 雜佩以贈之 知子之順之 雜佩以問之 知子之好之 雜佩以報之

〈女曰雞鳴〉

鷄鳴(계명): 새벽에 닭이 울다.

昧旦(매단): 새벽.

興(흥): 일어나다.

明星(명성): 아침을 알리는 별.

爛(란): 반짝이다.

將翱將翔(장고장상): 사냥할 때 말을 빠르게 달리는 모양.

弋(익): 주살. 화살.

鳧(부): 청둥오리. Anas platyrhynchos. 기러기목 오리과 조류.(그림은 『모시
　　품물도고』에서)

鳧

〈弋言加之-知子之來之〉

言(언): 어조사.

加(가): 맞추다.

宜之(의지): 사냥물을 요리하다.

琴瑟(금슬): 거문고. 금(琴)은 7현이고 슬(瑟)은 25현이다.

在御(재어): 두 개의 악기가 조화롭게 연주되다.

雜佩(잡패): 옷에 장식하는 옥으로 각종 패물.

順(순): 순종하다.

問(문): 보내다.

해설: 모든 연이 부이다. 부부의 애정시이다.

* 『모시서』에 의하면 덕을 좋아하지 않음을 풍자했다. 옛 시절의 의리를
말해 당시에 덕을 기뻐하지 않고 여색을 좋아하는 것을 풍자했다.

9. 유녀동거(有女同車) / 함께 수레에 탄 저 여인

함께 수레에 탄 저 여인
얼굴이 무궁화 꽃처럼 활짝 폈네
수레가 가볍게 움직이자
옷에 매단 옥들 화려하네
저 아름다운 강(姜)씨집 장녀
참으로 아름답고 우아하여라.

함께 수레에 탄 저 여인
얼굴이 무궁화 꽃잎처럼 예쁘네
수레가 가볍게 움직이자
옷에 매단 옥들 쨍그렁거리네
저 아름다운 강(姜)씨집 장녀
그 우아한 거동 잊을 수 없어라

有女同車
有女同車 顏如舜華 將翱將翔 佩玉瓊琚 彼美孟姜 洵美且都

有女同行 顔如舜英 將翶將翔 佩玉將將 彼美孟姜 德音不忘

舜華(순화): 무궁화 꽃. Hibiscus syriacus L. 아욱과 낙엽관목.

將翶將翔(장고장상): 새가 날듯 수레를 빨리 몰다.

瓊琚(경거): 붉은 옥으로 만든 장신구.

孟姜(맹강): 강씨 집안의 장녀.

都(도): 우아하다.

行(행): 걷다. 거닐다.

英(영): 꽃부리.

將將(장장): 옥이 서로 부딪히는 소리. 쩽그렁거리다.

德音(덕음): 행위와 말. 언행.

해설: 모든 연이 부이다. 애인을 찬미했다.

*『모시서』에 의하면 태자 홀(忽)을 풍자했다. 정 나라 태자 홀이 제 나라에 공이 있었으므로 제 나라 임금이 딸을 시집보내려고 청했다. 태자 홀은 제 나라 공주가 똑똑했는데도 취하지 않았다. 그러다가 마침내 강대국의 도움을 받지 못해 축출당하는 데 이르렀다. 그러므로 나라 사람들이 그것을 풍자했다.

10. 산유부소(山有扶蘇) / 산에 채진목 자라고

산에 채진목 자라고
늪에 연꽃 피었거늘
자도(子都)씨는 안 보이고
미친놈들만 나타나네

산에 소나무 높게 솟고
늪에 털여뀌 왕성하거늘
자충(子充)씨는 안 보이고
교활한 놈들만 가득하네

山有扶蘇
山有扶蘇 隰有荷華 不見子都 乃見狂且
山有喬松 隰有游龍 不見子充 乃見狡童

扶蘇(부소): 중국채진목(棠振木). Amelanchier sinica (Schneid) Chun. 장미과
　　낙엽교목. 관련 고명: 棣, 唐棣. 소남(召南) '하피농의(何彼穠矣)'에 다오는
　　당체(唐棣)와 같은 나무이다.(그림은 『모시품물도고』에서)
濕(습): 습지. 늪지.
荷(하): 연꽃. Nelumbo nucifera Gaerin. 연꽃과 여러해
　　살이 수초.(그림은 『모시품물도고』에서)

子都(자도): 멋있는 남성을 일컫는 말.
狂(광): 미치다.
橋(교): 나무의 키가 크다.
松(송): 소나무. Pinus tabulaeformis. Pinus densiflora. 소
　　나무과 상록침엽교목.
遊(유): 번성하다.
龍(룡): 털여뀌. Polygonum orientale L. 마디풀과 한해

　　살이풀.(그림은 『모시품물도고』에서)
子充(자충): 멋있는 남성을 일컫는 말.
狡(교): 교활하다.
童(동): 아이.

해설: 모든 연이 흥이다. 어떤 여자가 자신이 찾는 이상형이 안보이고 맘에
안든 사내들만 만나게 된 것을 싫어한 시이다.
* 『모시서』에 의하면 태자 홀을 풍자했다.

11. 탁혜(蘀兮) / 낙엽을 흩날리며

낙엽을 흩날리며
바람이 당신에게 불어오네
오, 그대여
함께 노래불러요

낙엽을 흩날리며
바람이 당신에게 부딪치네
오, 그대여
함께 노래불러요

蘀兮
蘀兮蘀兮 風其吹女 叔兮伯兮 倡予和女
蘀兮蘀兮 風其漂女 叔兮伯兮 倡予要女

蘀(탁): 낙엽. 떨어지다.
倡(창): 함께 노래하다.
叔(숙): 셋째 아들.
伯(백): 첫째 아들.
予(여): 나.

女(여): 너.

漂(표): 회오리 바람.

要(요): 음악이 끝나다.

해설: 모든 연이 흥이다. 여자가 사랑의 감정을 표시했다.

*『모시서』에 의하면 태자 홀을 풍자했다. 임금이 약하고 신하가 강해 군주
 가 선창하여도 신하가 화답하지 않았다.

12. 교동(狡童) / 교활한 녀석

저 교활한 녀석
나와 말도 안 하네
너 때문에
밥맛도 나지 않아

저 교활한 녀석
나와 식사도 하지 않네
너 때문에
잠도 오지 않아

狡童

彼狡童兮 不與我言兮 維子之故 使我不能餐兮

彼狡童兮 不與我食兮 維子之故 使我不能息兮

狡童(교동): 교활한 녀석. 사내를 욕하는 어투.

維(유): 오직.
息(식): 쉬다.

해설: 모든 연이 부이다. 어떤 여자가 남자의 차가운 태도에 번민했다.
  *『모시서』에 의하면 태자 홀을 풍자했다. 현인과 함께 나라의 일을 도모하
   지 못하고 권세를 쥔 신하들이 명령을 전횡했다.

13. 건상(褰裳) / 치맛자락 걷고

그대가 정말 나를 사랑한다면
치맛자락 걷고 진(溱)강을 건너겠지
그대가 나를 사랑하지 않으니
어찌 또 남자가 없겠소?
미친새끼 중에 미친새끼야

그대가 정말 나를 사랑한다면
치맛자락 걷고 유(洧)강을 건너겠지
그대가 나를 사랑하지 않으니
어찌 또 남자가 없겠소?
미친새끼 중에 미친새끼야

褰裳
子惠思我 褰裳涉溱 子不我思 豈無他人 狂童之狂也且
子惠思我 褰裳涉洧 子不我思 豈無他士 狂童之狂也且

惠(혜): 진심으로.

褰(건): 옷자락을 추어 올리다.

裳(상): 치마.

涉(섭): 건너다.

溱(진): 강 이름. 하남성(河南省) 밀현(密縣)에서 발원해 정(鄭) 나라 수도인
신정(新鄭)에서 유(洧) 강과 합한다.

狂童(광동): 미친 놈.

也且(야차): 어조사.

洧(유): 강 이름. 하남성(河南省) 등봉현(登封縣)에서 발원해 동쪽 정(鄭) 나
라 수도를 거쳐 동남쪽에 있는 영(潁)강으로 흘러든다.

士(사): 아직 혼인하지 않은 남자.

해설: 모든 연이 부이다. 여자가 남자의 거짓된 사랑을 욕한 시이다.

*『모시서』에 의하면 바로잡아주기를 생각한 시이다. 미친 어린애가 멋대
로 행동하자 나라 사람들은 강대국이 자기나라를 바로잡아주기를 소망
했다.

14. 봉(丰) / 멋 있는

멋 있는 그대
거리에서 나를 기다렸지
아쉬웠네, 만나지 않았던 것

힘찬 그대
사랑채에서 나를 기다렸지

아쉬웠네, 나가지 않았던 것

비단 저고리에 홑옷을 덧입고
비단 치마에 홑치마를 덧입었네
오, 그대여
수레를 채비하여 그대에게 가리라

비단 치마에 홑치마를 덧입고
비단 저고리에 홑옷을 덧입었네
오, 그대여
수레를 채비하여 그대에게 시집가리라

丰
子之丰兮 俟我乎巷兮 悔予不送兮
子之昌兮 俟我乎堂兮 悔予不將兮
衣錦褧衣 裳錦褧裳 叔兮伯兮 駕予與行
裳錦褧裳 衣錦褧衣 叔兮伯兮 駕予與歸

〈子之丰兮〉
丰(봉): 풍만하다. 풍성하다.
巷(항): 거리. 궁궐 안의 통로나 복도.
悔(회): 뉘우치다.
送(송): 만나러 가다.

〈子之昌兮〉
昌(창): 힘차다.

堂(당): 집에서 중심이 되는 건물. 사랑채.

將(장): 만나러 가다.

⟨衣錦褧衣-裳錦褧裳⟩

衣錦(의금): 비단으로 만든 문채나는 예복을 입다.

褧衣(경의): 홑옷. 재질이 얇아서 안에 입은 비단옷이 비친다.

叔(숙): 셋째 아들.

伯(백): 첫째 아들.

駕(가): 말에 멍에 씌우다. 수레의 달릴 채비를 하다.

歸(귀): 시집가다.

해설: 모든 연이 부이다. 어떤 여자가 혼인의 기회를 미루다가 마침내 마음
    을 결정했다.

 *『모시서』에 의하면 혼란을 풍자한 시이다. 혼인의 도가 사라져 양기가
    선창하는데도 음기가 화답하지 않고 남자가 가는데도 여자가 따르지 않
    았다.

15. 동문지선(東門之墠) / 동문 땅

동문의 쳐쳐한 땅
그 비탈에 갈퀴꼭두서니 자라죠
이렇게 집이 가까운데
그 사람은 너무 멀어요

동문에 밤나무 자라고

집들 줄지어 있지요
그대만을 사모하건만
나에게 오지 않아요

東門之墠
東門之墠 茹藘在阪 其室則邇 其人甚遠
東門之栗 有踐家室 豈不爾思 子不我卽

〈東門之墠〉
東門(동문): 정(鄭) 나라 수도의 동쪽에 있는 문.
墠(선): 넓은 땅을 정갈하게 손질하다.
茹藘(여려): 갈퀴꼭두서니. Rubia cordifolia L. 꼭두서니과 다년생 덩굴초본
　식물. 전국에 분포하며 무리지어 자라는 덩굴식물로 뿌리에서 빨간 물감
　을 뽑아 염료로 사용한다.

茹藘

阪(판): 비탈.
室(실): 집.
邇(이): 가깝다.

〈東門之栗〉
栗(율): 밤나무. Castanea mollissima Bl. 참나무과 낙엽활엽교목 과일나무.
有踐(유천): 줄지어 가는 모양.
卽(즉): 만나러 오다.

해설: 모든 연이 부이다. 연애시이다.
　*『모시서』에 의하면 혼란을 풍자했다. 남녀가 예를 기다리지 않고 서로
　음란했다.

16. 풍우(風雨) / 비바람

비바람 차갑게 몰아치고
꼬꼬대 닭이 우네
이미 내 님을 만났으니
어찌 편안하지 않으리?

비바람 거세게 몰아치고
꼬끼오 닭이 우네
이미 내 님을 만났으니
어찌 좋지 않으리?

비바람 어둑히 몰아치고
닭 울음 그치지 않네
이미 내 님을 만났으니
어찌 기쁘지 않으리?

風雨
風雨淒淒 雞鳴喈喈 旣見君子 云胡不夷
風雨瀟瀟 雞鳴膠膠 旣見君子 云胡不瘳
風雨如晦 雞鳴不已 旣見君子 云胡不喜

淒淒(처처): 차갑고 싸늘한 모양.
喈喈(개개): 닭 울음 소리.
旣(기): 이미.
云胡(운호): 어떻게.

夷(이): 평정. 평이.

瀟瀟(소소): 거세게 바람불며 비오는 소리.

膠膠(교교): 닭 울음 소리.

瘳(추): 병이 낫다.

晦(회): 어둡다.

해설: 모든 연이 부이다. 남편이 멀리 나가 외롭게 살던 부인이 남편이 집에
　　　돌아오자 읊은 시이다.

　* 『모시서』에 의하면 군자를 그리워했다. 난세에 군자가 법도를 바꾸지
　　　않음을 그리워했다.

17. 자금(子衿) / 당신의 옷고름

푸르른 당신의 옷고름
아득한 내 마음
비록 당신에게 못 갔지만
그렇다고 소식 한자 없나요

푸르른 당신의 옥장식
아득한 내 마음
비록 당신에게 못 갔지만
그렇다고 오지도 않나요

이리저리 서성이며
누각 위를 거닐어요

하루라도 당신을 못 보면
세 달을 기다린듯 하다오

子衿
青青子衿 悠悠我心 縱我不往 子寧不嗣音
青青子佩 悠悠我思 縱我不往 子寧不來
挑兮達兮 在城闕兮 一日不見 如三月兮

青青(청청): 푸른 모양.

子衿(자금): 옷고름. '衿子'가 도치된 형태.

悠悠(유유): 아득히.

縱(종): 가령.

寧(령): 어찌.

嗣(사): 잇다.

音(음): 소식.

子佩(자패): 옷에 매다는 장식물. '佩子'의 도치된 형태.

挑兮達兮(도혜달혜): 이리저리 불안하게 서성이는 모양.

城闕(성궐): 성문(城門) 양 옆에 있는 두 개의 누각. 누각의 위쪽은 둥글고
    아래쪽은 사각형이며 그 가운데가 비었으므로 '궐(闕)'이라고 불렀다. 후
    대의 '성문루(城門樓)'이다.

해설: 모든 연이 부이다. 실연(失戀)한 여자가 탄식한 시이다.

 *『모시서』에 의하면 학교가 폐지됨을 풍자했다. 세상이 혼란해지면 학교
    가 수립되지 않는다.

18. 양지수(揚之水) / 출렁이는 물결

출렁이는 물결
묶어놓은 좀목형도 흘려보내지 못 하네
형제가 적은지라
너와 나 뿐이거늘
남의 말을 믿지 말게나
남은 너를 속일 뿐이니

출렁이는 물결
묶어놓은 섶나무도 흘려보내지 못 하네
형제가 적은지라
우리 두 사람 뿐이거늘
남의 말을 믿지 말게나
남은 참으로 믿기 어려우니

揚之水

揚之水 不流束楚 終鮮兄弟 維予與女 無信人之言 人實迋女
揚之水 不流束薪 終鮮兄弟 維予二人 無信人之言 人實不信

揚(양): 출렁이다.

束楚(속초): 묶어놓은 좀목형.

終鮮(종선): 매우 드문.

維(유): 오직.

女(여): 너.

迋(광): 속이다.

束薪(속신): 묶어놓은 섶나무.

해설: 모든 연이 흥이다. 이별한 형제가 세상살이의 어려움에 대해 읊었다.
*『모시서』에 의하면 신하가 없음을 걱정한 시이다. 군자들이 태자 홀에게
충성스러운 신하와 어진 신하가 없어 끝내 죽음에 이른 것을 안타까워했다.

19. 출기동문(出其東門) / 동문을 나서니

동문을 나서니
아가씨들 구름처럼 많네
저렇게 많더라도
내 관심 밖이라오
하얀 옷에 연두색 두건 쓴
그녀만 사랑스러워요

성곽 망루를 나서니
아가씨들 띠풀처럼 많네
저렇게 많더라도
내 관심 밖이라오
하얀 옷에 빨간 스카프 쓴
그녀만 좋아해요

出其東門
出其東門 有女如雲 雖則如雲 匪我思存 縞衣綦巾 聊樂我員
出其闉闍 有女如荼 雖則如荼 匪我思且 縞衣茹藘 聊可與娛

〈出其東門〉

其(기): 어조사.

如雲(여운): 구름처럼 많은 모양.

雖則(수칙): 비록 ~할지라도.

匪(비): 아니다.

思存(사존): 마음 깊이 사모하다.

縞(호): 하얀 명주실.

綦(기): 연두빛 비단.

巾(건): 두건.

聊(련): 오직.

員(원): 어조사.

〈出其闉闍〉

闉(인): 성곽문.

闍(도): 망루.

荼(도): 하얀 띠풀의 이삭.

茹藘(여려): 갈퀴꼭두서니. Rubia cordifolia L. 꼭두서니과 다년생 덩굴초본 식물. 갈퀴꼭두서니의 뿌리에서 빨간 물감을 뽑아서 천을 염색한다. 여기 서는 붉게 염색한 천을 착용한 것을 묘사하고 있다.

娛(오): 즐기다.

해설: 모든 연이 부이다. 남자가 여자를 사랑하는 마음을 읊었다.

　＊『모시서』에 의하면 난리를 안타까워했다. 공자(公子) 다섯이 임금의 자리 를 다투어 전쟁이 끝나지 않자 남녀가 서로를 버리니, 백성이 가정을 보호하고자 했다.

20. 야유만초(野有蔓草) / 들판에 덩굴 뻗고

들판에 뻗은 덩굴
방울방울 이슬 맺혔네
저 멋있는 사내
이마가 훤칠하네
마주쳐 서로 만나보니
내 마음에 꼭 들어요

들판에 뻗은 덩굴
흠뻑 이슬 맺혔네
저 멋있는 사내
이마가 원칠하네
마주쳐 서로 만나보니
함께 있으면 참 좋아요

野有蔓草

野有蔓草 零露漙兮 有美一人 清揚婉兮 邂逅相遇 適我願兮
野有蔓草 零露瀼瀼 有美一人 婉如清揚 邂逅相遇 與子偕臧

〈野有蔓草1〉
野(야): 들판. 교(郊) 밖을 야(野)라고 한다.
蔓草(만초): 덩굴 식물.
零(영): 내리다.
露(로): 이슬.
漙(부): 이슬이 많은 모양.

清揚(청양): 이마.

婉(완): 예쁘다.

邂逅(해후): 만나다.

〈野有蔓草2〉

瀼瀼(양양): 이슬이 많이 내린 모양.

偕(해): 함께.

臧(장): 좋다.

해설: 모든 연이 부와 흥이다. 애정시이다.

 *『모시서』에 의하면 때를 만나고자 했다. 군자의 은택이 아래로 흐르지
  않아 백성이 전쟁에 곤궁해지고, 남녀가 때를 잃게 되어 날짜를 잡지도
  않고 서로 만나고자 했다.

21. 진유(溱洧) / 진강과 유강

진(溱)강과 유(洧)강

가득 흐르고

청춘남녀

등골나물 꺾어 들었네

아가씨 말하길, "유람했나요?"

청년 대답하길, "벌써 유람했소만"

다시 놀러 갈까요?

유(洧)강 너머에

참으로 넓고 좋은 곳 있지요

청춘남녀
서로 놀려대며
작약 꽃을 선물하네

진(溱)강과 유(洧)강
맑고 깊은 물 흐르고
청춘남녀
가득 붐비네
아가씨 말하길, "유람했나요?"
청년 대답하길, "벌써 유람했소만"
다시 놀러 갈까요?
유(洧)강 너머에
참으로 넓고 좋은 곳 있지요
청춘남녀
서로 놀려대며
작약 꽃을 선물하네

溱洧

溱與洧 方渙渙兮 士與女 方秉蕳兮 女曰觀乎 士曰旣且 且往觀乎 洧之外
　洵訏且樂 維士與女 伊其相謔 贈之以勺藥
溱與洧 瀏其淸矣 士與女 殷其盈矣 女曰觀乎 士曰旣且 且往觀乎 洧之外
　洵訏且樂 維士與女 伊其將謔 贈之以勺藥

〈溱與洧1〉
溱(진): 강 이름. 하남성(河南省) 밀현(密縣)에서 발원해 정(鄭) 나라 수도인
　신정(新鄭)에서 유(洧)강과 합한다.

洧(유): 강 이름. 하남성(河南省) 등봉현(登封縣)에서 발원해 동쪽 정(鄭) 나라 수도를 거쳐 동남쪽에 있는 영(潁)강으로 흘러든다.

渙渙(환환): 강물이 가득 흐르는 모양.

秉(병): 잡다.

蕑(간): 등골나물. Eupatorium japonicum Thunb. 고명건·모설비의 『시경동식물도설』에는 Eupatorium Fortunei라고 나와 있다. 70센티미터 정도로 자라는 국화과 여러해살이풀. 예부터 유명한 향초이다. 군자를 상징하며 몸에 차면 부정한 기운을 제거할 수 있다고 전한다.

旣(기): 이미.

且(차): 어조사.

且(차) 어조사.

往(왕): 가다.

觀(관): 보다.

洵(순): 진실로.

訏(우): 크다.

維(유): 어조사.

伊(이): 어조사.

相謔(상학): 서로 놀리다.

贈(증): 주다.

蕑

勺藥

勺藥(작약): 작약. Paeonia lactiflora Pall. 작약과 여러해살이풀. 꽃잎은 도란형으로 5센티미터 정도로 피며 향기가 진하다.

〈溱與洧2〉

瀏(류): 물이 맑고 깊다.

殷(은): 많다.

將(장): 크다.

해설: 모든 연이 부와 흥이다. 정(鄭) 나라 청춘남녀가 봄에 연애하는 장면을 읊었다. 주희(朱熹)에 의하면 정(鄭) 나라는 음력 3월 첫번째 뱀날(巳日) 진(溱)강과 유(洧)강 주변에서 꽃을 따서 재앙을 막는 풍속이 있다고 한다.

* 『모시서』에 의하면 혼란을 풍자했다. 남녀가 서로를 버리고 음란함이 크게 유행하여 구제할 수 없었다.

제8권. 제풍(齊風)

태공(太公)

애공(哀公)

헌공(獻供)

무공(武公)

여공(厲公)

문공(文公)

성공(成公)

장공(莊公)

이공(釐公)

양공(襄公)

환공(桓公)

제(齊) 나라는 임치(臨淄) 땅을 도읍으로 하여 산동성(山東省) 일대를 점유한 큰 나라였다. 북쪽으로는 무체(無棣) 땅, 남쪽으로는 목릉(穆稜) 땅, 서쪽으로는 황하에 이르는 땅을 소유했다. 청주(青州), 치주(淄州), 덕주(德州), 체주(棣州) 등지가 거기에 속한다. 제(齊) 나라 시조인 태공(太公) 망(望)은 무왕(武王)을 도와 상(商) 나라를 정복했다. 5대 애공(哀公)은 태만하여 주(周) 나라 의왕(懿王)에게 팽살(烹殺) 당했다.

1. 계명(鷄鳴) / 닭이 울고

"벌써 닭이 울었으니
조정에 사람들이 모였을 거예요"
닭이 운게 아니라
파리가 운거라오

"벌써 동텄으니
조정이 사람들로 북적될 거예요"
동튼게 아니라
달빛일 뿐이라오

"날이 밝아 벌레들 윙윙거려도
그대와 함께 달콤한 꿈속에 빠지지요"
조정에 갔다가 돌아오면
나 때문에 당신이 미움을 사지 말았으면 하오

雞鳴

雞旣鳴矣 朝旣盈矣 匪雞則鳴 蒼蠅之聲

東方明矣 朝旣昌矣 匪東方則明 月出之光

蟲飛薨薨 甘與子同夢 會且歸矣 無庶予子憎

蒼蠅　

矣(의): 어조사.

朝(조): 조정.

盈(영): 가득차다.

蒼蠅(창승): 집파리. Musca domestica vicina. 파리목[雙翅目] 집파리과 곤충.

(그림은 『모시품물도고』에서)

昌(창): 창성하다.

薨薨(홍홍): 벌레가 나는 소리.

甘(감): 즐거워하다.

夢(몽): 꿈결에.

會(회): 조회를 하다.

且(차): 어조사.

憎(증): 미워하다.

해설: 모든 연이 부이다. 한밤중에 만나서 연애하는 장면을 읊었다.

*『모시서』에 의하면 현명한 후비를 그리워한 시이다. 애공(哀公)이 음란함에 빠져 태만하였으므로 현명한 후비와 정녀(貞女)가 밤낮으로 경계했다.

2. 선(還) / 민첩하도다

민첩한 그대를
노(峱)산 근처에서 만났죠
함께 멧돼지 몰며
날쌔다고 나를 칭찬하였죠

건장한 그대를
노(峱)산 길에서 만났죠
함께 숫사슴 몰며
잘한다고 나를 칭찬하였죠

기운찬 그대를

노(猫)산 양지에서 만났죠

함께 말승냥이를 몰며

솜씨 좋다고 나를 칭찬하였죠

還

子之還兮 遭我乎猫之間兮 竝驅從兩肩兮 揖我謂我儇兮

子之茂兮 遭我乎猫之道兮 竝驅從兩牡兮 揖我謂我好兮

子之昌兮 遭我乎猫之陽兮 竝驅從兩狼兮 揖我謂我臧兮

〈子之還兮〉

還(선): 민첩하다. 이곳에서는 '선'으로 발음된다.

遭(조): 만나다.

乎(호): ~에.

猫(노): 산 이름. 지금의 산동성(山東省) 임치(臨淄) 남부.

竝(병): 함께. 나란히.

從(종): 좇다. 따르다.

肩(견): 세 살 된 돼지. 『광아』에 의하면 한 살 먹은 짐승을 종(豵), 두 살 먹은 짐승을 파(豝), 세 살 먹은 짐승을 견(肩)이라고 부른다.

揖(읍): 양 손을 끼고 예를 표하는 것.

儇(현): 빠르다. 날래다.

〈子之茂兮-子之昌兮〉

茂(무): 멋있다.

昌(창): 힘차다.

陽(양): 산의 남쪽.

狼(낭): 말승냥이. Canis lupus. 개과 포유동물.(그림은 『모시품물도고』에서)

臧(장): 좋다.

狼

해설: 모든 연이 부이다. 사냥 잘하는 사람을 찬미한 시이다.

* 『모시서』에 의하면 사냥에 빠짐을 풍자했다. 애공(哀公)이 사냥을 좋아하여 동물을 쫓아다니면서도 만족하지 않았다. 나라 사람들이 거기에 동화되어 그러한 풍속을 이루어 사냥에 익숙한 것을 현명하다고 하고, 말을 달려 짐승을 쫓는데 익숙한 것을 좋다고 하기에 이르렀다.

3. 저(著) / 대문에서

대문에서 나를 기다리네
흰 실로 보석 귀마개 달고
붉은 옥도 달았네

뜰에서 나를 기다리네
푸른 실로 보석 귀마개 달고
반짝이는 옥도 달았네

사랑채에서 나를 기다리네
노란 실로 보석 귀마개 달고
화려한 옥도 달았네

著

俟我於著乎而　充耳以素乎而　尚之以瓊華乎而

俟我於庭乎而　充耳以青乎而　尚之以瓊瑩乎而

俟我於堂乎而　充耳以黃乎而　尚之以瓊英乎而

〈俟我於著乎而〉

俟(사): 기다리다.

著(저): 문과 병풍 사이(門屛之間).

乎而(호이): 어조사.

充耳(충이): 옥으로 된 귀를 막는 장식.

素(소): 하얀 실.

尚(상): 더하다.

瓊華(경화): 흰 끈 끝에 매단 옥.

〈俟我於庭乎而-俟我於堂乎而〉

庭(정): 뜰.

青(청): 푸른 끈.

堂(당): 집에서 중심이 되는 건물. 사랑채.

黃(황): 노란 끈.

英(영): 꽃부리.

해설: 모든 연이 부이다. 신부를 맞이하는 신랑의 용모를 읊었다.

 *『모시서』에 의하면 친영을 하지 않던 당시의 풍속을 풍자했다.

4. 동방지일(東方之日) / 동쪽에 해 뜨고

동쪽에 해 뜨고
저 예쁜 아가씨
방에 있어요
내 집 방에 있어요
나를 따라 들어왔지요

동쪽에 달 뜨고
저 예쁜 아가씨
문에 있어요
내 집 문에 있어요
나를 따라 나서지요

東方之日
東方之日兮 彼姝者子 在我室兮 在我室兮 履我卽兮
東方之月兮 彼姝者子 在我闥兮 在我闥兮 履我發兮

東方(동방): 동쪽.
姝者子(주자자): 예쁜 아가씨.
室(실): 방.
履(리): 따라오다.
卽(즉): 나아가다.
闥(달): 문 안쪽.

해설: 모든 연이 흥이다. 신부를 맞이한 시이다.

*『모시서』에 의하면 풍속의 쇠퇴를 풍자했다. 임금과 신하가 도리를 잃고
  남자와 여자가 음란하여 예로써 교화할 수 없었다.

5. 동방미명(東方未明) / 동트기 전

아직 동도 안 텄거늘
치마 저고리 바꿔 입어요
부랴부랴
조정에서 부름 있었죠

아직 동도 안 텄는데
치마 저고리 바꿔 입어요
부랴부랴
조정에서 명령 있었죠

수양버들 꺾어서 밭에 울타리를 치면
미친 사람도 두려워하거늘
새벽과 밤도 구별 못하나
너무 이르지 않으면 너무 늦지요

東方未明
東方未明 顚倒衣裳 顚之倒之 自公召之
東方未晞 顚倒裳衣 倒之顚之 自公令之
折柳樊圃 狂夫瞿瞿 不能晨夜 不夙則莫

〈東方未明-東方未晞〉

顚倒(전도): 서둘러 옷을 입다보니, 위와 아래 또는 안과 밖이 바뀌다.

衣(의): 윗도리 옷

裳(상): 치마.

公(공): 임금. 조정.

令(령): 명령하다.

〈折柳樊圃〉

折(절): 꺾다.

柳(류): 수양버들. Salix babylonica L. 버드나무과 낙엽활엽교목으로 물가에서 자란다(그림은 『모시품물도고』에서)

樊(번): 울타리를 치다.

圃(포): 밭.

狂夫(광부): 미친 사람.

瞿瞿(구구): 놀라 두리번거리는 모양.

夙(숙): 이른 아침. 이르다.

莫(모): 저물다. 늦다.

柳

해설: 1연과 2연은 부이고, 3연은 비이다. 임금이 아무 때나 신하를 부르자 임금에게 직접 욕하지 못하고 전령을 탓했다.

*『모시서』에 의하면 절도가 없음을 풍자했다. 조정에서는 일어나고 거처함에 절도가 없고 호령이 때에 맞지 않아 시각을 담당한 관리가 그 직책을 관장하지 못했다.

6. 남산(南山) / 남산

우뚝한 남산에
숫여우 느릿느릿 서성이네요
노(魯) 나라 가는 길 평탄하여
그 길로 제(齊) 나라 공주 시집갔지요
이미 시집갔지요
어찌 여태 그녀를 그리겠어요?

칡덩굴 신발 다섯 켤레에
갓끈 두 개 준비했죠
노(魯) 나라 가는 길 평탄하여
그 길로 제(齊) 나라 공주 시집갔지요
이미 시집갔지요
어찌 여태 그녀를 구하겠어요?

삼나무를 어떻게 심을까?
가로세로 밭이랑을 쳐야 하지요
신부를 어떻게 구할까?
반드시 부모에게 알려야 하지요
그녀는 이미 부모에게 알렸으니
어찌 말걸 수 있겠어요?

장작을 어떻게 팰까?
도끼 없이는 못 하지요
신부를 어떻게 구할까?

중매자 없이는 못 하지요
그녀는 이미 중매자를 얻었으니
어찌 접근할 수 있겠어요?

南山

南山崔崔 雄狐綏綏 魯道有蕩 齊子由歸 旣曰歸止 曷又懷止
葛屨五兩 冠緌雙止 魯道有蕩 齊子庸止 旣曰庸止 曷又從止
蓺麻如之何 衡從其畝 取妻如之何 必告父母 旣曰告止 曷又鞠止
析薪如之何 匪斧不克 取妻如之何 匪媒不得 旣曰得止 曷又極止

〈南山崔崔〉

南山(남산): 산 이름. 제(齊) 나라 수도인 임치(臨淄) 남부.

崔崔(최최): 산이 높은 모양.

雄(웅): 수컷.

狐(호): 여우. Vulpes velpes. 식육목 개과. 여기서는 느릿느릿 어슬렁거리는
   모습으로 사특하게 짝을 구하는 것을 비유한다.

綏綏(수수): 느릿느릿.

魯道(노도): 제(齊) 나라에서 노(魯) 나라로 가는 큰 길.

有蕩(유탕): 평탄한 모양.

齊子(제자): 제(齊) 나라의 아가씨. 노(魯) 나라 환공(桓公)의 처 문강(文姜)을
   가리킨다.

由(유): 말미암아.

歸(귀): 시집가다.

曰(왈): 어조사.

止(지): 어조사.

曷(갈): 어찌.

悔(회): 마음에 품다.

〈葛屨五兩〉

葛屨(갈구): 칡덩굴로 만든 신발. 신발에 짝이 있음을 가리킨다.

五兩(오량): 다섯 켤레.

冠緌(관유): 갓끈. 갓 끈이 정해진 짝이 있는 것을 가리킨다.

雙(쌍): 두 개.

止(지): 어조사.

庸(용): 말미암다.

從(종): 추구하다.

〈蓺麻如之何〉

蓺(예): 심다.

衡從(형종): 가로와 세로.

畝(무): 밭 이랑.

鞠(국): 곤궁하다.

〈析薪如之何〉

析薪(석신): 쪼개놓은 섶나무.

克(극): 능히 ~할 수 있다. 의미가 매우 약하므로 해석하지 않아도 된다.
 어조사.

極(극): 이르다. 추구하다.

해설: 1연과 2연은 비이고, 3연과 4연은 흥이다. 불륜에 대해 비판한 시이다.
 B.C. 708년 노(魯) 나라 환공(桓公)은 제(齊) 나라 공주 문강(文姜)과
 결혼했다. 문강은 시집오기 전 오빠와 사랑하는 감정이 있었다. 나중

에 문강은 오빠가 제 나라 임금 즉 양공(襄公)으로 즉위하자 노 나라
환공과 함께 제 나라를 방문했다. 이 기간에 문강은 오빠 양공(襄公)과
정을 나누었다. 화가 난 노 나라 환공이 문강을 꾸짖다 살해되었다.
* 『모시서』에 의하면 양공(襄公)을 풍자했다. 양공이 금수의 행동으로 자기
의 누이와 간음하자 대부가 이러한 악행에 대해 비판하는 시를 짓고 그를
떠났다.

7. 보전(甫田) / 넓은 밭

광대한 밭을 갈지 말게나
강아지풀 너무 무성하다네
멀리 있는 사람 사모하지 말게나
근심으로 마음 아프다네

광대한 밭을 갈지 말게나
강아지풀 너무 우거졌다네
멀리 있는 사람 사모하지 말게나
근심으로 마음 답답하다네

귀엽고 예쁘게
머리카락 땋던 소년들
어느 새인지
벌써 모자 쓰고 다닌다네

甫田

無田甫田　維莠驕驕　無思遠人　勞心忉忉

無田甫田　維莠桀桀　無思遠人　勞心怛怛

婉兮孌兮　總角丱兮　未幾見兮　突而弁兮

〈無田甫田1-2〉

田(전): 밭갈다.

甫田(보전): 넓은 밭.

莠(유): 강아지풀. Setaria viridis (L.) Beauv. 벼목 화본과 한해살이풀.『爾雅
　　翼』에 의하면 강아지풀은 곡식을 해치는 식물이다. 강아지풀은 어렸을
　　때 그 형태가 벼와 비슷하다.(그림은『모시품물도고』에서)

驕驕(교교): 높고 크게 자란 모양.

勞心(노심): 근심.

忉忉(도도): 근심하는 모양.

桀桀(걸걸): 크게 자란 모양.

怛怛(달달): 근심하는 모양.

莠

〈婉兮孌兮〉

婉(와): 예쁘다.

孌(연): 아름답다.

總角(총각): 혼인하기 전까지 머리카락을 두 갈래로 땋아 묶은 모양.

未幾(미기): 얼마 되지 않아.

突而(돌이): 갑자기.

弁(변): 짐승 가죽으로 만든 모자.

해설: 모든 연이 비이다. 멀리 있는 님이 빨리 돌아오기를 원했지만 세월만

무상하게 흐르고 말았다.

*『모시서』에 의하면 대부가 양공을 풍자했다. 양공은 예의가 없으면서도 큰 공을 구하고, 자기의 덕을 닦지 않으면서도 제후들의 호응을 구해 뜻만 크고 마음이 수고로우니, 그것은 구한 것이 도리가 아니었기 때문이다.

8. 노령(盧令) / 사냥개 방울

사냥개 방울 딸랑거리네
그 주인 멋있고 마음씨도 좋아라

사냥개 등근 고리 달았네
그 주인 멋있고 긴 머리카락 아름다워라

사냥개 사슬고리 달았네
그 주인 멋있고 구렛나루 무성하여라

盧令
盧令令 其人美且仁
盧重環 其人美且鬈
盧重鋂 其人美且偲

盧(노): 사냥개.
令令(령령): 개 목에 묶어놓은 방울 부딪치는 소리.
美(미): 아름답다.
仁(인): 어질다.

重環(중환): 두 개의 고리. 큰 고리에 작은 고리가 끼워져 있다.

鬈(권): 아름다운 머리카락.

重鋂(중매): 사슬고리. 한 개의 큰 고리에 두 개의 작은 고리가 끼워져 있다.

偲(시): 수염. 구렛나루.

해설: 모든 연이 부이다. 사냥꾼의 모습을 읊었다.

 *『모시서』에 의하면 양공이 사냥에 빠진 것을 풍자했다.

9. 폐구(敝笱) / 깨어진 통발

다리 밑 깨어진 통발에
방어와 환어 들락날락
제(齊) 나라 공주 고향으로 돌아가자
따르는 사람들 구름처럼 많네

다리 밑 깨어진 통발에
방어와 백연어 들락날락
제(齊) 나라 공주 고향으로 돌아가자
따르는 사람들 비처럼 많네

다리 밑 깨어진 통발에
물고기떼 들락날락
제(齊) 나라 공주 고향으로 돌아가자
따르는 사람들 강물처럼 많네

敝笱

敝笱在梁　其魚魴鰥　齊子歸止　其從如雲

敝笱在梁　其魚魴鱮　齊子歸止　其從如雨

敝笱在梁　其魚唯唯　齊子歸止　其從如水

〈敝笱在梁1〉

敝(폐): 해지다. 깨지다. 통발이 깨졌다는 것은 정조가 깨진 것을 비유한다.

笱(구): 통발.

梁(양): 돌로 교각을 세워 통나무를 나란히 얹어서
　　묶어 만든 다리.

鰥

魴(방): 방어. Megalobrama terminalis. 농어목 전갱이과.

鰥(환): 환어. 잉어목 잉어과 육식성 물고기.
　　Elopichthys bambusa.(그림은 『모시명물도설』에서)

齊子(제자): 제(齊) 나라 아가씨. 노(魯) 나라 환공(桓
　　公)의 처 문강(文姜)을 가리킨다.

鱮

歸(귀): 고향인 제 나라로 돌아가다.

止(지): 어조사.

從(종): 따르는 사람. 음란하게 따르는 것을 뜻한다.

〈敝笱在梁2-3〉

鱮(서): 연어. Hypophthalmichthys molitrix. 잉어목 잉어과(Cyprinidae)에 속
　　하는 민물고기.(그림은 『모시명물도설』에서)

唯唯(유유): 물고기떼가 자유롭게 통발속을 들락날락 하는 모양.

如水(여수): 강물처럼.

해설: 모든 연이 비이다. 제(齊) 나라 공주 문강(文姜)이 노(魯) 나라 환공(桓
　　公)에게 시집갔음에도 문란하게 오빠인 제 나라 양공과 간통한 것을

풍자했다. 『춘추좌전』에 의하면 문강은 노 나라 장공(莊公) 2년에 작(禚) 땅에서 제 나라 군주인 양공(襄公)과 만났고, 4년에 축구(祝丘) 땅에서 제 나라 양공에게 연향을 베풀어주었고, 5년에 제 나라 군대가 있는 곳으로 갔고, 7년에 방(防) 땅과 곡(穀) 땅에서 제 나라 양공과 만났다. 통발은 문강을 비유하고, 물고기는 문강과 불륜의 정을 통했던 문강의 오빠 제 나라 양공(襄公)을 비유한다.

* 『모시서』도 같다.

10. 재구(載驅) / 말을 재촉하며

휙휙 달리는 수레
대자리와 붉은 가죽 장식하고
노(魯) 나라 길 평탄하여
제(齊) 나라 공주 아침에 출발하여 저녁에 도착하네

무리지은 가라말 네 마리
치렁치렁 고삐를 드리우고
노(魯) 나라 길 평탄하여
제(齊) 나라 공주 즐겁게 달리네

도도히 흐르는 문(汶)강에
행인들 무리짓고
노(魯) 나라 길 평탄하여
제(齊) 나라 공주 줄지어 달리네

도도히 흐르는 문(汶)강에
행인들 붐비고
노(魯) 나라 길 평탄하여
제(齊) 나라 공주 거니네

載驅

載驅薄薄 簟茀朱鞹 魯道有蕩 齊子發夕
四驪濟濟 垂轡濔濔 魯道有蕩 齊子豈弟
汶水湯湯 行人彭彭 魯道有蕩 齊子翱翔
汶水滔滔 行人儦儦 魯道有蕩 齊子遊敖

〈載驅薄薄〉

載(재): 어조사.

驅(구): 말몰다.

薄薄(박박): 수레를 빨리 달리는 소리 또는 모양.

簟(점): 대자리. 멍석.

茀(불) 수레 가리개. 수레의 앞과 뒤를 가리는 막.

朱(주): 붉은색.

鞹(곽): 무두질한 가죽. 털을 제거한 짐승의 가죽.

有蕩(유탕): 평탄한 모양.

發(발): 출발하다.

〈四驪濟濟〉

驪(려): 검은 말.

濟濟(제제): 무리지은 모양.

濔濔(이이): 많은 모양.

豈弟(기제): 즐겁고 편안한 모양. '愷悌'와 같다.

汶水(문수): 강 이름. 제(齊) 나라와 노(魯) 나라의 국경 부근을 흐른다. 산동
  성(山東省) 내무현(萊蕪縣)에서 발원해 제(濟)강으로 흘러든다.

〈汶水湯湯-汶水滔滔〉

湯湯(탕탕): 많은 물이 빠르게 흐르는 모양.

行人(행인): 길을 걸어가는 사람들.

彭彭(방방): 무리지은 모양.

翱翔(고상): 수레를 가볍게 달리는 모양.

儦儦(표표): 많은 모양.

遊遨(유오): 즐겁게 놀다.

해설: 모든 연이 부이다. 문강(文姜)이 제(齊) 나라 양공(襄公)을 만나러 가는
  장면을 읊었다. 노(魯) 나라는 환공(桓公)이 시해되자 환공과 문강 사
  이에서 태어난 장공(莊公)이 즉위했다. 장공이 즉위한 다음에도 문강
  은 계속 양공을 만나 정을 통했다.

 *『모시서』도 같다.

11. 의차(猗嗟) / 오, 멋있어라

오, 멋있어라
풍채 좋고 키 크며
이마 원칠하다오
아름답게 눈동자 움직이고
춤추는 발걸음 경쾌하고

활쏘기도 잘하네

오, 훌륭하여라
눈동자 아름답고 맑으며
거동 완전하다오
종일토록 과녁에 활을 쏘아
하나도 벗어나지 않는
훌륭한 나의 생질이라네

오, 아름다워라
눈동자와 이마 예쁘고
춤추면 음악에 조화롭다오
활쏘면 과녁을 꿰뚫어
화살 네 개가 한 곳을 맞히니
반역을 막을 것이네

猗嗟
猗嗟昌兮 頎而長兮 抑若揚兮 美目揚兮 巧趨蹌兮 射則臧兮
猗嗟名兮 美目清兮 儀旣成兮 終日射侯 不出正兮 展我甥兮
猗嗟孌兮 清揚婉兮 舞則選兮 射則貫兮 四矢反兮 以禦亂兮

〈猗嗟昌兮〉
猗嗟(의차): 감탄사.
昌(창): 아름답다. 멋있다.
頎(기): 헌걸차다. 키가 크고 풍채가 좋은 모양.
抑若(억약): 아름답게. 멋있게.

揚(양): 넓은 이마.

美目(미목): 맑고 깨끗한 눈.

揚兮(양혜): 움직이다.

巧(교): 기교 있게. 아름답게

趨蹌(추창): 춤출 때 매우 기교 있게 걷는 모양.

臧(장): 좋다. 잘하다.

〈猗嗟名兮〉

名(명): 유명하다. 매우 아름답다.

淸(청): 맑다. 눈동자의 검은색과 흰색이 분명하다.

儀(의): 활을 쏠 때 갖추는 의식. 거동.

成(성): 완전하다.

侯(후): 가죽으로 만든 과녁.

正(정): 과녁의 중심.

展(전): 진실로.

甥(생): 생질. 남편 누이의 아들.

〈猗嗟孌兮〉

孌(연): 예쁜 모양.

淸揚(청양): 깨끗한 눈동자와 훤칠한 이마.

婉(완): 예쁘다.

選(선): 춤과 음악이 잘 어울리다.

貫(관): 꿰뚫다.

四矢反兮(사시반혜): 화살 네 개가 동일한 곳을 맞추다.

禦(어): 막다.

해설: 모든 연이 부이다. 제(齊) 나라 사람들이 노(魯) 나라 장공(莊公)을 찬미했다. 노 나라 장공은 환공(桓公)과 선강(宣姜) 사이에서 태어났으며, 환공이 시해되자 임금에 올랐다. B.C. 694년에 재위해 B.C. 662년에 죽었다.

* 『모시서』에 의하면 노 나라 장공을 풍자했다. 제 나라 사람들은 노 나라 장공이 위엄과 기예가 있었으나 예로써 어머니를 단속하지 못하여 자식의 도리를 잃은 것을 슬퍼했다.

제9권. 위풍(魏風)

위(魏)나라 지역은 본래 순임금과 우임금의 옛 도읍지다. 「우공(禹貢)」에 의하면 기주(冀州) 뇌수(雷水)의 북쪽, 석성(析城)의 서쪽, 남쪽으로는 하곡(河曲), 북쪽으로는 분수(汾水)를 넘어갔다. 주 나라가 처음에는 동성(同姓)을 봉했으니, 위(魏) 나라의 성은 희(姬)씨이다. 주(周) 나라 혜왕(惠王) 17년 진(晉) 나라 헌공(獻公)이 위(魏) 나라를 정복하여 필만(畢萬)의 채읍(采邑)이 되었다. 일찍 멸망했기 때문에 왕의 계보가 분명하지 않다. 나중에 필만(畢萬)의 후예가 진(晉) 나라를 세 개로 나누어 한(韓) 나라, 위(魏) 나라, 조(趙) 나라가 되었다.

1. 갈구(葛屨) / 칡덩굴 신발

조밀한 칡덩굴 신발이면
서리를 밟을 수 있고
신부의 하얗고 긴 손이라면
옷을 꿰맬 수 있지요
옷고름과 옷깃 달자
마님이 입었어요

점잖은 마님이
부드럽게 옆으로 비켜서네요

상아 비녀 꽂았으나

성미가 조급하여

욕을 먹어요

葛屨

糾糾葛屨 可以履霜 摻摻女手 可以縫裳 要之襋之 好人服之

好人提提 宛然左辟 佩其象揥 維是褊心 是以爲刺

〈糾糾葛屨〉

糾糾(규규): 신발이 밀하게 짜여진 모양.

葛屨(갈구): 칡덩굴로 짜서 만든 신발로 여름에 신는다.

履(리): 밟다.

霜(상): 서리.

摻摻(섬섬): 하얗고 부드러운 여인의 손을 형용하는 말.

女手(여수): 여인의 손.

縫(봉): 꿰매다. 옷을 만들다.

裳(상): 치마. 옷.

要(요): 옷고름. 허리띠. '褄'와 같다.

襋(극): 옷깃.

〈好人提提〉

好人(호인): 귀부인.(왕연해의 해설을 따랐다.)

服(복): 입다.

提提(제제): 점잖다.

宛然(완연): 유순한 모양.

左辟(좌벽): 공손하게 옆으로 비켜서다.

象掃(상체): 상아로 만든 비녀.

褊(편): 성격이 조급하다.

刺(자): 풍자하다. 욕하다.

해설: 1연은 흥이고, 2연은 부이다. 하녀들에게 거친 일을 시키면서도 귀부
　　인 자신은 화려하게 차려입는 인색한 현실을 풍자했다.

*『모시서』에 의하면 위 나라는 땅이 좁아 백성은 교묘하게 이득을 추구했
　고, 임금은 인색하고 급하여 덕이 없었다.

2. 분저여(汾沮洳) / 질척질척한 분강에서

질척질척한 분(汾)강에서

수영 따네

저기 저 분

아름답기 한량없어라

아름답기 한량없어

임금의 수레 모는 사람보다 낫다오

분(汾)강의 한켠에서

뽕나무 잎 따네

저기 저 분

꽃송이 같아라

꽃송이 같아

임금의 수레 정비하는 사람보다 낫다오

분(汾)강의 물굽이에서
질경이택사 따네
저기 저 분
옥처럼 아름다워라
옥처럼 아름다워
임금의 혈족을 돌보는 사람보다 낫다오

汾沮洳

彼汾沮洳 言采其莫 彼其之子 美無度 美無度 殊異乎公路
彼汾一方 言采其桑 彼其之子 美如英 美如英 殊異乎公行
彼汾一曲 言采其藚 彼其之子 美如玉 美如玉 殊異乎公族

〈彼汾沮洳〉

汾(분): 강 이름. 산서성(山西省) 흔현(忻縣)에서 발원해 산서성(山西省) 남
　　부로 흐른다.

沮洳(저여): 질퍽질퍽하다.

采(채): 캐다. 따다.

莫(막): 수영. Rumex acetosa L. 마디풀과 식물로 어린 잎은 먹을 수 있다.(그
　　림은 『모시명물도설』에서)

無度(무탁): 헤아릴 수 없다.

殊異(수이): 다르다.

公路(공로): 제후의 수레를 모는 사람.

莫

〈彼汾一方-彼汾一曲〉

方(방): 쪽. 방향.

英(영): 꽃부리.

公行(공행): 임금의 수레를 관리하는 벼슬.

一曲(일곡): 하천의 굽은 부분.

藚(속): 질경이택사. Alisma orientale. 택사과 여러해
　　살이풀.(그림은 『모시명물도설』에서)

公族(공족): 임금의 가족을 돌보는 관리.

藚

해설: 모든 연이 흥이다. 여자가 강변에서 채소를 따면서 마음에 품었던
　　남자를 찬미한 시이다. 이는 웨일리(A. Waley)의 번역을 따랐다.

＊『모시서』에 의하면 임금이 검소하고 부지런했으나 예를 얻지 못함을
　　풍자했다.

3. 원유도(園有桃) / 뜰 안의 복숭아나무

뜰 안의 복숭아나무
그 열매를 먹지요
마음에 근심 있어
노래부르고 읊조려요
나를 모르는 사람들
교만하다고 욕해요
"저 사람들 말이 맞는데
뭐라고 대꾸하십니까?"라고 하지요
내 근심을
누가 알겠는가?
누가 알겠는가?
생각도 말아야지

뜰 안의 멧대추나무

그 열매를 먹지요

마음에 근심 있어

교외를 거닐어요

나를 모르는 사람들

예절 없다고 욕해요

"저 사람들 말이 맞는데

뭐라고 대꾸하십니까?"라고 하지요

내 근심

누가 알겠는가?

누가 알겠는가?

생각도 말아야지

園有桃

園有桃 其實之殽 心之憂矣 我歌且謠 不知我者 謂我士也驕 彼人是哉 子曰
　何其 心之憂矣 其誰知之 其誰知之 蓋亦勿思

園有棘 其實之食 心之憂矣 聊以行國 不知我者 謂我士也罔極 彼人是哉 子
　曰何其 心之憂矣 其誰知之 其誰知之 蓋亦勿思

〈園有桃〉

實(실): 과일. 열매.

殽(효): 음식.

歌(가): 악기 연주와 함께 부르는 노래.

謠(요): 악기 연주 없이 부르는 노래.

謂(위): 부르다. 이르다.

士(사): 관리.

〈園有棘〉

棘(극): 멧대추나무. Zizyphus jujuba Mill. 관련 고명: 棘. '棗'. 갈매나무과
　　낙엽활엽교목으로 열매가 대추보다 작고 둥글며 먹을 수 있다.

聊(료): 또한.

國(국): 지방. 교외.

罔極(망극): 법도가 없다.

해설: 모든 연이 흥이다. 남들이 보기에는 잘 사는 것 같지만 사실은 홀로된
　　　근심이 많아서 이 시를 읊었다. 복숭아와 대추 안에 들어 있는 씨앗이
　　　근심과 조응한다.

　*『모시서』에 의하면 대부가 자기 임금의 인색하고 덕 없음을 풍자했다.

4. 척호(陟岵) / 산에 올라

저 산에 올라
아버님을 그려요
아버님은, "아, 내 아들 군대가서
밤낮으로 쉬지 못 하겠지
제발 몸 조심해서
꼭 돌아와야 한다"

저 민둥산에 올라
어머님을 그려요
어머님은, "아, 내 막내 군대가서
밤낮으로 잠도 못 자겠지

제발 몸조심해서
죽지말고 돌아와야 한다"

저 산마루에 올라
형님을 그려요
형님은, "아, 내 동생 군대가서
밤낮으로 동료와 모여 있겠지
제발 몸조심해서
죽지 말고 돌아와야 한다"

陟岵

陟彼岵兮 瞻望父兮 父曰嗟予子行役 夙夜無已 上愼旃哉 猶來無止
陟彼屺兮 瞻望母兮 母曰嗟予季行役 夙夜無寐 上愼旃哉 猶來無棄
陟彼岡兮 瞻望兄兮 兄曰嗟予弟行役 夙夜必偕 上愼旃哉 猶來無死

〈陟彼岵兮〉

陟(척): 오르다.

岵(호): 초목이 없는 산. 한편 왕연해에 의하면 초목이 있는 산이다.

瞻望(첨망): 먼 곳을 바라보다.

嗟(차): 감탄사.

役(역): 부역. 병역.

夙夜(숙야): 이른 아침부터 저녁까지.

上(상): 원하다. 왕연해에 의하면 '尙'자와 통한다.

無止(무지): 밖에 머물지 않음이다.

旃(전): '之'와 같은 역할을 하는 보조동사.

猶(유): 꼭. 어떻게든.

〈陟彼屺兮-陟彼岡兮〉

屺(기): 민둥산.

季(계): 막내 자식.

棄(기): 죽다. 갑골문에 보면 두 손으로 어린이의 시체를 받들고 있는 모양이다.

岡(강): 산마루.

偕(해): 함께.

해설: 모든 연이 부이다. 군대에 간 막내아들이 고향을 생각하며 읊었다.
 * 『모시서』도 같다.

5. 십무지간(十畝之間) / 십무의 밭

십무의 밭에
뽕나무 키우는 농부들 한가롭네
이리 오게나, 당신과 저곳으로 돌아가려네

십무의 밭 너머
뽕나무 키우는 농부들 여유롭네
이리 오게나, 당신과 저곳으로 가려네

十畝之間
十畝之間兮 桑者閑閑兮 行與子還兮
十畝之外兮 桑者泄泄兮 行與子逝兮

十畝(십무): 천 평의 밭.

閑閑(한한): 한가로운 모양.

子(자): 너.

還(환): 돌아오다.

外(외): 밖.

泄泄(설설): 한가로운 모양.

逝(서): 가다.

해설: 모든 연이 부이다. 위(魏) 나라가 약소하고 정치가 혼란하자, 조정의
　　　신하가 부인과 함께 전원으로 돌아가고자 하는 마음을 읊었다.
　*『모시서』에 의하면 나라가 작아져서 백성이 거쳐할 곳이 없음을 풍자했다.

6. 벌단(伐檀) / 청단나무 베어

툭툭 청단나무 베어
강 언덕에 두거늘
황하의 물 맑고 잔잔하구나
곡식을 심어 거두지 않으면
어찌 삼백 전(廛)을 수확하겠는가?
사냥하지 않으면
어찌 앞뜰에 너구리를 매달겠는가?
저 분
하는 일 없이 먹지는 않겠지

툭툭 바퀴살 베어
강 가에 두거늘

황하의 물 맑고 잔잔하구나
곡식을 심어 거두지 않으면
어찌 삼백억의 곡식을 수확하겠는가?
사냥하지 않으면
어찌 뜰앞에 살찐 짐승을 매달겠는가?
저 분
하는 일 없이 먹지는 않겠지

툭툭 수레바퀴 베어
강 언저리에 두거늘
황하의 물 맑고 잔잔하구나
곡식을 심어 거두지 않으면
어찌 삼백 창고의 곡식을 수확하겠는가?
사냥하지 않으면
어찌 뜰에 메추라기를 매달겠는가?
저 분
하는 일 없이 먹지는 않겠지

伐檀

坎坎伐檀兮 寘之河之干兮 河水清且漣猗 不稼不穡 胡取禾三百廛兮 不狩
　不獵 胡瞻爾庭有縣貆兮 彼君子兮 不素餐兮
坎坎伐輻兮 寘之河之側兮 河水清且直猗 不稼不穡 胡取禾三百億兮 不狩
　不獵 胡瞻爾庭有縣特兮 彼君子兮 不素食兮
坎坎伐輪兮 寘之河之漘兮 河水清且淪猗 不稼不穡 胡取禾三百囷兮 不狩
　不獵 胡瞻爾庭有縣鶉兮 彼君子兮 不素飱兮

〈坎坎伐檀兮〉

坎坎(감감): 나무를 베는 소리.

檀(단): 청단나무. Pteroceltis tatarinowii Maxim. 낙엽활엽교목으로 중국 황하 유역에서 자란다.

寘(치): 두다.

干(간): 강뚝.

漣(연): 잔잔한 물결.

猗(의): 어조사.

稼(가): 씨뿌리다. 심다.

穡(색): 곡식을 거두다.

胡(호): 어찌.

禾(화): 곡식.

廛(전): 고대에 남자 한명에게 거주하도록 주는 땅을 전(廛)이라고 한다. 또한 밭은 백무(百畝)가 주어졌다.

狩獵(수렵): 사냥하다. 겨울에 하는 것을 수(狩)라고 하고, 밤에 하는 것을 엽(獵)이라고 한다.

縣(현): 매달다.

貆(훤): 너구리. Nyctereutes procyonoides. 식육목(食肉目) 개과 포유류.

素餐(소찬): 자기에게 주어진 직위에서 별로 하는 일 없이 식사하는 것.

〈坎坎伐輻兮〉

輻(폭): 수레바퀴의 굴대. 바퀴살.

直(직): 곧다.

三百億(삼백억): 수 많은 벼이삭.

特(특): 세살된 숫짐승.

〈坎坎伐輪兮〉

漘(순): 물가.

淪(륜): 잔물결.

囷(균): 곳간. 창고.

鶉(순): 메추라기. Coturnix coturnix. 닭목 꿩과.

飧(손): 식사.

해설: 모든 연이 부이다. 아무 하는 일 없이 녹을 먹는 관리의 탐욕에 대해
      풍자했다.

 *『모시서』도 같다.

7. 석서(碩鼠) / 큰 쥐

큰 쥐야 큰 쥐야
우리 찰기장 먹지마라
삼년간 너를 섬겼건만
전혀 나를 생각지도 않느냐
이제 너를 버리고
저 낙원으로 가련다
낙원이여 낙원이여
그곳에서 살리라

큰 쥐야 큰 쥐야
우리 보리 먹지마라
삼년간 너를 섬겼건만

전혀 내 은혜 생각지도 않느냐
이제 너를 버리고
저 낙원으로 가련다
낙원이여 낙원이여
그곳이 좋아라

큰 쥐야 큰 쥐야
우리 곡식 먹지마라
삼년간 너를 섬겼건만
전혀 내 고생 생각지도 않느냐
이제 너를 버리고
저 낙원으로 가련다
낙원이여 낙원이여
누가 길게 울부짖는가?

碩鼠
碩鼠碩鼠 無食我黍 三歲貫女 莫我肯顧 逝將去女 適彼樂土 樂土樂土 爰得
我所
碩鼠碩鼠 無食我麥 三歲貫女 莫我肯德 逝將去女 適彼樂國 樂國樂國 爰得
我直
碩鼠碩鼠 無食我苗 三歲貫女 莫我肯勞 逝將去女 適彼樂郊 樂郊樂郊 誰之
永號

〈碩鼠碩鼠1〉
碩鼠(석서): 비단털쥐. Cricetulus triton. 쥐목[齧齒目] 비단털쥐과 포유류. 참
고로 주희는 '碩'을 크다로, '鼠'를 쥐로 해석한다.

黍(서): 기장. Panicum miliaceum L. 벼과 한해살이풀. 찰기장으로 번역했다.

貫(관): 봉사하다.

女(여): 너.

顧(고): 돌아보다. 생각하다.

逝(서): 가다.

適(적): 가다.

爰(원): 이에.

得(득): 얻다.

〈碩鼠碩鼠2〉

麥(맥): 보리(Hordeum vulgare var. hexastichon)나 밀(Triticum aestivum Linn.)을 가리킨다. 『廣雅』에 보면 '來'는 밀(小麥)을 가리키고, '牟'는 보리(大麥)를 가리킨다. 그냥 '麥'이라고 쓰면 보리인지 밀인지 구분할 수 없다.

德(덕): 은혜.

樂(락): 즐겁다.

直(직): 값. 가치. '値'와 같다.

〈碩鼠碩鼠3〉

苗(묘): 곡식.

勞(로): 수고.

永(영): 오래도록.

號(호): 울부짖다.

해설: 모든 연이 비이다. 백성을 괴롭히는 위정자에 대해 쥐로 풍자했다. *『모시서』도 같다.

제10권. 당풍(唐風)

당숙(唐叔, 虞)

성후(成侯, 服人)

목공(穆公)

문후(文侯, 仇)

소공(召公, 伯, B.C. 745-B.C. 739)

효공(孝公)

악후(鄂侯)

애후(哀侯)

소자후(小子侯)

*소공(召公)이 환숙(桓叔)을 곡옥(曲沃) 땅에 봉함

환숙(桓叔)

장백(莊伯)

무공(武公, 稱, B.C. 705-B.C. 677)

헌공(獻公, 詭諸, B.C. 676-B.C. 661)

혜공(惠公, 夷吾)

회공(懷公)

문공(文公, 重耳, B.C. 636-B.C. 628)

당(唐) 나라는 태행(太行)산과 항(恒)산의 서남부에 있는 태원(太原)과 태악(太岳)의 들판이다. 지금의 산서성(山西省) 태원(太原) 일대이다. 주(周)

나라 성왕(成王)이 동생 당숙(唐叔)을 당(唐) 나라에 봉해 진양(晉陽: 지금의 山西省 太原) 땅에 도읍을 정했다. 자섭(子燮)에 이르자 나라 이름을 진(晉) 나라로 바꿨다. 성후(成侯) 때에 도읍을 곡옥(曲沃: 지금의 山西省 聞喜縣) 땅으로 옮겼고, 목공(穆公) 때에는 강(絳: 지금의 山西省 絳縣) 땅으로 옮겼고, 소공(召公) 때에는 익(翼: 지금의 山西省 翼縣 동남부) 땅으로 옮겼다. 소공(召公)은 곡옥(曲沃) 땅을 환숙(桓叔)에게 봉했다. 환숙(桓叔)의 손자 무공(武公)이 진(晉) 나라를 합병해 다시 곡옥(曲沃) 땅에서 강(絳) 땅으로 도읍을 옮겼다. 이 후로 진(晉) 나라의 영토가 확장되었다.

1. 실솔(蟋蟀) / 귀뚜라미

귀뚜라미 사랑채로 들자
벌써 한 해가 저무네
지금 즐기지 않으면
세월은 사라지고 말걸세
하지만 향락에만 빠져선 안 되지
맡은 책무가 있지 않은가
향락이 과도해선 안 되지
훌륭한 관리는 신중하다네

귀뚜라미 사랑채로 들자
벌써 한 해가 가네
지금 즐기지 않으면
세월이 지나가고 말걸세
하지만 향락에만 빠져선 안 되지

그 밖에 할 일이 많지 않은가
향락이 과도해선 안 되지
훌륭한 관리는 부지런하다네

귀뚜라미 사랑채로 들자
일하는 수레 한가하네
지금 즐기지 않으면
세월이 흐르고 말걸세
하지만 향락에만 빠져선 안 되지
닥쳐올 우환을 대비해야 하지 않은가
향락이 과도해선 안 되지
훌륭한 관리는 침착하다네

蟋蟀

蟋蟀在堂 歲聿其莫 今我不樂 日月其除 無已大康 職思其居 好樂無荒 良士
　瞿瞿

蟋蟀在堂 歲聿其逝 今我不樂 日月其邁 無已大康 職思其外 好樂無荒 良士
　蹶蹶

蟋蟀在堂 役車其休 今我不樂 日月其慆 無已大康 職思其憂 好樂無荒 良士
　休休

〈蟋蟀在堂1〉

蟋蟀(실솔): 귀뚜라미. Gryllus chinensis. 메뚜
　기목 귀뚜라미과 곤충.(『그림은 모시품물
　도고』에서)

堂(당): 집에서 중심이 되는 건물. 사랑채.

蟋蟀

歲(세): 한해.

聿(율): 마침내. 드디어.

其莫(기모): 한해가 저물다. 끝나다.

日月(일월): 세월을 뜻한다.

除(제): 지나가다.

無已(무이): 심하지 않다.

大康(태강): 과도한 향락.

職(직): 주로. 이에.

居(거): 맡은 책무.

荒(황): 과도하다.

良士(양사): 훌륭한 사람.

瞿瞿(구구): 신중한 모양.

〈蟋蟀在堂2-3〉

邁(매): 지나다. 가다.

其外(기외): 노는 것 외의 해야할 일.

蹶蹶(궐궐): 부지런한 모양.

役車(역거): 부역에 사용하는 수레.

慆(도): 지나가다.

憂(우): 근심. 우환.

休休(휴휴): 침착한 모양.

해설: 모든 연이 부이다. 농한기의 쉬는 철에도 틈틈이 미래를 대비하라고
　　　읊었다.

* 『모시서』에 의하면 진(晉) 나라 희공(僖公)이 너무 검소하여 예법에 맞지
　　못한 것을 풍자했다.

2. 산유구(山有樞) / 산에 시무나무 자라고

산에 시무나무 자라고
습지에 느릅나무 자라네
그대에게 치마 저고리 있건만
입지 않으려 하고
그대에게 말과 수레 있건만
타지 않으려 하네
그대가 죽고나면
남이 그것들을 즐길걸세

산에 말오줌때나무 자라고
습지에 찰피나무 자라네
그대에게 집과 뜰이 있건만
청소하지 않으려 하고
그대에게 종과 북이 있건만
연주하지 않으려 하네
그대가 죽고나면
남들이 그것들을 가져갈걸세

산에 옻나무 자라고
습지에 밤나무 자라네
그대에게 술과 밥이 있건만
왜 거문고 타지 않으오?
우선 즐기게나
하루를 재미있게 지내게나

그대가 죽고나면

남들이 그 집을 차지할걸세

山有樞

山有樞 隰有榆 子有衣裳 弗曳弗婁 子有車馬 弗馳弗驅 宛其死矣 他人是愉

山有栲 隰有杻 子有廷內 弗洒弗埽 子有鍾鼓 弗鼓弗考 宛其死矣 他人是保

山有漆 隰有栗 子有酒食 何不日鼓瑟 且以喜樂 且以永日 宛其死矣 他人入室

〈山有樞〉

樞(추): 시무나무. Hemiptelea davidii planch. 느릅나

　　무과 낙엽활엽교목.(그림은 『모시품물도고』에서)

隰(습): 늪지. 습지.

榆(유): 느릅나무. white elm.(그림은 『모시품물도고』

　　에서)

曳(예): 옷을 땅에 끌다. 옷을 입다.

婁(루): 옷을 손으로 입다.

馳(치): 말달리다.

驅(구): 수레를 몰다.

宛(완): 말라 죽다.

愉(유): 기뻐하다.

〈山有栲-山有漆〉

栲(고): 말오줌때. Euscaphis japonica. 고추나무과 낙엽성 소교목 또는 관목.

　　(그림은 『모시명물도설』에서)

杻(뉴): 찰피나무. Tilia mandshurica Rupr. et Maxim. 피나무과 낙엽활엽교목.(그

　　림은 『모시명물도설』에서)　고명건·모설비의 『시경동식물도설』에는 Ilex

pedunculosa (동청목)라고 나와 있다.

廷(정): 뜰.

內(내): 집. 방.

洒(쇄): 물뿌려 청소하다.

考(고): 두드리다.

保(보): 소유하다.

永日(영): 하루를 즐겁게 누리다.

해설: 모든 연이 홍이다. 지나친 절약을 삼가고 인생을 즐겁게 살라고 권유한
    시이다.

*『모시서』에 의하면 진 나라 소공(昭公)을 풍자했다. 도를 닦아 나라를
  바로잡지 못하여, 재물이 있어도 쓰지 못하고, 종고(鐘鼓)가 있어도 스스
  로 즐기지 못하고, 조정이 있어도 쇄소(灑掃)하지 못하여, 정치가 황폐하
  고 백성이 흩어져 장차 위태롭게 되었다.

3. 양지수(揚之水) / 출렁이는 강물에

출렁이는 강물에
하얀 바위 뚜렷하게 서있네
흰 옷에 붉은 깃 달고
그대를 따라 옥(沃) 땅으로 가서
이미 내 님을 만났으니
어찌 즐겁지 않으랴?

출렁이는 강물에

하얀 바위 빛나네

흰 옷에 붉은 수놓고

그대를 따라 곡(鵠) 땅으로 가서

이미 내 님을 만났으니

어찌 근심이 있으랴?

출렁이는 강물에

하얀 바위 눈부시네

그대의 약속

아무에게 말하지 않으리

揚之水

揚之水 白石鑿鑿 素衣朱襮 從子于沃 旣見君子 云何不樂

揚之水 白石皓皓 素衣朱繡 從子于鵠 旣見君子 云何其憂

揚之水 白石粼粼 我聞有命 不敢以告人

〈揚之水1〉

揚(양): 출렁이다.

之(지): 어조사.

鑿鑿(착착): 선명한 모양.

素衣(소의): 하얀색 웃도리.

朱襮(주박): 붉은 색으로 수놓은 깃.

從(종): 따르다.

子(자): 너.

沃(옥): 땅 이름.

云何(운하): 어찌. 왜.

〈揚之水2-3〉

晧晧(호호): 밝고 깨끗한 모양.

朱繡(주수): 붉은 색 수.

鵠(곡): 땅 이름.

粼粼(인인): 깨끗한 모양.

命(명): 약속. 맹세.

해설: 모든 연이 비이다. 남녀가 미래를 약속했다. 하얀 바위는 약속을 비유
　　　한다.

* 『모시서』에 의하면 진 나라 소공을 풍자했다. 소공이 나라를 나누어 옥
　　(沃) 땅을 봉해주었는데 옥 땅은 강성해지고 소공은 미약해지니, 나라
　　사람들이 장차 소공을 배반하고 옥 땅으로 돌아가려고 했다.

4. 초료(椒聊) / 산초나무 열매

산초나무 열매
한 되 그릇에 가득찼네
저기 저 분
훤칠하여 비길 사람 없어라
산초나무
멀리 가지를 뻗었네

산초나무 열매
두되 그릇에 가득찼네
저기 저 분

흰칠하고 믿음직해라
산초나무
멀리 가지를 뻗었네

椒聊

椒聊之實 蕃衍盈升 彼其之子 碩大無朋 椒聊且 遠條且

椒聊之實 蕃衍盈匊 彼其之子 碩大且篤 椒聊且 遠條且

椒(초): 산초나무. Zanthoxylum bungeanum Hance. 운향과 낙엽관목.(그림은
  『모시품물도고』에서)

聊(료): 어조사.

蕃衍(번연): 번성하다.

盈(영): 채우다.

升(승): 양을 재는 그릇. 10합(合)이 1승(升)이다. 한 되.

碩大(석대): 크다.

朋(붕): 짝. 벗.

條(조): 가지.

且(차): 어조사.

匊(국): 양을 재는 단위. 2승(升)이 1국(匊)이다.

篤(독): 돈독하다. 관대하다.

해설: 모든 연이 흥과 비이다. 여자가 사모하는 남자를 찬미한 시이다.

 *『모시서』에 의하면 진 나라 소공을 풍자했다. 옥 땅이 강성해져 장차
  진 나라를 소유하게 될 것이라고 사람들이 생각했다.

5. 주무(綢繆) / 얼기설기

얼기설기 섶나무 묶여있고
하늘에는 삼성(參星)이 떴네
오늘처럼 아름다운 밤이 어디 있을까?
내 님을 만났어요
그대여 그대여
이렇게 좋은 사람이 어디 있을까?

얼기설기 꼴 묶여있고
동남쪽에 삼성(參星)이 떴네
오늘처럼 아름다운 밤이 어디 있을까?
내 님을 만났어요
그대여 그대여
이렇게 좋은 만남이 어디 있을까?

얼기설기 잡목 묶여있고
방문으로 삼성(參星)이 떴네
오늘처럼 아름다운 밤이 어디 있을까?
눈부신 내 님 만났어요
그대여 그대여
이렇게 사랑스런 사람이 어디 있을까?

綢繆
綢繆束薪 三星在天 今夕何夕 見此良人 子兮子兮 如此良人何
綢繆束芻 三星在隅 今夕何夕 見此邂逅 子兮子兮 如此邂逅何

綢繆束楚 三星在戶 今夕何夕 見此粲者 子兮子兮 如此粲者何

〈綢繆束薪〉

綢繆(주무): 얽히고 설킨 모양.

束薪(속신): 묶어놓은 섶나무.

三星(삼성): 삼성(參星). 오리온(Orion) 별을 가리킨다. 정현(鄭玄)은 삼성(三星)을 심성(心星) 즉 전갈자리(Antares)로 해석했다.

夕(석): 저녁.

良人(양인): 신랑.

子(자): 너.

〈綢繆束芻-綢繆束楚〉

芻(추): 꼴. 말린풀.

隅(우): 하늘의 동남쪽.

邂逅(해후): 만나다.

楚(초): 좀목형. Vitex negundo L. 마편초과 낙엽관목.

戶(호): 문.

粲(찬): 아름답다.

해설: 모든 연이 흥이다. 신혼부부의 밤에 대해 읊었다.

 *『모시서』에 의하면 진 나라의 정치가 혼란하여 혼인을 제때에 하지 못했다.

6. 체두(杕杜) / 홀로 서있는 팥배나무

홀로 서있는 팥배나무

잎사귀들 무성하구나
내 외로운 발걸음
어찌 사람이 없어서겠는가?
다만 형제처럼 대하지 않는다네
아, 길가는 사람들이여
왜 나와 어울리지 않는가?
형제 없는 사람을
왜 돕지 않는가?

홀로 서있는 팥배나무
잎사귀들 우거졌구나
내 고독한 발걸음
어찌 사람이 없어서겠는가?
다만 가족처럼 대하지 않는다네
아, 길가는 사람들이여
왜 나와 어울리지 않는가?
형제없는 사람을
왜 돕지 않는가?

杕杜

有杕之杜 其葉湑湑 獨行踽踽 豈無他人 不如我同父 嗟行之人 胡不比焉 人
　　無兄弟 胡不佽焉

有杕之杜 其葉菁菁 獨行睘睘 豈無他人 不如我同姓 嗟行之人 胡不比焉 人
　　無兄弟 胡不佽焉

有杕(유체): 고독하게 홀로 서있는 모양.

杜(두): 팥배나무. Sorbus alnifolia (Sieb et Zucc.) K. Koch. 장미과 여러해살이 나무. 관련 고명: 甘棠, 常棣. 열매는 팥보다 조금 더 크고 색이 붉다.

渭渭(서서): 무성한 모양.

踽踽(우우): 외로운 모양.

嗟(차): 감탄사.

比(비): 가까이 친하다.

佽(차): 돕다.

菁菁(청청): 잎이 우거진 모양.

同姓(동성): 성씨가 같다.

해설: 모든 언이 흥이다. 유랑민의 고독과 우수를 읊었다.

 *『모시서』에 의하면 당시를 풍자했다. 임금이 그 종족을 친애하지 못하여 골육 간에 흩어져 홀로 거처하며 형제가 없어서 장차 옥 땅에게 겸병 당하는 데에 이른다.

7. 고구(羔裘) / 양가죽 옷

양가죽 옷에 표범가죽 소매 달고
거만하게 나를 대하는군요
어찌 다른 사람이 없으랴만
당신과는 오랜 사이에요

양가죽 옷에 표범가죽 소매 달고
우쭐대며 나를 대하는군요
어찌 다른 사람이 없으랴만

당신을 좋아해요

羔裘
羔裘豹袪 自我人居居 豈無他人 維子之故
羔裘豹褒 自我人究究 豈無他人 維子之好

豹袪(표거): 표범가죽으로 만든 소매.

自(자): 대하다.

我人(아인): 나.

居居(거거): 거만한 모양.

維(유): 어조사.

故(고): 오래동안 함께 알고 지내다.

褒(수): 소매.

究究(구구): 우쭐대는 모양.

해설: 모든 연이 부이다. 남편에게 무시당하는 여자가 그 심정을 읊었다.
 *『모시서』에 의하면 진 나라 사람들이 당시의 정치를 풍자했다.

8. 보우(鴇羽) / 느시 날개치다

푸드덕 푸드덕 느시 날개치며
우거진 상수리나무에 앉네
조정의 일 끝이 없어
개기장과 찰기장 심지 못 하니
부모님 누구에게 의지할까나?

아득히 푸른 하늘이여
언제나 모든 것이 제자리를 찾을까나?

푸드덕 푸드덕 느시 날개치며
우거진 멧대추나무에 앉네
조정의 일 끝이 없어
찰기장과 개기장 심지 못 하니
부모님께 무엇으로 봉양할까나?
아득히 푸른 하늘이여
언제나 모든 것이 법도를 찾을까나?

푸드덕 푸드덕 느시 날개치며
우거진 뽕나무에 앉네
조정의 일 끝이 없어
벼와 조를 심지 못 하니
부모님께 무얼 차려드리나?
아득히 푸른 하늘이여
언제나 모든 것이 질서를 찾을까나?

鴇羽

蕭蕭鴇羽 集于苞栩 王事靡盬 不能蓺稷黍 父母何怙 悠悠蒼天 曷其有所
蕭蕭鴇翼 集于苞棘 王事靡盬 不能蓺黍稷 父母何食 悠悠蒼天 曷其有極
蕭蕭鴇行 集于苞桑 王事靡盬 不能蓺稻粱 父母何嘗 悠悠蒼天 曷其有常

〈蕭蕭鴇羽〉
蕭蕭(숙숙): 새가 날개치는 소리.

鴇(보): 느시, 너화. Otis tarda. bustard(Waley). 두루미목 느시과 조류.(그림은
   『모시품물도고』에서)

集(집): 내려앉다.

苞(포): 우거지다.

栩(허): 상수리나무. Quercus acutissima Carr. 참나무
   과 낙엽활엽교목.(그림은 『모시명물도설』에서)

王事(왕사): 조정의 일.

靡(미): 아니다.

盬(고): 멈추다.

蓺(예): 심다.

稷(직): 기장. Panicum miliaceum L. 벼과 한해살
   이풀. '稷'은 덜 찰지며 '黍'보다 개화시기가 조
   금 늦다. 개기장으로 번역했다.

黍(서): 기장. Panicum miliaceum L. 벼과 한해살이풀. 찰기장으로 번역했다.

怙(호): 믿다. 의지하다.

悠悠(유유): 아득한 모양.

〈肅肅鴇翼-肅肅鴇行〉

蒼天(창천): 푸른 하늘.

翼(익): 날개.

所(소): 정해진 분수.

棘(극): 멧대추나무. Zizyphus jujuba Mill. 관련 고명: 棗. 갈매나뭇과 낙엽활
   엽교목.

極(극): 일상 생활의 표준.

稻(도): 벼. Oryza sativa L. 화본과 한해살이풀.

粱(량): 조. Setaria italica (L.) Beauv. 벼과 1년생 작물.

嘗(상): 맛보다.

해설: 모든 연이 비이다. 멀리 부역이나 전쟁에 나간 장정들이 고향에 계시
     는 부모님이 잘 계시는지 걱정한 시이다.
 * 『모시서』에 의하면 진 나라 소공 뒤에 큰 혼란이 5대에 걸쳐 이어져
     부모를 봉양하지 못해 이 시를 지었다.

9. 무의(無衣) / 옷이 없으랴만

어찌 옷 일곱벌인들 없으랴만
당신이 만들어준 옷만 못 하지요
편안하고 좋아요

어찌 옷 여섯벌인들 없으랴만
당신이 만들어준 옷만 못 하지요
편안하고 따뜻해요

無衣
豈曰無衣七兮 不如子之衣 安且吉兮
豈曰無衣六兮 不如子之衣 安且燠兮

豈曰無(기왈무): 어찌 ~이 없으랴만.
衣七(의칠): 옷 일곱벌.
衣六(의육): 옷 여섯벌.
安(안): 편안하다.

吉(길): 좋다.

燠(욱): 따뜻하다.

해설: 모든 연이 부이다. 애정시이다. 웨일리(A. Waley)의 번역을 참고했다.
  * 『모시서』에 의하면 진 나라 무공(武公)을 찬미했다. 무공이 비로소 진
    나라를 겸병하자 그 대부가 무공을 위해 천자의 사신에게 명을 청하면서
    이 시를 지었다.

10. 유체지두(有杕之杜) / 홀로 서있는 팥배나무

홀로 서있는 팥배나무
왼쪽 길가에서 자라네
저기 저 분
나에게 오려하네
참으로 그를 좋아하거늘
무슨 음식을 차려야하나

홀로 서있는 팥배나무
오른쪽 길가에서 자라네
저기 저 분
나에게 놀러 오려하네
참으로 그를 좋아하거늘
무슨 음식을 차려야하나

有杕之杜

有杕之杜 生于道左 彼君子兮 噬肯適我 中心好之 曷飮食之

有杕之杜 生于道周 彼君子兮 噬肯來遊 中心好之 曷飮食之

有杕(유체): 고독하게 홀로 서있는 모양.

杜(두): 팥배나무. Sorbus alnifolia (Sieb et Zucc.) K. Koch. 장미과 여러해살
　이 나무. 관련 고명: 甘棠, 常棣. 열매는 팥보다 조금 더 크고 색이 붉다.

噬(서): 어조사.

肯(긍): 기꺼이.

適(적): 가다.

好(호): 좋아하다.

飮食之(음식지): 음식을 대접하다.

道周(도주): 길가.

해설: 모든 연이 비이다. 외롭던 차에 애인을 사귀게 되었다. 한 그루 팥배나
　　무는 지금까지의 외로운 심사를 비유한다.

　*『모시서』에 의하면 진 나라 무공이 독불장군이어서 그 종족을 겸병하였
　　으나 현자를 구해 자신을 돕도록 조처하지 않았다.

11. 갈생(葛生) / 칡덩굴 자라나

칡덩굴 자라나 좀목형을 덮고

거지덩굴 들판으로 뻗었네

내 님 여기에 없으니

뉘와 함께 하리? 홀로 살아요

칡덩굴 자라나 멧대추나무 덮고
거지덩굴 들판으로 뻗었네
내 님 여기에 없으니
뉘와 함께 하리? 홀로 잠들어요

뿔베개 반짝이고
비단이불 찬란하네
내 님 여기에 없으니
뉘와 함께 하리? 홀로 아침을 맞아요

긴 여름낮 가고
긴 겨울밤 지나
백년 뒤에나
님에게 돌아가려나

긴 겨울밤 가고
긴 여름낮 지나
백년 뒤에나
님에게 돌아가려나

葛生
葛生蒙楚 蘞蔓于野 予美亡此 誰與獨處
葛生蒙棘 蘞蔓于域 予美亡此 誰與獨息
角枕粲兮 錦衾爛兮 予美亡此 誰與獨旦
夏之日 冬之夜 百歲之後 歸于其居
冬之夜 夏之日 百歲之後 歸于其室

〈葛生蒙楚-葛生蒙棘〉

葛(갈): 칡. Pueraria lobata(Willd.) Ohwi. 쌍떡잎식물 장미목 콩과 덩굴식물.

蒙(몽): 덮다.

楚(초): 좀목형. Vitex negundo L. 마편초과 낙엽관목.

蘞(렴): 거지덩굴. Cayratia japonica (Thunb.) Gagnep.(그림은『모시명물도설』
  에서)

蔓(만): 뻗어 나가다.

予(여): 나.

美(미): 찬미하다.

亡(무): 없다.

誰(수): 누구.

與(여): 함께하다.

蘞

棘(극): 멧대추나무. Ziziphus jujuba Mill. 관련 고명: 棗. 갈매나뭇과 낙엽활
  엽교목.

域(역): 묘지.

〈角枕粲兮-夏之日-冬之夜〉

角(각): 뿔.

枕(침): 베개.

粲(찬): 선명한 모양.

錦(금): 비단.

衾(금): 이불.

爛(란): 선명한 모양.

居(거): 집. 남편의 무덤.

室(실): 집. 남편의 무덤.

해설: 1연과 2연은 흥이고, 3연과 4연은 부이다. 과부가 죽은 남편을 그리는
　　　시이다. 칡덩굴과 거지덩굴이 외로움과 그리움을 뜻한다.
　＊『모시서』에 의하면 진 나라 헌공(獻公)이 공격과 전쟁을 좋아하여 나라
　　　사람들 중에 죽은 이가 많았다.

12. 채령(采苓) / 감초를 캐며

수양(首陽)산 꼭대기에서
감초 캐네 감초 캐네
남 얘기는
믿지 말고
흘려버리게
사실과 전혀 다르니
남 얘기에서
무엇을 얻으리오?

수양(首陽)산 아래서
방가지똥 뜯네 방가지똥 뜯네
남 얘기는
듣지 말고
흘려버리게
사실과 전혀 다르니
남 얘기에서
무엇을 얻으리오?

수양(首陽)산 동쪽에서

순무 캐네 순무 캐네

남 얘기는

따르지 말고

흘려버리게

사실과 전혀 다르니

남 얘기에서

무엇을 얻으리오?

采苓

采苓采苓 首陽之巓 人之爲言 苟亦無信 舍旃舍旃 苟亦無然 人之爲言 胡得焉

采苦采苦 首陽之下 人之爲言 苟亦無與 舍旃舍旃 苟亦無然 人之爲言 胡得焉

采葑采葑 首陽之東 人之爲言 苟亦無從 舍旃舍旃 苟亦無然 人之爲言 胡得焉

苓(령): 감초(甘草). Glyeyrrhiza uralensis Fischer. 쌍떡잎식물 장미목 콩과 여
  러해살이풀. 고명건·모설비의 『시경동식물도설』에는 호장근(Polygonum
  cuspidatum, 마디풀과 다년생 초본식물)이라고 나와 있다.

首陽(수양): 산 이름. 지금의 산서성(山西省) 영제현(永濟縣) 부근.

巓(전): 산꼭대기.

苟(구): 진실로.

舍(사): 버리다.

旃(전): 그것.

無然(무연): 그렇지 않다. 사실과 다르다.

胡(호): 어떻게.

苦(고): 방가지똥. Sonchus oleraceus L. 국화과 한두해살이풀.

葑(봉): 순무. Brassica rapa L. 쌍떡잎식물 양귀비목 겨자과 한두해살이풀.

해설: 모든 연이 비이다. 아무렇게나 바뀌는 실질없는 소문을 믿지 말라고 읊었다. 수양산의 감초, 방가지똥, 순무는 근거 없는 소문을 비유한다.

* 『모시서』에 의하면 진 나라 헌공이 참언(讒言)을 듣기 좋아했다.

제11권. 진풍(秦風)

비자(非子)

진중(秦仲, B.C. 844-B.C. 822)

장공(莊公)

양공(襄公, B.C. 777-766)

덕공(德公)

선공(宣公)

성공(成公)

목공(穆公, 任好, B.C. 659-B.C. 621)

강공(康公, 瑩, B.C. 620-B.C. 609)

   진(秦) 나라는 「우공(禹貢)」에 의하면 옹주(雍州) 지역으로 조서산(鳥鼠山) 근처이다. 처음에 백익(伯益)이 우(禹) 임금의 치수 사업에서 공을 쌓아 영(嬴)씨 성을 받았으니. 이것이 진(秦) 나라의 시작이다. 진(秦) 나라 선조는 감숙성(甘肅省) 동부에서 시작해 위(渭)강 연안으로 세력을 확장했다. 백익(伯益)의 6세손 비자(非子)는 주(周) 나라 효왕(孝王)을 섬겨 위(渭)강 연안에서 말을 길렀다. 효왕(孝王)이 비자(非子)에게 진(秦: 지금의 甘肅省 天水縣 故秦城) 땅을 봉했다. 주(周) 나라 선왕(宣王)은 견융(犬戎) 오랑캐를 막기 위해 비자(非子)의 증손인 진중(秦仲)을 대부로 임명해 싸우게 했다. 진중(秦仲)은 견융(犬戎) 오랑캐를 이기지 못하고 전사했다. 주(周) 나라 평왕(平王)이 낙양(洛陽) 땅으로 도읍을 옮길 때 진중(秦仲)의 손자인 양공(襄公)이 호위했다. 이에 평왕(平王)이 양공(襄公)을 제후에 봉하면서 "견융(犬

戎) 오랑캐를 물리치고 기(岐) 땅과 풍(豐) 땅을 점유했다."고 말했다. 진 (秦) 나라 덕공(德公)에 이르자 도읍을 옹(雍: 지금의 陝西省 興平縣) 땅으 로 옮겼다.

1. 거린(車鄰) / 수레가 우르릉

우르릉 수레들 움직이고
말 정수리 하얗네
아직 임금을 못 뵈어
환관의 소식을 기다리네

비탈에 옻나무 자라고
습지에 밤나무 자라네
이미 임금을 만나
나란히 앉아 거문고를 타네
현재를 즐기지 않으면
쏜살같이 늙고 말리라

비탈에 뽕나무 자라고
습지에 황철나무 자라네
이미 임금을 만나
같이 앉아 생황을 연주하네
현재를 즐기지 않으면
쏜살같이 죽음에 이르리라

車鄰

有車鄰鄰 有馬白顚 未見君子 寺人之令

阪有漆 隰有栗 旣見君子 並坐鼓瑟 今者不樂 逝者其耋

阪有桑 隰有楊 旣見君子 並坐鼓簧 今者不樂 逝者其亡

鄰鄰(린린): 많은 수레가 움직이며 내는 소리.

顚(전): 정수리. 이마.

寺人(사인): 내시. 환관.

令(령): 명령.

阪(판): 비탈.

漆(칠): 옻나무. Toxicodendron vernicifluum. 옻나무
　과 낙엽활엽교목. 반부준·여승유의 『시경식물도
　감』에는 Rhus verniciflua Stockes라고 나와 있다.
　(그림은 『모시품물도고』에서)

隰(습): 습지. 늪.

栗(율): 밤나무. Castanea mollissima Bl. 참나무과 낙엽활엽교목 과일나무.

並(병): 나란히.

今者(금자): 지금.

逝者(서자): 시간이 지나는 것.

耋(질): 여든살 늙은이.

簧(황): 생황.

桑(상): 뽕나무. Morus alba L. 뽕나무과.

楊(양): 중국황철나무. Populus cathayana Rehd. 버드나무과.(그림은 『모시명
　물도설』에서)

해설: 1연은 부이고, 2연과 3연은 흥이다. 임금의 총애를 받아 즐거움을 누린

것을 표현한 시이다.

*『모시서』에 의하면 진중(秦仲)이 나라를 강대하게 만들어 수레와 말과
  예악과 시어(侍御)의 아름다움이 있어 그것을 찬미했다.

2. 사철(駟驖) / 구렁말 네 마리

우람한 구렁말 네 마리의
여섯 고삐 손에 쥐었네
임금이 총애하는 사람
임금을 따라 사냥나가네

산지기가 철따라 숫짐승을 관리하니
철따라 숫짐승 살쪄네
임금이 "왼쪽"이라고 말하면
화살을 날려 명중시키네

북쪽 정원을 거닐려니
말 네 마리 잘 숙련되었네
작은 수레의 말에 재갈 물리고 방울 달아
입이 긴 사냥개와 입이 짧은 사냥개 실었네

駟驖
駟驖孔阜 六轡在手 公之媚子 從公于狩
奉時辰牡 辰牡孔碩 公曰左之 舍拔則獲
遊于北園 四馬既閑 輶車鸞鑣 載獫歇驕

〈駟驖孔阜〉

駟(사): 한 수레에 메우는 말 네 마리.

驖(철): 구렁말. 밤색 말.

孔阜(공부): 매우 크다.

六轡(육비): 여섯 개의 고삐. 원래는 여덟 개지만 두 개는 수레 앞부분에
  메어져 있다.

媚子(미자): 총애하는 사람.

于狩(우수): 사냥가다.

〈奉時辰牡〉

奉(봉): 산지기. 산을 관리하는 사람.

時(시): 이것. '是'와 같다.

辰(진): 계절.

牡(모): 수컷.

碩(석): 몸집이 크다.

左之(좌지): 왼쪽으로 가다.

舍(사): 발사하다.

拔(발): 화살 끝부분.

獲(획): 맞추어 잡다.

〈遊于北園〉

閑(한): 연습하다.

輶車(유거): 조그만 수레.

鸞(난): 말 재갈 양쪽에 다는 방울.

鑣(표): 재갈.

載(재): 싣다.

獫(험): 입이 긴 사냥개.

歇驕(헐교): 입이 짧은 사냥개.

해설: 모든 연이 부이다. 진(秦) 나라 건국 초기에 임금이 사냥나가는 장면을
    읊었다. 양공(襄公)은 주(周) 나라 평왕(平王)이 수도를 동쪽으로 옮기는
    것을 도운 뒤 제후로 봉해졌다. B.C. 766년 오랑캐를 정벌하다 전사했다.
    당시의 진(秦) 나라 수도는 지금의 감숙성(甘肅省) 진주(秦州)이다.
  *『모시서』에 의하면 양공을 찬미했다.

3. 소융(小戎) / 작은 군용 수레

작은 군용 수레에 얇은 도리 걸쳐 있고
휘어진 끌채에 가죽 다섯 개 달렸네
잘 노는 고리, 말 옆구리에 맨 끈
차량 앞에 매어놓은 가죽끈, 말 목과 차량에 도금한 고리
기다란 굴대, 차량 안에 깔아놓은 화려한 자리
털총이와 발이 흰 말이 앞에서 끄네
보고픈 내 님
옥처럼 온화하지요
님이 판자집에서 지내시니
내 마음 구석구석 산란하다오

우람한 숫말 네 마리의
여섯 고삐 손에 쥐었네
안쪽에는 털총이와 검은 갈기의 붉은 말

곁말로는 공골말과 가라말 세웠네
용 그려진 방패 나란히 두르고
안쪽 말고삐 도금되었네
보고픈 내 님
읍에 살 때 따뜻하게 해주었죠
언제나 돌아오시려나
어찌나 보고싶은지

갑옷 입힌 말 네 마리 서로 협조가 잘 되고
차량 위에 꽂아놓은 세모창 물미에 도금되었네
새 깃털 덮인 방패에 무늬 화려하고
호랑이 가죽으로 만든 활집을 조각된 금속으로 장식하였네
활 두 개를 교차하여 활집에 꽂고
대나무 도지개에 활을 끈으로 묶었네
자나깨나
보고픈 내 님
사람됨이 침착해
언행에 조리있어라

小戎

小戎俴收 五楘梁輈 游環脅驅 陰靷鋈續 文茵暢轂 駕我騏馵 言念君子 溫其
　　如玉 在其板屋 亂我心曲

四牡孔阜 六轡在手 騏駵是中 騧驪是驂 龍盾之合 鋈以觼軜 言念君子 溫其
　　在邑 方何爲期 胡然我念之

俴駟孔群 厹矛鋈錞 蒙伐有苑 虎韔鏤膺 交韔二弓 竹閉緄縢 言念君子 載寢
　　載興 厭厭良人 秩秩德音

〈小戎俴收〉

小戎(소융): 군용 수레. 앞에서 장수가 타는 수레를 대융(大戎)이라 하고, 뒤에 따르는 수레를 소융(小戎)이라 한다.

俴(천): 얇다.

收(수): 도리. 수레 차량 뒷부분의 가로 걸쳐놓은 나무. '軫'과 같다.

五楘(오목): 수레 끌채에 묶어놓은 다섯 개의 가죽.

梁(양): 다리. 수레 끌채의 앞부분이 다리처럼 굽어 있다.

輈(주): 수레의 끌채. 큰 수레의 끌채는 원(轅)이라 하고, 작은 수레는 輈(주)라고 한다.

游(유): 움직이다. 놀다.

環(환): 안쪽 말 등에 씌운 가죽 고리.

脅(협): 옆구리.

驅(구): 가죽끈으로 앞부분은 형(衡)의 양쪽 끝에 묶고, 뒷부분은 진(軫)의 양쪽 끝에 묶는다. 이것으로 바깥쪽 말이 안쪽으로 들어오는 것을 방지했다.

陰(음): 수레 차량 앞부분을 가리는 판자. 엄범(揜軓)이라고도 부른다.

靷(인): 말이 차량을 끌게하는 가죽끈. 한쪽 끝을 말의 목에 매고 다른 쪽 끝을 차량의 앞쪽 판자에 맨다.

鋈(옥): 도금. 은.

續(속): 고리.

文(문): 문채나다.

茵(인): 수레 차량 안에 까는 자리.

暢(창): 길다.

轂(곡): 양쪽 수레바퀴에 끼우는 굴대.

騏(기): 털총이. 푸르고 검은 무늬가 장기판처럼 줄지어 있는 말.

馵(주): 뒷쪽 왼발이 흰 말.

言(언): 나.

溫其(온기): 따뜻한.

板(판): 판자.

屋(옥): 집.

心曲(심곡): 마음 깊은 곳.

〈四牡孔阜〉

孔阜(공부): 매우 크다.

騧(왜): 공골말. 주둥이가 검고 몸이 누런 말.

驪(려): 가라말. 검은 말.

驂(참): 곁말. 네 말이 끄는 마차에서 바깥쪽의 두 말.

龍盾(용순): 용 그려진 방패.

合(합): 합하다.

觼(결): 쇠고리.

軜(납): 바깥 양쪽 말의 안쪽 고삐.

邑(읍): 서쪽 변경의 읍.

方(방): 장차.

期(기): 돌아올 예정일.

胡然(호연): 왜 이렇게.

〈俴駟孔群〉

矛(구): 세모창.

錞(순): 창의 물미.

蒙(몽): 새 깃털로 덮이다.

伐(벌): 방패.

有苑(유원): 문채나는 모양.

虎韔(호창): 오랑이 가죽으로 만든 활집.

鏤膺(루응): 조각된 금속 장식물.

交(교): 교차하다.

弓(궁): 활.

竹閉(죽폐): 대나무로 만든 도지개. 활을 바로 잡는데 쓴다.

緄(곤): 끈.

縢(등): 묶다.

載(재): 어조사.

寢(침): 자다.

興(흥): 일어나다.

厭厭(염염): 안정된 모양.

秩秩(질질): 질서가 있는 모양.

德音(덕음): 행위와 말. 언행.

해설: 모든 연이 부이다. 부인이 전쟁나간 남편을 그리워한 시이다.

*『모시서』에 의하면 양공은 무기를 만들어 서융(西戎)을 토벌했다.

4. 겸가(蒹葭) / 갈대

갈대 짙푸르고
하얀 이슬 서리가 되었네
저 분
강 한편에 계시네
저 분 따라 물을 거슬러 올라감에
길이 험하고 멀지요
저 분 따라 물살 타고 내려와

두둥실 강 가운데 뜨지요

갈대 우거지고
하얀 이슬 아직 마르지 않았네
저 분
강 언저리에 계시네
저 분 따라 물을 거슬러 올라감에
길이 험하고 가파르죠
저 분 따라 물살 타고 내려와
작은 섬을 거닐죠

갈대 무성하고
하얀 이슬 아직 그치지 않네
저 분
강 모롱이 계시네
저 분 따라 물을 거슬러 올라감에
길이 험하고 어려워요
저 분 따라 물살 타고 내려와
모래섬을 거닐죠

蒹葭

蒹葭蒼蒼 白露爲霜 所謂伊人 在水一方 遡洄從之 道阻且長 遡游從之 宛在
　水中央
蒹葭凄凄 白露未晞 所謂伊人 在水之湄 遡洄從之 道阻且躋 遡游從之 宛在
　水中坻
蒹葭采采 白露未已 所謂伊人 在水之涘 遡洄從之 道阻且右 遡游從之 宛在

水中沚

〈蒹葭蒼蒼〉

蒹葭(겸가): 갈대. Phragmites communis (L.) Trin. 관련 고명: 蘆, 葦, 葭. 화본
　과 여러해살이풀.

蒼蒼(창창): 짙푸른 모양.

白露(로): 투명한 이슬.

霜(상): 서리.

伊人(이인): 저 사람.

一方(일방): 한쪽 가.

遡洄(소회): 물을 거슬러 올라가다.

遡游(소유): 물을 따라 내려오다.

宛(완): 앉아서 보는 모양.

〈蒹葭凄凄〉

凄凄(처처): 무성한 모양.

晞(희): 마르다.

湄(미): 물가.

躋(제): 오르다.

坻(저): 모래섬. 작은 섬.

〈蒹葭采采〉

采采(채채): 무성한 모양.

已(이): 그치다.

涘(사): 물가. 강가.

阻(조): 험하다.

右(우): 오른쪽으로 가다.
沚(지): 강 가운데 조그만 섬.

해설: 모든 연이 부이다. 은거한 현자를 찾아가는 시이다. 혹은 연인과 사귀
　　　기를 추구한 시이다.
　*『모시서』에 의하면 양공이 주 나라 예를 쓰지 않아 장차 나라를 견고하게
　　하지 못한 것에 대해 풍자했다.

5. 종남(終南) / 종남산

종남(終南)산에 무엇이 자랄까?
당유자나무와 매화나무 자라죠
임금이 올 때
여우가죽 옷에 겉옷을 입고
뺨이 주홍처럼 붉었죠
임금이여

종남(終南)산에 무엇이 자랄까?
구기자나무와 북지콩배나무 자라죠
임금이 올 때
수놓은 옷 입고
허리에 찬 옥돌 쨍그렁거렸죠
잊을 수 없는 임금이여, 오래사소서

終南

終南何有 有條有梅 君子至止 錦衣狐裘 顔如渥丹 其君也哉

終南何有 有紀有堂 君子至止 黻衣繡裳 佩玉將將 壽考不忘

〈終南何有1〉

終南(종남): 산 이름. 지금의 섬서성(陝西省) 서안(西安) 남부.

條(조): 당유자. Citrus grandis (L.) Osbesk. 운향
　과 상록관목 귤나무. 고명건·모설비의 『시경
　동식물도설』에는 Citrus maxima라고 나와 있
　다.(그림은 『모시명물도설』에서)

條

梅(매): 매화나무. Prunus mume Sieb. et Zucc. 장
　미과 낙엽활엽소교목.

止(지): 어조사.

錦衣(금의): 염색한 옷.

狐裘(호구): 여우가죽 옷.

渥(악): 짙게 염색하다.

丹(단): 주홍.

〈終南何有2〉

紀(기): 구기자나무. Lycium chinesis Mill. '杞'와 같다. 가지과 낙엽관목.

堂(당): 북지콩배나무. Pyrus betulaefolia Bunge. 고명: 甘棠, 杜, 常棣.

黻(불): 수.

繡(수): 수.

佩玉(패옥): 허리띠에 차는 장식용 옥.

將將(장장): 옥끼리 부딪치는 소리. 쨍그렁거리다.

壽考(수고): 오래 살다.

해설: 모든 연이 홍이다. 진(秦) 나라 사람들이 임금을 찬미한 시이다.
 *『모시서』에 의하면 양공은 주 나라 땅을 취하여 처음으로 제후가 되어
   훌륭한 의복을 받자 대부들이 이를 칭송했다. 그러므로 이 시를 지어
   경계하고 권면했다.

6. 황조(黃鳥) / 방울새

떨렁떨렁 방울새
멧대추나무에 앉네
누가 목공(穆公)을 따라 죽었을까?
자거엄식(子車奄息)이라네
엄식(奄息)은
남달리 걸출한 인물이었죠
무덤에 순장될 때
파르르 떨었어요
저 푸른 하늘이
좋은 사람을 다 데려갔지요
속죄할 수만 있다면
우리 백 명의 몸숨을 바치리다

떨렁떨렁 방울새
뽕나무에 앉네
누가 목공(穆公)을 따라 죽었을까?
자거중행(子車仲行)이라네
중행(仲行)은

백 사람을 당하는 인물이었죠

무덤에 순장될 때

파르르 떨었어요

저 푸른 하늘이

좋은 사람을 다 데려갔지요

속죄할 수만 있다면

우리 백 명의 몸숨을 바치리다

떨렁떨렁 방울새

좀목형에 앉네

누가 목공(穆公)을 따라 죽었을까?

자거침호(子車鍼虎)라네

침호(鍼虎)는

백 사람을 막아내는 걸물이었죠

무덤에 순장될 때

파르르 떨었어요

저 푸른 하늘이

좋은 사람을 다 데려갔지요

속죄할 수만 있다면

우리 백 명의 몸숨을 바치리다

黃鳥

交交黃鳥 止于棘 誰從穆公 子車奄息 維此奄息 百夫之特 臨其穴 惴惴其慄
　彼蒼者天 殲我良人 如可贖兮 人百其身

交交黃鳥 止于桑 誰從穆公 子車仲行 維此仲行 百夫之防 臨其穴 惴惴其慄
　彼蒼者天 殲我良人 如可贖兮 人百其身

交交黃鳥 止于楚 誰從穆公 子車鍼虎 維此鍼虎 百夫之禦 臨其穴 惴惴其慄
　彼蒼者天 殲我良人 如可贖兮 人百其身

〈交交黃鳥1〉

交交(교교): 새 울음 소리.

黃鳥(황조): 검은머리방울새. Carduelis spinus. 참새목 되새과.

集(집): 내려앉다.

棘(극): 멧대추나무. Ziziphus jujuba Mill. 관련 고명: 棗. 갈매나뭇과 낙엽활
　엽교목.

從(종): 따르다.

穆公(목공): 진(秦) 나라 임금. 성은 영(嬴)이고 이름은 임호(任好)이다.

子車(자거): 성.

奄息(엄식): 이름.

百夫之特(백부지특): 매우 특출한 사람.

臨(림): 찾아가다.

穴(혈): 무덤.

惴惴(췌췌): 근심이 많은 모양.

慄(율): 두려워하다.

蒼(창): 푸르다.

殲(섬): 다 죽이다.

良人(양인): 좋은 사람.

贖(속): 다른 사람 대신 벌을 받다.

〈交交黃鳥2-3〉

楚(초): 좀목형. Vitex negundo L. 마편초과 낙엽관목.

仲行(중행): 엄식(奄息)의 형제 이름.

防(방): 상당하다. 해당하다.

鍼虎(침호): 仲行(중행): 엄식(奄息)의 형제 이름.

禦(어): 막아내다.

해설: 모든 연이 흥이다. 진(秦) 나라에는 임금이 죽으면 살아있는 사람을
순장하는 풍습이 있었다.『춘추좌전』문공 6년에 보면 목공(穆公)이
죽자 자거(子車)씨의 삼형제인 엄식(奄息), 중행(仲行), 겸호(鍼虎)도
따라죽었다. 그들은 진(秦) 나라의 인재였다고 한다. 그래서 백성들이
이 세 사람을 아까워하며 읊은 시이다.
*『모시서』도 같다.

7. 신풍(晨風) / 새호리기

새호리기 날쌔게 날고
북쪽에 숲 울창하네
아직 님을 만나지 못 하여
근심으로 마음 앓아요
도대체 어떻게 된 것일까?
참으로 나를 잊으신 모양이야

산에는 상수리나무 우거지고
습지에는 까마귀쪽나무 무성하네
아직 님을 만나지 못 하여
근심으로 기쁘지 않아요
도대체 어떻게 된 것일까?

참으로 나를 잊으신 모양이야

산에는 벚나무 우거지고
습지에는 콩배나무 무성하네
아직 님을 만나지 못 하여
근심으로 마음 졸여요
도대체 어떻게 된 것일까?
참으로 나를 잊으신 모양이야

晨風

鴥彼晨風　鬱彼北林　未見君子　憂心欽欽　如何如何　忘我實多
山有苞櫟　隰有六駁　未見君子　憂心靡樂　如何如何　忘我實多
山有苞棣　隰有樹檖　未見君子　如憂心醉　如何如何　忘我實多

鴥(율): 새가 빨리 나는 모양.

晨風(신풍): 새호리기. Falco subbuteo. 황새목 매과.

　(그림은 『모시명물도설』에서)

晨風

鬱(울): 울창한 모양.

欽欽(흠흠): 근심을 잊지 못하는 모양.

多(다): 심하다.

苞(포): 우거지다.

櫟(력): 상수리나무. Quercus acutissima Carr. 참나무과
　낙엽활엽교목.

六(육): 우거지다.

駁

駁(박): 까마귀쪽나무. Litsea coreana Levl. 녹나무과 상
　록 소교목. 나무껍질에 알록달록 하얀색이 섞여 있

다.(그림은『모시명물도설』에서)

靡(미): 아니다.

棣(체): 벗나무의 일종.

檖(수): 콩배나무. Pyrus calleryana Dcne. 장미과 낙엽관
목으로 콩처럼 작은 배 열매가 열린다.(그림은『모시
명물도설』에서)

檖

해설: 모든 연이 흥이다. 이별한 남자를 그리워한 시이다.
 *『모시서』에 의하면 강공(康公)은 목공이 이룬 일들을 잊고서 현명한 신하
 들을 버렸다.

8. 무의(無衣) / 옷이 없으랴만

어찌 옷이 없으랴만
그대와 핫옷을 같이 입지요
왕이 군사를 일으키자
나는 주살과 창을 수선해
그대와 함께 전우가 되었죠

어찌 옷이 없으랴만
그대와 속고의를 같이 입지요
왕이 군사를 일으키자
나는 자루가 긴 창과 두 갈래 창을 수선해
그대와 함께 일어섰죠

어찌 옷이 없으랴만

그대와 치마를 같이 입지요

왕이 군사를 일으키자

나는 갑옷과 무기를 수선 해

그대와 함께 나섰죠

無衣

豈曰無衣 與子同袍 王于興師 修我戈矛 與子同仇

豈曰無衣 與子同澤 王于興師 修我矛戟 與子偕作

豈曰無衣 與子同裳 王于興師 修我甲兵 與子偕行

袍(포): 핫옷. 솜을 둔 겨울 옷.

王(왕): 천자. 당시에 진(秦) 나라는 주(周) 나라 왕실을 위해 서쪽을 방어했다.

興師(흥사): 군대를 일으키다.

修(수): 수선하다.

戈(과): 창.

矛(모): 창.

同仇(동구): 전우.

澤(택): 속고의. 땀받이로 아랫도리로 입는다. '襗'

　과 같다.

戟(극): 끝이 두 갈래인 창.

甲(갑): 갑옷.

兵(병): 무기.

해설: 모든 연이 부이다. 전쟁에 나서는 전우들의 노래이다.

　*『모시서』에 의하면 진 나라 사람들은 임금이 공격과 전쟁을 좋아하여

자주 병사를 쓰면서도 백성과 고락을 함께하지 않음에 대해 풍자했다.

9. 위양(渭陽) / 위강 북쪽

외삼촌의 아들을 송별하러
위(渭)강 북쪽까지 갔네
무엇을 선물해야 좋을까?
큰 수레와 누런 말 네 마리라네

외삼촌의 아들을 송별하자니
아득히 그리운지라
무엇을 선물해야 좋을까?
붉게 빛나는 돌과 허리에 차는 옥이라네

渭陽
我送舅氏 曰至渭陽 何以贈之 路車乘黃
我送舅氏 悠悠我思 何以贈之 瓊瑰玉佩

舅氏(구씨): 외삼촌. 어머니의 형제.

曰(왈): 어조사.

渭(위): 강 이름. 당시 진(秦) 나라 수도였던 옹(雍) 땅을 흘렀다. 감숙성에서
　발원해 섬서성을 거쳐 황하로 흐른다.

陽(양): 강의 북쪽이나 산의 남쪽을 가리킨다.

路車(로거): 큰 수레.

乘黃(승황): 수레에 매는 누런 말 네 마리.

悠悠(유유): 아득히.

瓊瑰(경괴): 붉은 돌. 옥처럼 색이 아름다운 돌.

해설: 모든 연이 부이다. 진(秦) 나라 강공(康公) 영형(嬴瑩)이 태자일 때
　　　외숙부의 아들 중이(重耳)를 진(晉) 나라로 돌려보내면서 읊은 시이
　　　다. 진(晉) 나라 중이(重耳)는 아버지 헌공(獻公)이 총애하는 여희(驪
　　　姬)가 태자를 살해하자 화가 자기에게 미칠까 두려워 나라 밖으로
　　　도망쳤다. 그는 전전하다 결국 진(秦) 나라에 왔다. 매부였던 진(秦)
　　　나라 목공(穆公)은 중이(重耳)가 다시 본국으로 돌아갈 수 있도록 도
　　　왔다.
　*『모시서』에 의하면 강공이 어머니를 그리워해 지은 시이다.

10. 권여(權輿) / 처음과 다르구나

나에게 넓고 큰 집을 내리더니
이제는 끼니를 떼우기도 어려우니
아, 처음과 다르구나

나에게 끼니마다 네 접시를 내리더니
이제는 끼니마다 배부르지 않으니
아, 처음과 다르구나

權輿
於我乎 夏屋渠渠 今也每食無餘 于嗟乎 不承權輿
於我乎 每食四簋 今也每食不飽 于嗟乎 不承權輿

於我(어아): 나에게.

乎(호): 어조사.

夏屋(하옥): 큰 집.

渠渠(거거): 넓고 큰 모양.

承(승): 잇다.

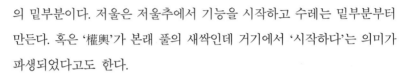

權輿(권여): 시작하다. '權'은 저울추이고, '輿'는 수레
의 밑부분이다. 저울은 저울추에서 기능을 시작하고 수레는 밑부분부터
만든다. 혹은 '權輿'가 본래 풀의 새싹인데 거기에서 '시작하다'는 의미가
파생되었다고도 한다.

簋(궤): 그릇. 둥글거나 네모난 것이 있다. 나무나 청동으로 만든다.(그림은
『삼재도회』에서)

해설: 모든 연이 부이다. 처음에 총애받다가 나중에 버림받자 임금을 원망한
시이다.

* 『모시서』에 의하면 강공이 현자를 중간에 내친 것을 풍자한 시이다.

제12권. 진풍(陳風)

호공(胡公)

유공(幽公, 寧)

희공(僖公, 孝, B.C. 831-B.C. 796)

문공(文公)

환공(桓公)

여공(厲公, 佗, B.C. 706-B.C. 700)

선공(宣公, 杵臼, B.C. 692-B.C. 648)

목공(穆公)

영공(靈公, 平國, B.C. 613-B.C. 599)

   진(陳) 나라는 복희(伏羲)가 살던 지역으로 「우공(禹貢)」에 의하면 예주(豫州) 동쪽에 있었다. 그 지역은 넓고 평평해 명산대천이 없고, 서쪽으로는 외방산(外方山)를 바라보고 동쪽으로는 맹저(孟諸)에 미치지 못했다. 순(舜) 임금의 후예인 유우(有虞) 알보(閼父)가 그릇을 만드는 도정(陶正)으로 있었는데, 그의 재주가 뛰어나자 주(周) 나라 무왕(武王)이 맏딸인 태희(大姬)를 알보의 아들인 만(滿)에게 시집보내고, 만(滿)을 진(陳) 나라 호공(胡公)으로 봉했다. 진 나라의 당시 도읍은 완구(宛丘: 지금의 河南省 淮陽縣) 땅 옆에 있었다. 진(陳) 나라는 민공(閔公) 21년, 즉 노(魯) 나라 애공(哀公) 17년에 초(楚) 나라 혜왕(惠王)에게 멸망당했다.

1. 완구(宛丘) / 완구 땅

완구(宛丘) 땅 위에서
방탕하게 노는 그대여
참으로 다정하지만
볼만한 것 없구려

완구(宛丘) 땅 아래서
둥둥 북을 울리네
겨울 여름 가리지 않고
쇠백로 깃털을 쥐고 춤추네

완구(宛丘) 땅 길에서
둥둥 항아리 두드리네
겨울 여름 가리지 않고
쇠백로 깃털을 머리에 장식하네

宛丘
子之湯兮 宛丘之上兮 洵有情兮 而無望兮
坎其擊鼓 宛丘之下 無冬無夏 値其鷺羽
坎其擊缶 宛丘之道 無冬無夏 値其鷺翿

〈子之湯兮〉
子(자): 너.
湯(탕): 절도 없이 놀다. '蕩'과 같다.
宛丘(완구): 진(陳) 나라 수도. 진주(陳州)의 남부.

洵(순): 진실로.

情(정): 다정하다.

望(망): 바라보다.

〈坎其擊鼓-坎其擊缶〉

坎其(감기): 북소리.

值(치): 쥐다.

鷺(로): 쇠백로. Egretta garzetta. 황새목 왜가리과. 춤출 때 쇠백로 깃을 손에
   쥐었다.

缶(부): 항아리.

翿(도): 춤출 때 멀리에 장식하는 깃털.

해설: 모든 연이 부이다. 시절을 가리지 않고 춤추고 노래부르며 놀기만
   하는 귀족을 비판한 시이다.

 *『모시서』에 의하면 유공(幽公)이 방탕하고 혼란하여 법도가 없음을 풍자
   했다.

 2. 동문지분(東門之枌) / 동문에 비술나무

동문에 비술나무 자라고
완구(宛丘) 땅에 상수리나무 자라네
자중(子仲)씨 딸
그 아래서 너울너울 춤추네

사람들이 좋은 아침을 택해

남쪽 벌판에 나가네
그녀는 삼베를 짜서
시장에서 너울너울 춤추네

좋은 아침에 나가
모두 모이네
당아욱 같은 그녀
나에게 산초나무 한 줌을 주네

東門之枌
東門之枌 宛丘之栩 子仲之子 婆娑其下
穀旦于差 南方之原 不績其麻 市也婆娑
穀旦于逝 越以鬷邁 視爾如荍 貽我握椒

〈東門之枌〉
東門(동문): 성(城) 동쪽에 있는 문.

枌(분): 비술나무. Ulmus pumila L. 관련 고명: 楡. 느릅나무과 낙엽활엽교
　　목.(그림은 『모시품물도고』에서)

栩(허): 상수리나무. Quercus acutissima Carr. 참나무과 낙엽활엽교목.

子仲(자중): 진(陳) 나라 대부의 성씨.

子(자): 자식. 딸.

婆娑(파사): 너울너울 춤추다.

枌

〈穀旦于差〉
穀(곡): 좋다.

旦(단): 아침 햇살.

330　시경 I

于(우): 어조사.

差(차): 선택하다.

原(원): 평원.

績(적): 길쌈하다.

市(시): 시장.

⟨穀旦于逝⟩

逝(서): 가다.

越(월): 어조사.

翻邁(종매): 많은 사람이 모이다.

荍(교): 당아욱. Malva sinensis Cavan. 아욱과 두해살

　이풀.(그림은 『모시품물도고』에서)

貽(이): 주다.

握(악): 한 줌.

椒(초): 산초나무. Zanthoxylum bungeanum Hance. 운

　향과 낙엽관목.

荍

해설: 모든 연이 부이다. 남녀가 모여서 가무를 즐기는 정경이다.

　*『모시서』에 의하면 유공이 음탕하니 그에 따라 남녀가 자신의 일을 버리

　고 자주 도로에 모이고 시정에서 노래부르고 춤추었다.

3. 형문(衡門) / 가로목 걸쳐진 문

가로목 걸쳐진 문 아래서

놀기 좋다네

흘러나오는 샘물 가득하여
주린 배를 달랠 수 있지요

물고기를 먹음에
반드시 황하의 방어일 필요 있겠는가?
처를 구함에
반드시 제(齊) 나라 강(姜)씨일 필요 있겠는가?

물고기를 먹음에
반드시 황하의 잉어일 필요 있겠는가?
처를 구함에
반드시 송(宋) 나라 자(子)씨일 필요 있겠는가?

衡門
衡門之下 可以棲遲 泌之洋洋 可以樂飢
豈其食魚 必河之魴 豈其取妻 必齊之姜
豈其食魚 必河之鯉 豈其取妻 必宋之子

〈衡門之下〉
衡門(형문): 양쪽 두 개의 기둥 위에 하나의 가로목을 올려놓은 문.
棲遲(서지): 놀면서 쉬다.
泌(필): 샘물이 그치지 않고 흐르다.
洋洋(양양): 물이 가득 흐르는 모양.
樂(락): 달래다. 면하다.

〈豈其食魚1-2〉

魴(방): 방어. Megalobrama terminalis. 농어목 전갱이과.

取(취): 얻다.

姜(강): 제(齊) 나라 임금의 성씨.

鯉(리): 잉어. Cyprinus carpio. 잉어목 잉어과. carp.(그림
   은 『모시명물도설』에서)

子(자): 송(宋) 나라 임금의 성씨. 송(宋) 나라는 지금의
하남성(河南省) 상구현(商丘縣)에 있었다.

鯉

해설: 모든 연이 부이다. 은거한 현자가 부귀영화를 멀리하며 가난을 즐겼다.
  * 『모시서』에 의하면 희공(僖公)은 근후(謹厚)하기만 하고 뜻을 세움이 없
   었으므로 이 시를 지어 임금을 타일렀다.

4. 동문지지(東門之池) / 동문 해자

동문 해자에
삼 담글 수 있다네
저 아름다운 아가씨
함께 노래할 만하다네

동문의 해자에
모시풀 담글 수 있다네
저 아름다운 아가씨
함께 대화할 만하다네

동문의 해자에
억새풀 담글 수 있다네
저 아름다운 아가씨
함께 말할 만하다네

東門之池
東門之池 可以漚麻 彼美淑姬 可與晤歌
東門之池 可以漚紵 彼美淑姬 可與晤語
東門之池 可以漚菅 彼美淑姬 可與晤言

池(지): 해자.

漚(구): 담그다.

麻(마): 삼(대마). Cannabis sativa L. 삼과 1년생 초본식물.

淑姬(숙희): 아름답고 덕 있는 숙녀.

晤(오): 만나다.

紵(저): 모시풀: Boehmeria nivea (L.) Caud. 쐐기풀과 여러해살이풀.

菅(관): 참억새. Miscanthus sinensis Anders. 벼과 여러해살이풀. 고명건·모
  설비의 『시경동식물도설』에는 Themeda villosa(솔새)라고 나와 있다.

해설: 모든 연이 흥이다. 연애시이다.

 *『모시서』에 의하면 당시 임금이 음탕하고 어둡자 현명한 여자를 임금에
  게 짝지어줄 것을 생각했다.

5. 동문지양(東門之楊) / 동문 앞 황철나무

동문 앞 황철나무
잎사귀 무성하네
해질녁에 만나기로 했는데
반짝반짝 샛별이 떴네

동문 앞 황철나무
잎사귀 우거졌네
해질녁에 만나기로 했는데
반짝반짝 샛별이 떴네

東門之楊
東門之楊 其葉牂牂 昏以爲期 明星煌煌
東門之楊 其葉肺肺 昏以爲期 明星晢晢

楊(양): 중국황철나무. Populus cathayana Rehd. 버드나무과 낙엽활엽교목.
牂牂(장장): 무성한 모양.
明星(명성): 샛별.
煌煌(황황): 밝게 빛나는 모양.
肺肺(폐폐): 무성한 모양.
晢晢(석석): 밝은 모양.

해설: 모든 연이 흥이다. 약속한 짝이 제 시간에 나오지 않자 초조한 마음을
　　　읊은 시이다.
　*『모시서』에 의하면 당시 세태를 풍자한 시이다. 혼인이 때를 잃어 남녀가

서로 만날 약속을 잃은 경우가 많아, 친영을 한 여자도 오히려 오지 않은
경우가 있었다.

6. 묘문(墓門) / 묘문

묘문에 자라는 멧대추나무
도끼로 자르네
그 사람 좋지 않음을
사람들이 안다네
아는데도 나쁜 짓 멈추지 않아요
이런지 오래 되었어요

묘문에 자라는 매화나무
올빼미 모이네
그 사람 좋지 못 하여
노래불러 경고한다네
경고해도 우릴 돌아보지 않아요
망한 뒤에나 우릴 생각하려나

墓門
墓門有棘 斧以斯之 夫也不良 國人知之 知而不已 誰昔然矣
墓門有梅 有鴞萃止 夫也不良 歌以訊之 訊予不顧 顚倒思予

墓門(묘문): 묘지 입구에 있는 문.
棘(극): 멧대추나무. Zizyphus jujuba Mill. 관련 고명: 棗. 갈매나뭇과 낙엽활

엽교목.

斧(부): 도끼.

斯(사): 쪼개다. '析'과 같다.

夫(부): 그 사람. 여기서는 풍자하고 있는 사람.

昔然(석연): 오래되다.

鴞(효): 긴점박이올빼미. Strix uralensis. 올빼미목 올빼미과.

萃(췌): 모이다.

止(지): 어조사.

訊(신): 알리다. 경고하다.

顚倒(전도): 거꾸러지다. 망하다.

해설: 모든 연이 흥이다. 위정자의 악정을 꾸짖은 시이다.

 *『모시서』에 의하면 진타(陳佗)를 풍자한 시이다. 진타가 훌륭한 스승이
   없어 불의에 빠져 그 악이 모든 백성에게 가해졌다.

7. 방유작소(防有鵲巢) / 제방에 까치집 있고

제방에 까치집 있고
언덕에 어여쁜 자운영 꽃 피었네
누가 내 사랑하는 님을 꾀었는가?
내 마음 괴롭네

마당 길에 돌 깔려있고
언덕에 어여쁜 타래난초 꽃 피었네
누가 내 사랑하는 님을 꾀었는가?

내 마음 슬프네

防有鵲巢

防有鵲巢 邛有旨苕 誰侜予美 心焉忉忉
中唐有甓 邛有旨鷊 誰侜予美 心焉惕惕

〈防有鵲巢〉

防(방): 뚝. 제방.

鵲(작): 까치. Pica pica sericea. 참새목 까마귀과.

巢(소): 집.

邛(공): 언덕.

旨(지): 달콤하게 취하게 하다. 어여쁘다.

苕(초): 자운영. Astragalus sinicus L. 콩과 한해 또는
  두해살이풀.(그림은 『모시명물도설』에서)

苕

侜(주): 속이다. 꾀다.

忉忉(도도): 근심스런 모양.

〈中堂有甓〉

中唐(중당): 대문에서 집에 이르는 가운데 길.

甓(벽): 지면에 까는 납작한 돌.

鷊(역): 타래난초. Spiranthes sinensis (Pers.) Ames. 난초과 여러해살이풀.

惕惕(척척): 근심스런 모양.

해설: 모든 연이 흥이다. 애인을 빼앗기고 슬퍼한 시이다.

 *『모시서』에 의하면 선공(宣公)이 참언을 자주 믿자 군자가 그것을 걱정하
  고 두려워했다.

8. 월출(月出) / 달 뜨고

달 하얗게 떠오르고
저 예쁜 아가씨 사랑스러워라
내 답답한 마음 풀어다오
근심으로 시름한다오

달 밝게 떠오르고
저 예쁜 아가씨 아름다워라
내 우울한 마음 풀어다오
근심으로 고달프다오

달 환하게 떠오르고
저 예쁜 아가씨 찬란하여라
내 울적한 마음 풀어다오
근심으로 애처롭다오

月出
月出皎兮 佼人僚兮 舒窈糾兮 勞心悄兮
月出皓兮 佼人懰兮 舒懮受兮 勞心慅兮
月出照兮 佼人燎兮 舒夭紹兮 勞心慘兮

〈月出皎兮〉
皎(교): 희다. 밝다.
佼(교): 예쁘다.
僚(료): 예쁘다.

舒(서): 풀다. 늦추다. 완화하다.

窈糾(요규): 마음속 답답함.

勞心(노심): 근심.

悄(초): 근심하다.

〈月出皓兮-月出照兮〉

皓(호): 희다. 밝다.

懰(류): 아름답다.

懮受(우수): 마음속 우울함.

慅(소): 고달프다. 시름겹다.

燎(료): 밝다.

夭紹(요소): 시름. 수심.

慘(참): 비참하다. 애처롭다.

해설: 모든 연이 홍이다. 짝 사랑에 빠진 남자가 달을 보며 자신의 심정을
　　　 읊었다. 레게(J. Legge)의 번역을 따랐다.

　*『모시서』에 의하면 여색을 좋아함을 풍자했다.

9. 주림(株林) / 주 땅의 나무

주(株) 땅 숲에서 무엇을 하였을까?
하남(夏南)을 만났다네
주(株) 땅 숲에 간 것이 아니라
하남(夏南)에게 갔다네

나에게 수레를 몰게 하여
주(株) 땅 들로 갔다네
나에게 네 마리 수레를 몰게하여
주(株) 땅에서 아침을 먹었다네

株林
胡爲乎株林 從夏南 匪適株林 從夏南
駕我乘馬 說于株野 乘我乘駒 朝食于株

〈胡爲乎株林〉
胡(호): 무엇. 어찌.
株(주): 땅 이름. 지금의 하남성(河南省) 자성현(柘城縣).
從(종): 따르다.
夏南(하남): 사람 이름. 하희(夏姬)를 가리킨다. 이름을 바로 언급하지 않고
    은밀히 지칭했다. 진(陳) 나라 영공(靈公)은 하희(夏姬)와 음란하게 정을
    통했다.

〈駕我乘馬〉
駕(가): 멍에를 메다. 타다.
乘馬(승마): 수레에 매는 말 네 마리.
乘駒(구): 작은 말 네 마리.
說(세): 쉬다.
朝食(조식): 아침 식사.

해설: 모든 연이 부이다. 진(陳) 나라 영공(靈公)이 하희(夏姬)가 살고 있는
    주(株) 땅에 가서 그녀와 몰래 정을 통한 것에 대해 풍자한 시이다.

정(鄭) 나라 목공(穆公)의 딸 하희는 진(陳) 나라 대부 하어숙(夏御叔)
의 처가 되었다. 하희는 자신의 아들인 징서(徵舒)가 성장한 뒤에도
용모가 아름다웠다. 그러나 성품이 음란하여 진(陳) 나라 임금 영공(靈
公), 대부 공령(孔寧) 등 여러 남자와 정을 통했다. 영공(靈公)은 B.C.
613년에 즉위해 B.C. 599년에 징서(徵舒)에게 피살되었다.
　*『모시서』도 같다.

10. 택피(澤陂) / 연못 가

저 연못 가에
부들과 연 자라네
멋있는 님을 생각하면
마음 아파요
자나깨나 아무 것도 못 하고
눈물 콧물만 줄줄 흘려요

저 연못 가에
부들과 등골나물 자라네
멋있는 님
우람하고 건장하죠
자나깨나 아무 것도 못 하고
마음만 초초해요

저 연못 가에
부들과 연꽃 자라네

멋있는 님

우람하고 의젓하죠

자나깨나 아무 것도 못 하고

베개에 누워 이리저리 뒹굴어요

澤陂

彼澤之陂 有蒲與荷 有美一人 傷如之何 寤寐無爲 涕泗滂沱

彼澤之陂 有蒲與蘭 有美一人 碩大且卷 寤寐無爲 中心悁悁

彼澤之陂 有蒲菡萏 有美一人 碩大且儼 寤寐無爲 輾轉伏枕

〈彼澤之陂1〉

陂(피): 비탈. 고개.

蒲(포): 큰잎부들. Typha latifolia L. 부들과 여러해살

　이풀.(그림은 『모시품물도고』에서)　　　　　　　蒲

荷(하): 연꽃. Nelumbo nucifera Gaerin. 연꽃과 여러

해살이 수초.

無爲(무위): 어떻게 하지 못하다.

涕(체): 눈물을 흘리다.

泗(사): 콧물을 흘리다.

滂沱(방타): 많은 비가 내리듯 눈물을 흘리는 모양.

〈彼澤之陂2〉

蘭(간): 등골나물. Eupatorium japonicum Thunb. 고명건·모설비의 『시경동식

　물도설』에는 Eupatorium Fortunei라고 나와 있다. 70센티미터 정도로 자라

　는 국화과 여러해살이풀. 예부터 유명한 향초이다. 군자를 상징하며 몸에

　차면 부정한 기운을 제거할 수 있다고 전한다.

碩大(석대): 몸집이 우람하다.

卷(권): 건장하다.

悁悁(연연): 근심으로 초조한 모양.

〈彼澤之陂3〉

菡萏(함담): 연꽃 봉우리.

儼(엄): 의젓하다.

伏(복): 엎드리다.

枕(침): 베개.

해설: 모든 연이 흥이다. 사랑으로 번민하는 시이다.

*『모시서』에 의하면 당시 세태를 풍자했다. 영공을 포함한 위정자들이 음
   탕한 짓을 하여 남녀가 서로 좋아하면서 우수에 젖곤 했다.

제13권. 회풍(檜風)

회 나라는 춘추 시대 이전의 작은 나라다. 고신씨(高辛氏)의 화정(火正)인 축융(祝融)의 옛터로 외방산(外方山)의 북쪽, 형파(榮波)의 남쪽, 진(溱)강과 유(洧)강 사이에 있었다. 그 임금의 성은 운(妘)씨이다. 주(周) 나라 평왕(平王) 때 정(鄭) 나라 무공(武公)이 신정(新鄭) 땅에 새 도읍을 개척하면서 멸망했다. 지금의 하남성(河南省) 정주(鄭州)가 회(檜) 나라 거주지였다. 회풍(檜風)에 나오는 시는 정(鄭) 나라에게 멸망하기 이전의 시이므로 정풍(鄭風)에 넣지 않았을 것으로 추정된다.

1. 고구(羔裘) / 양가죽 옷

양가죽 옷 입고 밖을 거닐고
여우가죽 옷 입고 조정에 나가네
어찌 그대를 걱정하지 않겠소?
근심으로 마음 앓는다오

양가죽 옷 입고 밖을 노닐고
여우가죽 옷 입고 공무를 보네
어찌 그대를 걱정하지 않겠소?
내 마음 슬프고 아프다오

양가죽 옷 윤기 흘러

해가 뜨면 반들반들

어찌 그대를 걱정하지 않겠소?

내 마음 서럽다오

羔裘

羔裘逍遙 狐裘以朝 豈不爾思 勞心忉忉

羔裘翶翔 狐裘在堂 豈不爾思 我心憂傷

羔裘如膏 日出有曜 豈不爾思 中心是悼

〈羔裘逍遙〉

羔裘(고구): 양가죽으로 만든 옷. 공무를 볼 때 입어야 할 옷을 산책할 때
　　입었다.

逍遙(소요): 거닐다.

狐裘(호구): 여우 가죽으로 만든 겉옷. 한 해를 끝내는 납제(蠟祭) 때 입는
　　옷인데 조정에서 입었다.

勞(노): 근심.

忉忉(도도): 근심스런 모양.

〈羔裘翶翔-羔裘如膏〉

翶翔(고상): 자유롭게 유람하다.

堂(당): 공무를 보는 건물.

膏(고): 기름. 윤기가 흐르다.

曜(요): 광택.

悼(도): 슬퍼하다.

해설: 모든 연이 부이다. 회(檜) 나라 임금이 정사를 돌보지 않자 신하가
　　　염려하며 읊은 시이다.
　*『모시서』에 의하면 대부가 도리를 취하고 그 임금을 버렸다. 나라가 작고
　　핍박을 받는데도 임금이 도리를 쓰지 않고 소요하고 잔치하면서 놀기를
　　좋아했다.

2. 소관(素冠) / 하얀 갓

하얀 갓을 보게나
내 몸 파리하게 여위고
마음에는 근심만 가득하다오

하얀 옷을 보게나
내 마음 아프고
당신과 함께 죽고 싶다오

하얀 무릎가리개를 보게나
내 마음 답답하고
내가 당신이고 싶다오

素冠
庶見素冠兮　棘人欒欒兮　勞心慱慱兮
庶見素衣兮　我心傷悲兮　聊與子同歸兮
庶見素韠兮　我心蘊結兮　聊與子如一兮

庶(서): 어조사.

素冠(소관): 흰색 갓.

棘(극): 급하다.

欒欒(난난): 파리하고 여윈 모양.

慱慱(단단): 근심하는 모양.

聊(료): 꼭.

韠(필): 폐슬(蔽膝). 가슴에 달아 무릎을 가리는 것.

蘊結(온결): 마음이 답답하다.

如一(여일): 일체감을 느끼다.

해설: 모든 연이 부이다. 사랑하는 사람이 죽자 읊은 시이다. 흰 갓, 흰 옷,
　　　흰색 무릎가리개 등이 장례를 치르는 자의 것인지 주검에 착용해 놓은
　　　것인지 분명치 않다. 전체적으로 웨일리(A. Waley)의 번역을 참고했다.
　*『모시서』에 의하면 삼년상을 행하지 않음을 풍자했다.

3. 습유장초(隰有萇楚) / 습지의 참다래나무

습지의 참다래나무
부드럽게 가지 늘어뜨렸네
저 화사한 모습이여
너처럼 아무 것도 몰랐으면 좋으련만

습지의 참다래나무
살며시 어여쁜 꽃 피었네
저 화사한 모습이여

너처럼 집이 없으면 좋으련만

습지의 참다래나무
부드럽고 맛있는 과일 열렸네
저 화사한 모습이여
너처럼 가정이 없으면 좋으련만

隰有萇楚
隰有萇楚 猗儺其枝 夭之沃沃 樂子之無知
隰有萇楚 猗儺其華 夭之沃沃 樂子之無家
隰有萇楚 猗儺其實 夭之沃沃 樂子之無室

萇楚(장초): 참다래. Actinidia chinensis Planch. 다래나무과 덩굴성 과일나무.
隰(습): 습지. 늪.
猗儺(의나): 부드러움과 아름다움을 표시한다.
夭(요): 풍성하다.
沃沃(옥옥): 광택.
無知(무지): 모르다.

해설: 모든 연이 부이다. 난세에 위정자의 악정을 한탄한 시이다. 처자식과
　　　함께 어려움을 당하는 자신의 처지를 참다래나무와 비교하며 읊었다.
　*『모시서』에 의하면 임금이 음탕하고 방자함을 미워했다.

4. 비풍(匪風) / 바람이 불지 않았네

바람이 불지 않았네
수레가 달리지 않았네
주(周) 나라 가는 길을 돌아보면
마음 슬프오

회오리가 일지 않았네
수레가 소리내지 않았네
주(周) 나라 가는 길을 돌아보면
마음 아프오

누구든 물고기를 삶으려거든
가마솥을 씻게나
누군가 서쪽으로 가려거든
소식좀 전해주오

匪風
匪風發兮 匪車偈兮 顧瞻周道 中心怛兮
匪風飄兮 匪車嘌兮 顧瞻周道 中心弔兮
誰能亨魚 溉之釜鬵 誰將西歸 懷之好音

〈匪風發兮〉
匪(비) 아니다.
偈(게): 수레를 빨리 달리다.
顧瞻(고첨): 돌아보다.

周道(주도): 주(周) 나라의 왕과 관리가 다니는 큰 길.

怛(달): 슬퍼하다.

〈匪風飄兮〉

飄(표): 회오리 바람.

嘌(표): 흔들리다.

弔(조): 슬퍼하다.

〈誰能亨魚〉

亨(형): 삶다. '烹'과 같다.

漑(개): 씻다.

釜鬵(부심): 가마솥.

懷(회): 품다. 전하다.

好音(호음): 소식.

西歸(서귀): 주(周) 나라로 돌아가다. 주(周) 나라가 회(檜)나라 서쪽에 있었다.

해설: 1연과 2연은 부이고, 3연은 흥이다. 회(檜) 나라의 정세가 위태로움을
　　　근심하면서 주(周) 나라를 사모한 시이다.

　*『모시서』도 같다.

제14권. 조풍(曹風)

진탁(振鐸)
소공(召公, 班, B.C. 661-B.C. 653)
공공(共公, 襄, B.C. 652-B.C. 618)

조(曹) 나라는 주(周) 나라 무왕(武王)이 처음 봉했으며, 「우공(禹貢)」에 의하면 곤주(袞州) 도구(陶丘)의 북쪽, 뇌하(雷下) 및 하택(荷澤)의 들에 있었다. 주(周) 나라 무왕(武王)이 동생 진탁(振鐸)을 조(曹) 나라에 봉했다. 24대 임금 백양(伯陽)에 이르러, 즉 노(魯) 나라 애공(哀公) 8년에 송(宋) 나라에게 망했다. 지금의 산동성(山東省) 정도현(定陶縣) 일대이다.

1. 부유(蜉蝣) / 하루살이

하루살이 날개여
밝게 빛나는 옷이여
내 마음 슬퍼라
나도 저렇게 되겠지

하루살이 날개여
화려한 옷이여
내 마음 슬퍼라

나도 저렇게 되겠지

허물벗은 하루살이여
눈처럼 흰 삼베옷이여
내 마음 슬퍼라
나도 저렇게 되겠지

蜉蝣
蜉蝣之羽 衣裳楚楚 心之憂矣 於我歸處
蜉蝣之翼 采采衣服 心之憂矣 於我歸息
蜉蝣掘閱 麻衣如雪 心之憂矣 於我歸說

蜉蝣(부유): 하루살이. Ephemera strigata. 하루살이과 곤충.(그림은 『모시품
　물도고』에서)

楚楚(초초): 선명한 모양.

歸(귀): 돌아오다.

翼(익): 날개.

采采(채채): 광채나는 모양.

掘閱(굴열): 허물을 벗고 나오다.

麻衣(마의): 하얀 삼베옷.

說(세): 휴식하다.

蜉蝣

해설: 모든 연이 비이다. 인생무상을 읊었다.
　*『모시서』에 의하면 사치를 풍자했다. 소공(김公)은 나라가 작고 좁은데도
　법을 스스로 지키지 않고 사치를 좋아하며 소인을 임용함으로써 장차
　의지할 곳이 없게 되었다.

2. 후인(候人) / 호위하는 관리

저 호위하는 관리
주살과 창을 들고
저 사람들
삼백 명이나 붉은 무릎가리개 했어요

다리 위의 펠리컨
날개를 물에 담그지 않고
저 사람들
옷에 걸맞게 행동하지 않아요

다리 위의 펠리컨
부리를 물에 담그지 않고
저 사람들
바른 혼인을 하지 않아요

뭉게뭉게
아침 남산에 구름 피었고
순하고 예쁜 막내딸
굶고 있어요

候人

彼候人兮 何戈與祋 彼其之子 三百赤芾
維鵜在梁 不濡其翼 彼其之子 不稱其服
維鵜在梁 不濡其咮 彼其之子 不遂其媾

薈兮蔚兮 南山朝隮 婉兮孌兮 季女斯飢

〈彼候人兮〉

候人(후인): 손님을 맞거나 보내는 관리.

何(하): 들다. 메다. 옮기다.

弋(익): 주살.

殳(대): 창.

芾(필): 슬갑. 대부 이상의 관리가 조정에서 입던 옷의 일부다. 위가 좁고
아래가 넓으며 무릎을 가린다.

〈維鵜在梁1-2〉

維(유): 어조사.

鵜(제): 사다새, 펠리컨. Pelecanus philippensis. 황새목 사다새과 조류.

濡(유): 젖다. 적시다.

稱(칭): ~에 상당하다.

咮(주): 부리. 주둥이.

媾(구): 화친하다.

鵜

〈薈兮蔚兮〉

薈(회): 무성하다.

蔚(울): 울창하다.

南山(남산): 조(曹) 나라 남부에 있는 산.

隮(제): 오르다.

婉(완): 순하다. 부드럽다.

孌(연): 예쁘다.

季女(계녀): 막내딸.

해설: 1연과 2연과 3연은 홍이고, 4연은 비이다. 호위하는 사람들이 힘들게
  일하면서 가난하게 살고 있지만 높은 관리들이 하는 일 없이 녹을
  받는 것에 대해 풍자했다. 이 시에서 펠리컨은 무위도식하는 귀족을
  비유하는 것으로 보이나, 정확히 알기 어렵다.

*『모시서』에 의하면 소인을 가까이함을 풍자했다. 공공(共公)이 군자를
  멀리하고 소인을 가까이하기를 좋아했으므로, 백성들이 근심해 좋은 왕
  과 신하를 그리워했다.

3. 시구(鳲鳩) / 뻐꾸기

뽕나무의 뻐꾸기
새끼 일곱 마리 낳았네
좋은 임금은
거동이 한결같지요
거동이 한결같고
마음이 굳건하지요

뽕나무의 뻐꾸기
그 새끼 매화나무에 있네
좋은 임금은
명주실로 만든 허리띠 차지요
명주실로 만든 허리띠 차고
검푸른 모자 쓰지요

뽕나무의 뻐꾸기

그 새끼 멧대추나무에 있네
좋은 임금은
거동이 어긋나지 않지요
거동이 어긋나지 않으면서
세상을 다스리죠

뽕나무의 뻐꾸기
그 새끼 개암나무에 있네
좋은 임금
백성을 바르게 하지요
백성을 바르게 하니
어찌 만년을 유지하지 않으리?

鳲鳩

鳲鳩在桑 其子七兮 淑人君子 其儀一兮 其儀一兮 心如結兮

鳲鳩在桑 其子在梅 淑人君子 其帶伊絲 其帶伊絲 其弁伊騏

鳲鳩在桑 其子在棘 淑人君子 其儀不忒 其儀不忒 正是四國

鳲鳩在桑 其子在榛 淑人君子 正是國人 正是國人 胡不萬年

〈鳲鳩在桑1-2〉

鳲鳩(시구): 뻐꾸기. Cuculus canorus. 뻐꾸기목 두견과 조류.(그림은 『모시품
　물도고』에서)

淑(숙): 맑다. 좋다. 착하다.

儀(의): 거동. 행실.

桑(상): 뽕나무. Morus alba L. 뽕나무과.

梅(매): 매화나무. Prunus mume Sieb. et Zucc.

鳲鳩

장미과 낙엽활엽수.

帶(대): 허리에 두르는 띠.

伊(이): 어조사.

弁(변): 짐승 가죽으로 만든 모자.

騏(기): 푸르고 검은 무늬가 장기판처럼 줄지어 있는 털총이 말. 여기서는
  검푸른 색을 말한다. '綦'와 같다.

〈鳲鳩在桑3-4〉

棘(극): 멧대추나무. Ziziphus jujuba Mill. 관련 고명: 棗. 갈매나뭇과 낙엽활
  엽교목.

忒(특): 어긋나다. 틀리다.

正(정): 바르게하다. 다스리다.

榛(진): 개암나무. Corylus heterophylla Fisch. 자작나무과 낙엽활엽 관목.

胡(호): 어찌.

해설: 모든 연이 흥이다. 어질고 현명한 임금의 처사에 대해 찬미했다.
 *『모시서』에 의하면 마음이 한결같지 않음을 풍자했다.

4. 하천(下泉) / 흐르는 샘물

차갑게 흐르는 저 샘물
우거진 강아지풀을 적시네
아, 잠깨어 탄식하며
주(周) 나라 수도를 걱정해요

차갑게 흐르는 저 샘물
우거진 쑥대를 적시네
아, 잠깨어 탄식하며
주(周) 나라 수도를 걱정해요

차갑게 흐르는 저 샘물
우거진 톱풀을 적시네
아, 잠깨어 탄식하며
주(周) 나라 수도를 걱정해요

무성한 찰기장 싹
비 맞고 파릇파릇 자라네
사방의 제후들에게 한 분의 왕이 있는지라
순백(郇伯)이 왕을 도왔어요

下泉
冽彼下泉 浸彼苞稂 愾我寤嘆 念彼周京
冽彼下泉 浸彼苞蕭 愾我寤嘆 念彼京周
冽彼下泉 浸彼苞蓍 愾我寤嘆 念彼京師
芃芃黍苗 陰雨膏之 四國有王 郇伯勞之

〈冽彼下泉1-3〉
冽(열): 차갑다.
下泉(하천): 흐르는 샘물.
浸(침): 적시다.
苞(포): 우거지다.

稂(랑): 강아지풀.

愾(개): 탄식하는 소리.

寤(오): 잠깨다.

周京(주경): 주(周) 나라 수도.

蕭(소): 참쑥. Artemisia dubia Wall, ex Bess. 국화과 여러해살이풀. 반부준·
　여승유의 『시경식물도감』에는 Artemisia subdigitata Mattf로 나와 있다.

京周(경주): '周京'과 같다.

蓍(시): 톱풀. Achillea alpina L. 국화과 여러해살이 초본식
　물(그림은 『모시품물도고』에서)

京師(경사): 천자가 사는 수도.

〈芃芃黍苗〉

芃芃(봉봉): 풀이 무성한 모양.

黍(서): 기장. Panicum miliaceum L. 벼과 한해살이풀. 찰기
　장으로 번역했다.

陰(음): 구름.

雨(우): 비오다.

膏(고): 기름지다. 적시다.

四國有王(사국유왕): 사방의 나라들이 천자를 존경하다.

郇伯(순백): 진(晉) 나라 순력(荀躒)을 가리킨다. 순력은 춘추 시대 소공(昭
　公) 때 난이 일어나자 평정하고 주(周) 나라 경왕(敬王)이 입성할 수 있게
　도왔다.

勞(로): 돕다. 일하다.

해설: 모든 연이 비와 흥이다. 진(晉) 나라 순백(郇伯)이 천자를 도와 동주(東
　周)를 잘 지킨 것에 대해 찬미했다. 샘물이 강아지풀과 쑥대, 톱풀을

무성하게 하는 것은 난을 비유하고, 비가 기장을 윤택하게 하는 것은 천자가 백성을 보호하는 것을 비유한다.

*『모시서』에 의하면 나라가 다스려지기를 생각했다. 조(曹) 나라 사람들은 공공(共公)이 아래 백성들을 못살게 굴며 괴롭히는 것을 미워했다

제15권. 빈풍(豳風)

　빈(豳) 땅은 「우공(禹貢)」에 의하면 옹주(雍州)로서 기산(岐山) 북쪽 원습(原濕)의 들에 있었으니, 지금의 경(涇)강 상류인 섬서성(陝西省) 분현(邠縣) 일대이다. 순 임금 때에 기(棄)가 후직(后稷)이 되어 태(邰) 나라에 봉해졌다. 하(夏) 나라가 쇠약해짐에 미쳐 기가 자신의 일에 힘쓰지 않았으며, 기의 아들 부줄(不窋)이 자리를 잃고 융적(戎狄)에게로 도망갔다. 불국이 국도를 낳고 국도가 공류(公劉)를 낳았는데, 공류가 다시 나라를 부흥시켜 빈(豳) 땅에 나라를 세웠다. 빈풍(豳風)은 주남(周南) 및 소남(召南)과 함께 주(周) 나라 창업기에 만들어진 시이다.

　1. 칠월(七月) / 칠월

칠월에는 화성이 서쪽으로 기울고
구월에는 겨울옷을 나누어 주네
십일월에는 바람이 쌀쌀하고
십이월에는 공기가 차가워지네
겨울옷과 털옷이 없으면
어떻게 한 해를 마무리 하겠는가?
정월에는 쟁기질하고
이월에는 들에 일하러 나가네
아내와 자식이

남쪽 들에 먹을 것을 내가면
농사 감독관이 기뻐하네

칠월에는 화성이 서쪽으로 기울고
구월에는 겨울옷을 나누어 주네
봄이 오면 따뜻하고
꾀꼬리 우네
여자가 밑이 깊은 광주리를 들고
작은 길을 따라 걸으며
부드러운 뽕잎을 따네
봄에 낮이 길어지면
무성하게 자란 산흰쑥을 따네
아가씨가 슬퍼하며
제후의 아들에게로 시집간다네

칠월에는 화성이 서쪽으로 기울고
팔월에는 익모초와 갈대 무성하네
누에치는 달에는 뽕잎을 따네
작은 도끼와 큰 도끼 잡고서
긴 가지와 높은 가지 솎으면
새로운 가지 돋아나네
칠월에는 긴꼬리때까치 울고
팔월에는 길쌈을 시작하네
검붉은 천과 노란 천 만들고
가장 빛나는 붉은 천으로
제후의 아들을 위해 옷을 만드네

사월에는 원지 꽃 피고
오월에는 매미 우네
팔월에는 곡식을 수확하고
시월에는 낙엽지네
십일월에는 너구리를 사냥하고
여우와 살쾡이 잡아
제후의 아들을 위해 가죽옷을 만드네
십이월에는 모두 모여
사냥에서 무기를 연마하여
작은 돼지는 집으로 가져가고
큰 돼지는 조정에 바치네

오월에는 베짱이 넓적다리 비벼 소리내고
유월에는 철써기 날개치네
칠월에는 들에 있고
팔월에는 집 처마에 있고
구월에는 방문에 있고
시월에야 귀뚜라미
침상 밑으로 들어오네
집 틈새를 막고 연기를 품어 쥐를 내쫓고
북쪽 창문을 막고 흙을 반죽하여 문 틈을 바르네
아, 아내 및 자식과 함께
새 해가 올 때까지
깊은 방으로 들어가네

유월에는 앵두와 새머루를 먹고

칠월에는 아욱과 콩을 삶고
팔월에는 대추나무 흔들어 대추 따네
시월에는 곡식을 수확하여
그것으로 막걸리 만들어
장수를 기원하네
칠월에는 참외를 먹고
팔월에는 호리병박을 쪼개네
구월에는 삼 열매를 줍고
띠풀과 가죽나무를 땔감으로 준비하네
그것들이 우리 농부를 먹여 살린다네

구월에는 채소밭에 빈 자리를 마련하고
시월에는 곡식을 거두네
찰기장, 개기장, 먼저 파종한 것, 나중에 파종한 것
벼, 삼, 콩, 보리 따위라네
아, 우리 농부들
곡식을 수확하여 거두어 들이면
조정에 가서 궁실을 수리하네
낮에는 띠풀을 모으고
밤에는 새끼를 꼬네
일찌감치 지붕을 수리하고
그제서야 여러 곡식을 파종하네

십이월에는 찡찡 얼음을 깨고
정월에는 빙고에 보관하네
이월에는 아침 일찍 일어나

양과 부추로 제사지내네

구월에는 차가운 서리가 내리네

시월에는 마당을 청소하여

두 말의 술로 연회를 하네

작은 양과 큰 양을 잡아

조정에 가서

저 뿔잔을 들고

"오래오래 건강하게 사소서"라고 덕담을 나누네

七月

七月流火 九月授衣 一之日觱發 二之日栗烈 無衣無褐 何以卒歲 三之日于
　耜 四之日擧趾 同我婦子 饁彼南畝 田畯至喜

七月流火 九月授衣 春日載陽 有鳴倉庚 女執懿筐 遵彼微行 爰求柔桑 春日
　遲遲 采蘩祁祁 女心傷悲 殆及公子同歸

七月流火 八月萑葦 蠶月條桑 取彼斧斨 以伐遠揚 猗彼女桑 七月鳴鵙 八月
　載績 載玄載黃 我朱孔陽 爲公子裳

四月秀葽 五月鳴蜩 八月其穫 十月隕蘀 一之日于貉 取彼狐狸 爲公子裘 二
　之日其同 載纘武功 言私其豵 獻豜于公

五月斯螽動股 六月莎雞振羽 七月在野 八月在宇 九月在戶 十月蟋蟀 入我
　牀下 穹窒熏鼠 塞向墐戶 嗟我婦子 曰爲改歲 入此室處

六月食鬱及薁 七月亨葵及菽 八月剝棗 十月穫稻 爲此春酒 以介眉壽 七月
　食瓜 八月斷壺 九月叔苴 采荼薪樗 食我農夫

九月築場圃 十月納禾稼 黍稷重穋 禾麻菽麥 嗟我農夫 我稼旣同 上入執宮
　功 晝爾于茅 宵爾索綯 亟其乘屋 其始播百穀

二之日鑿冰沖沖 三之日納于凌陰 四之日其蚤 獻羔祭韭 九月肅霜 十月滌
　場 朋酒斯饗 曰殺羔羊 躋彼公堂 稱彼兕觥 萬壽無疆

〈七月流火1〉

七月(칠월): 하력(夏曆) 7월. 지금 양력의 8월이나 9월에 해당한다.

流(류): 이동하다.

火(화): 화성(火星). 전갈자리 중앙에 있는 별(Antares). 이 별이 점차 서쪽으로 기울면서 가을이 시작된다.

授(수): 주다. 제공하다.

衣(의): 겨울옷.

一之日(일지일): 주(周) 나라의 자월(子月) 즉 정월을 가리킨다. 주력(周曆) 정월은 하력(夏曆) 11월에 해당한다.

觱發(필발): 차가운 바람이 일다.

栗烈(율열): 공기가 차가워지다.

褐(갈): 털옷.

卒歲(졸세): 세모. 세밑.

耜(사): 쟁기질하다.

擧趾(거지): 발을 옮기다.

饁(엽): 들밥 내가다.

南畝(남묘): 남쪽의 밭.

田畯(전준): 농사를 가르치는 관리. 권농관.

至喜(지희): 기뻐하다.

〈七月流火2〉

載(재): 곧. 즉. 이에.

陽(양): 따뜻해지다.

鳴(명): 울다.

倉庚(창경): 꾀꼬리. Oriolus chinensis diffusus. 참새목 꾀꼬리과.

懿筐(의광): 속이 깊은 광주리.

遵(준): 길을 따라서 가다.

微行(미행): 작은 길.

柔(유): 부드럽다.

桑(상): 뽕나무. Morus alba L. 뽕나무과.

遲遲(지지): 해가 늦게 지는 모양.

蘩(번): 산흰쑥. Artemisia sieversiana Ehrhart ex Willd. 국화과 두해살이풀.

祁祁(기기): 많은 모양.

女心(여심): 아가씨의 마음.

傷悲(상비): 감상에 젖어 슬퍼하다.

殆(태): 어조사.

及(급): 함께.

公子(공자): 제후의 자식.

同(동): 함께.

歸(귀): 시집가다.

〈七月流火3〉

萑(추): 익모초. Leonurus sibiricus L. 꿀풀과 두해살이풀.

葦(위): 갈대. Phragmites communis (L.) Trin. 관련 고명: 蘆, 葭, 蒹葭. 화본과
　여러해살이풀.

蠶月(잠월): 양잠하는 계절.

條桑(조상): 뽕나무 가지를 따다.

斧(부): 도끼.

斨(장): 도끼.

遠(원): 멀리 뻗은 가지.

揚(양): 높이 뻗은 가지.

猗(의): 무성하게 새가지 돋아나다.

女桑(녀상): 새가지가 나온 뽕나무.

鵙(격): 긴꼬리때까치. Lanius schach. 참새목 때까치

　과 새.(그림은『모시품물도고』에서)

鵙

績(적): 실을 낳다. 길쌈하다.

玄(현): 검붉다.

黃(황): 노랗다.

朱(주): 붉다.

孔(공): 매우.

陽(양): 밝다. 빛나다.

裳(상): 치마.

蔈

〈四月秀葽〉

秀(수): 꽃피다.

葽(요): 원지. Polygala tenuifolia Willd. 원지과 여

　러해살이풀.(그림은『모시품물도고』에서)

蜩(조): 매미. Cryptotympana pustulata. 매미목 매미과 곤충.

穫(확): 수확하다.

隕(운): 떨어지다. 지다.

蘀(탁): 낙엽.

于(우): 사냥가다.

貉(맥): 너구리. Nyctereutes procyonoides. 식육목(食肉目) 개과 포유류.

狐(호): 여우. Vulpes vulpes. 개과 포유동물.

貍(리): 살쾡이. Felis bengalensis. 고양이과 포유동물.

裘(구): 가죽옷.

其同(기동): 많은 사람이 모이다.

載(재): 어조사.

纘(찬): 잇다.

武功(무공): 전쟁을 대비해 싸우는 훈련.

豵(종): 일년 된 돼지.

豜(견): 삼년 넘은 큰 돼지.

〈五月斯螽動股〉

斯(사): 어조사.

螽(종): 베짱이. Holochlora nawae. 메뚜기목 여치과 곤충.

動(동): 움직이다. 비비다.

股(고): 넓적다리.

莎雞(사계): 철써기. Mecopoda elongata. 메뚜 기목 여치과 곤충.

莎雞

振羽(진우): 날개를 베에 쳐서 소리를 내다.

野(야): 교외. 들판.

宇(우): 집의 처마.

戶(호): 방에 들어가는 문.

蟋蟀(실솔): 귀뚜라미. Gryllus chinensis. 메뚜기목 귀뚜라미과 곤충.

牀(상): 침대.

穹(궁): 구멍이나 틈새.

窒(실): 틈새를 막다.

熏(훈): 연기를 피우다.

鼠(서): 쥐. Rattus norvegicus. 쥐과에 속하는 설치류 포유동물.

塞(색): 막다.

向(향): 북쪽으로 난 조그만 창.

墐(근): 매흙질하다. 흙을 반죽하여 바르다.

嗟(차): 감탄사.

婦子(부자): 부인과 자식.

曰(왈): 어조사.

改歲(개세): 해가 바뀌다.

室(실): 방.

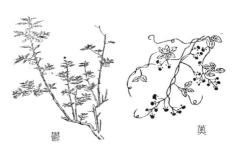

鬱　薁

〈六月食鬱及薁〉

鬱(울): 이스라지. Prunus japonica
Thunb. 7-8월 경에 앵두가
열리며, 맛은 떫지만 먹을 수 있다.(그림은 『모시품물도고』에서)

薁(먹): 까마귀머루. Vitis thunbergii S. et Z.(=Vitis bryoniaefolia Bge.)(그림은
『모시품물도고』에서)

亨(형): 삶다. '烹'과 같다.

葵(규): 아욱. Malva verticilata L. 고명건·모설비의 『시
경동식물도설』에는 Malva crispa라고 나와 있다. 아
욱과 두해살이 채소.(그림은 『모시품물도고』에서)

葵

菽(숙): 콩(대두). Glycine max (L.) Merr. 콩과 1년생
초본식물.

剝(박): 흔들다. 때리다. '扑'과 같다.

棗(조): 대추나무. Ziziphus jujuba var. inermis. 관련 고명: 棘. 갈매나무과
활엽 과일나무.

稻(도): 벼. Oryza sativa L. 화본과 한해살이풀.

春酒(춘주): 막걸리. 동동주.

介(개): 돕다.

眉壽(미수): 장수. 장수하면 긴 눈썹이 생긴데서 비롯했다.

瓜(과): 참외. 멜론. Cucumis melo L. 박과 덩굴성 한해살이풀.(그림은 『모시
품물도고』에서)

斷(단): 쪼개다.

壺(호): 호리병박, 조롱박. '瓠'와 같다. blttle-gourd. gourd(Waley).

叔(숙): 줍다. '拾'과 같다.

苴(저): 삼 열매.

采(채): 캐다. 따다.

荼(도): 띠풀. rush.

薪(신): 섶나무를 마련하다.

樗(저): 가죽나무. Ailanthus altissima (Mill.) Swingle. 소태나무과 낙엽활엽 교목.(그림은 『모시품물도고』에서)

食(식): 먹이다. 기르다.

瓜

〈九月築場圖〉

築(축): 준비하다. 마련하다.

場(장): 빈 자리.

圃(포): 채소밭.

納(납): 거두다.

禾(화): 벼.

稼(가): 들에 익은 곡식의 이삭.

黍(서): 기장. Panicum miliaceum L. 벼과 한해살이풀. 찰기장으로 번역했다.

稷(직): 기장. Panicum miliaceum L. 벼과 한해살이풀. '稷'은 덜 찰지며 '黍' 보다 개화시기가 조금 늦다. 개기장으로 번역했다.

重(중): 먼저 파종하여 나중에 여문 곡식.

穋(륙): 나중에 파종하여 먼저 여문 곡식. '稑'과 같다.

禾(화): 곡식의 총칭.

麻(마): 삼(대마). Cannabis sativa L. 삼과 1년생 초본식물.

樗

菽(숙): 콩(대두). Glycine max (L.) Merr. 콩과 1년생 초본식물.

麥(맥): 보리(Hordeum vulgare var. hexastichon)나 밀(Triticum aestivum Linn.)을 가리킨다. 『廣雅』에 보면 '來'는 밀(小麥)을 가리키고, '牟'는 보리(大麥)를 가리킨다. 그냥 '麥'이라고 쓰면 보리인지 밀인지 구분할 수 없다.

嗟(차): 감탄사.

稼(가): 농사.

旣(기): 이미.

同(동): 모으다. 수확하다.

上(상): 올라가다. 가다.

宮功(궁공): 집을 짓는 일.

晝(주): 낮.

爾(이): 어조사.

茅(모): 띠. Imperata cylindrica (Linn.) Beauv. 관련 고명: 茢. 외떡잎식물 벼목 화본과 여러해살이풀. 잎이 가늘고 길며 끝이 뾰족하다. 봄에 잎이 먼저 나온 다음 꽃이 핀다.

宵(소): 밤.

索(삭): 새끼 꼬다.

綯(도): 새끼. 노끈.

亟(극): 빨리. 일찍.

乘屋(승옥): 지붕에 오르다.

其始(기시): 그런 뒤에야 비로소.

播(파): 씨앗을 파종하다.

百穀(백곡): 여러 곡식.

〈二之日鑿氷沖沖〉

鑿(착): 나누다. 쪼개다. 깨다.

冰(빙): 얼음.

沖沖(충충): 얼음 깨는 소리.

冰陰(빙음): 얼음을 보관하는 집. 빙고.

蚤(조): 아침 일찍.

獻(헌): 바치다.

羔(고): 작은 양.

祭(제): 제사지내다.

韭(구): 부추. Allium tuberosum Rottler ex Sprengel. 백합과 다년생 채소.

肅(숙): 매섭다. 차갑다.

霜(상): 서리.

滌(척): 청소하다.

場(장): 마당.

朋酒(붕주): 두 병의 술.

饗(향): 음식을 즐기다. 마시다.

殺(살): 죽이다.

躋(제): 오르다.

公堂(공당): 제후가 사는 집.

稱(칭): 들다.

兕觥(시굉): 코뿔소의 뿔로 만든 술잔.

萬壽(만수): 오래 살다.

無疆(무강): 끝이 없다.

해설: 모든 연이 부이다. 서주(西周) 시대 빈(豳) 나라 농민의 생활에 대해
　　　읊었다.

* 『모시서』에 의하면 주공이 변을 만났으므로 후직(后稷)과 선공(先公)의 교화가 어디에서 유해하는지와 왕업을 이루기가 어려운 것에 대해 말했다.

2. 치효(鴟鴞) / 올빼미

올빼미 올빼미
내 새끼를 움켜가네
내 둥지를 파괴하지 마라
애정과 노력으로
애써 키운 가여운 내 새끼여

구름끼어 비오기 전에
뽕나무 뿌리를 거두어
오밀조밀 창문을 엮게나
지금 너희 백성 중
누가 감히 나를 깔보리?

발톱 열심히 움직여
띠풀을 따네
잎과 가지를 쌓으니
부리가 피곤하지만
"아직 내 집이 완성되지 않았어"라고 되뇌이네

날개는 파리하고
꼬리는 찢기었네

내 둥지 위태로워

비나 바람에 흔들리면

나는 놀라서 소리치네

鴟鴞

鴟鴞鴟鴞 旣取我子 無毀我室 恩斯勤斯 鬻子之閔斯

迨天之未陰雨 徹彼桑土 綢繆牖戶 今女下民 或敢侮予

予手拮据 予所捋荼 予所蓄租 予口卒瘏 曰予未有室家

予羽譙譙 予尾翛翛 予室翹翹 風雨所漂搖 予維音曉曉

〈鴟鴞鴟鴞-迨天之未陰雨〉

鴟鴞(치효): 올빼미. Glaucidium cuculoides whiteleyi. 학명에 해당하는 정확
　　한 한국어명을 찾지 못했다.(그림은 『모시품물도고』에서)

室(실): 둥지.

恩(은): 사랑.

斯(사): 어조사.

鬻(륙): 어리다.

閔(민): 가엽게 여기다.

迨(태): 미치다.

徹(철): 거두다. 취하다.

桑土(상토): 뽕나무 뿌리.

綢繆(주무): 얽히고 섥히다.

牖戶(유호): 방안을 환하게 하기 위해 벽을 뚫어 만든 조그만 창.

女(여): 너.

或(혹): 누가.

侮(모): 업신여기다. 깔보다. 얕보다.

鴟鴞

〈予手拮据〉

拮据(길거): 발과 입을 함께 놀리며 일하다.

捋(랄): 집어 따다.

荼(도): 띠풀. rush.

蓄(축): 쌓다.

租(조): 모으다.

卒(졸): 다. 전부.

瘏(도): 병들다. 지치다.

室家(실가): 집. 둥지.

羽(우): 깃. 날개.

〈予羽譙譙〉

譙譙(초초): 파리하게 마른 모양.

尾(미): 꼬리.

翛翛(소소): 찢어진 모양.

翹翹(교교): 위험한 모양.

漂搖(표요): 흔들리다.

維(유): 어조사.

嘵嘵(효효): 무서워 지르는 소리.

해설: 모든 연이 비이다. 주공(周公)이 성왕(成王)을 도우면서 자신의 어려운
처지를 새의 어려운 생활에 빗대어 읊었다. 주공이 성왕을 보좌하자
채숙(蔡叔)과 관숙(管叔)이 그것을 싫어하여 상(商) 나라 후예인 무경
(武庚)과 함께 유언비어를 만들어 주공(周公)이 자리를 찬탈했다고 모
략하면서 난을 일으켰다. 주공은 동쪽으로 난을 평정했지만 어린 성왕
(成王)이 유언비어에 의혹되어 주공을 의심했다. 이에 주공은 자기의

진심을 전하고자 새에 빗대어 자신을 둘러싼 왕실의 위기를 말했다. 『서경』「금등(金縢)」편에 보면, "주공이 시를 지어 왕에게 주고 '수리 부엉이'라고 명명했다.(公乃爲詩以貽王, 名之曰鴟鴞.)"라고 나온다.

 * 『모시서』도 같다.

3. 동산(東山) / 동산

우리는 동산으로 가서
오래도록 돌아오지 못 했지요
우리가 동쪽에서 돌아올 때
조용히 가랑비가 내렸어요
동쪽에서 "돌아가야지"라고 하며
우리는 마음을 서쪽에 두고 슬퍼했지요
당신은 내 옷을 만들면서
군대 행진에 종사하지 말기를 바랐어요
꿈틀꿈틀 기어가는 누에는
뽕나무 밭에 살고
우리는 몸을 똘똘 말아
수레 밑에서 홀로 잠들어요

우리는 동산으로 가서
오래도록 돌아오지 못 했지요
우리가 동쪽에서 돌아올 때
조용히 가랑비가 내렸어요
하늘타리 열매

처마에 달려있고
쥐며느리가 방에서 살고
장수갈거미가 방문에서 살지요
빈 터에서 사슴이 살고
개똥벌레가 반짝반짝 빛을 뿜지요
이런 것들은 두렵기도 하지만
사실은 그립기만 해요

우리는 동산으로 가서
오래도록 돌아오지 못 했지요
우리가 동쪽에서 돌아올 때
조용히 가랑비가 내렸어요
홍부리황새는 개미둑에서 울고
부인은 방에서 탄식하지요
물 뿌려 마당 쓸고 벽 틈새를 막자
우리는 집에 도착했어요
참외 익고
섶나무 장작 쌓여 있는
우리는 이런 풍경 본지
벌써 삼년이 넘었어요

우리는 동산으로 가서
오래도록 돌아오지 못 했지요
우리가 동쪽에서 돌아올 때
조용히 가랑비가 내렸어요
꾀꼬리 날며

날개를 번쩍이고

아가씨 시집갈 때

황부루 및 붉은 색과 흰 색이 섞인 말이 수레를 끌었지요

신부 어머니가 무릎가리개를 달아주자

모든 예법이 구비됐지요

신혼 때는 매우 좋았거늘

이제 오랜만에 만나면 감회가 어떨는지

東山

我徂東山 慆慆不歸 我來自東 零雨其濛 我東曰歸 我心西悲 制彼裳衣 勿士
　　行枚 蜎蜎者蠋 烝在桑野 敦彼獨宿 亦在車下

我徂東山 慆慆不歸 我來自東 零雨其濛 果臝之實 亦施于宇 伊威在室 蠨蛸
　　在戶 町畽鹿場 熠燿宵行 不可畏也 伊可懷也

慆慆不歸 我來自東 零雨其濛 鸛鳴于垤 婦歎于室 洒掃穹窒 我征聿至 有敦
　　瓜苦 烝在栗薪 自我不見 于今三年

我徂東山 慆慆不歸 我來自東 零雨其濛 倉庚于飛 熠燿其羽 之子于歸 皇駁
　　其馬 親結其縭 九十其儀 其新孔嘉 其舊如之何

〈我徂東山1〉

徂(조): 가다.

東山(동산): 동쪽에 있는 산.

慆慆(도도): 오래도록.

零(령): 조용히 비가 내리다.

濛(몽): 가랑비.

制(제): 만들다.

裳衣(상의): 평상복.

士(사): 업무. 일. '事'와 같다.

行(행): 행진하다.

枚(매): 재갈.

蜎蜎(연연): 애벌레가 기어가는 모양.

蠋(촉): 나비의 애벌레. 누에. Bombyx mandarina. 나비목 누에나방과에 속하
　는 누에나방의 유충.

烝(증): 어조사.

桑野(상야): 뽕나무 밭.

敦(퇴): 홀로 몸을 말다.

獨(독): 홀로.

宿(숙): 밤에 잠자다.

〈我徂東山2〉

果臝(과라): 하늘타리. Trichosanthes kirilowii Maxim.
　박과 덩굴성 여러해살이풀.(그림은 『모시품물도
　고』에서)

果臝

施(시): 뻗다. 달리다.

宇(우): 처마.

伊威(이위): 쥐며느리(鼠婦). Porcellio
　scaber. 절지동물 등각목(等脚
　目) 쥐며느리과 갑각류.(그림은
　『모시품물도고』에서)

伊威

蠨蛸

蠨蛸(소소): 장수갈거미. Tetragnatha praedonia. 거미목 갈거미과 절지동물.
　거미의 일종으로 거미줄을 친다.(그림은 『모시품물도고』에서)

町畽(정톤): 빈터.

熠耀(습요): 밝게 빛나는 모양.

宵行(소행): 개똥벌레. 반딧불이. Luciola vitticollis. 딱정벌레목 반딧불이과
　곤충.

伊(이): 어조사.

〈我徂東山3〉

鸛(관): 홍부리황새. Ciconia ciconia. 황새목 황새과 조류.(그림은『모시품물
　도고』에서)

垤(질): 개미두둑. 흙더미.

室(실): 방.

洒埽(쇄소): 물뿌려 청소하다.

穹窒(궁질): 쥐구멍을 막다.

征(정): 행진.

聿(율): 이에.

至(지): 집에 돌아오다.

有敦(유돈): 둥그런 모양.

瓜(과): 참외. 멜론. Cucumis melo L. 박과 덩굴성 한해살이풀.

烝(증): 어조사.

鸛

〈我徂東山4〉

栗薪(율신): 쌓아놓은 밤나무와 섶나무.

倉庚(창경): 꾀꼬리. Oriolus chinensis diffusus. 참새목 꾀꼬리과.

皇(황): 황부루. 누런 색과 흰 색이 섞인 말. ‘騜’과 같다.

駁(박): 붉은색과 흰색이 섞인 말.

縭(리): 무릎가리개. 여자가 시집갈 때 시집가면 어머니가 신부에게 아름답
　게 짠 천을 옷에 달아주었다.

九十(구십): 많음을 가리킨다.

儀(의): 거동.

新(신): 신혼.

舊(구): 나이들다. 혼인한지 오래되다.

孔(공): 매우.

嘉(가): 좋다.

해설: 1연과 2연과 3연은 부이고, 마지막 연은 부이면서 홍이다. 주공(周公)
이 동쪽으로 상(商) 나라 후예인 무경(武庚)의 난을 정벌하러 갔다가
3년만에 귀환하는 병사들을 위로하자 대부가 이를 찬미했다.

* 『모시서』도 같다.

4. 파부(破斧) / 도끼 파손되고

큰 도끼 파손되었거늘
손도끼도 망가졌네
주공(周公)이 동쪽을 정벌하자
세상이 바로잡혔네
우리를 측은히 여기는 마음
매우 위대하여라

큰 도끼 파손되었거늘
톱도 망가졌네
주공(周公)이 동쪽을 정벌하자
세상이 감화되었네
우리를 측은히 여기는 마음

매우 아름다워라

큰 도끼 파손되었거늘
끌도 망가졌네
주공(周公)이 동쪽을 정벌하자
세상이 안정되었네
우리를 측은히 여기는 마음
매우 아름다워라

破斧

旣破我斧 又缺我斨 周公東征 四國是皇 哀我人斯 亦孔之將
旣破我斧 又缺我錡 周公東征 四國是吪 哀我人斯 亦孔之嘉
旣破我斧 又缺我銶 周公東征 四國是遒 哀我人斯 亦孔之休

〈旣破我斧1〉

破(파): 깨뜨리다.

斧(부): 전쟁에서 사용하는 도끼.

缺(결): 망가지다.

斨(장): 전쟁에서 사용하는 도끼. 자루를 끼우는 구멍이 네모이다.

皇(황): 바르게 하다. '匡'과 같다.

哀(애): 불쌍히 여기다.

孔(공): 매우.

將(장): 크다.

〈旣破我斧2-3〉

錡(기): 톱.

吪(와): 움직이다. 감화하다.

嘉(가): 아름답다.

銶(구): 끌.

遒(주): 공고히 하다. 안정시키다.

休(휴): 아름답다.

해설: 모든 연이 부이다. 주공(周公)이 동쪽을 정벌하여 나라와 백성을 구한 것을 찬미했다. 주희의 해석에 의하면 관숙(管叔)과 채숙(蔡叔)이 유언비어를 퍼뜨려 주공을 비방하자 주공이 육군의 군대를 거느리고 가서 정벌했다.

* 『모시서』도 같다.

5. 벌가(伐柯) / 도끼자루를 베다

도끼자루를 어떻게 벨까?
도끼가 아니면 할 수 없지요
신부를 어떻게 구할까?
중매가 아니면 얻을 수 없지요

도끼자루를 벨 때
그 기준이 멀리 있지 않지요
내가 만나는 이 아가씨
대접시와 목기에 음식을 차린다오

伐柯

伐柯如何 匪斧不克 取妻如何 匪媒不得
伐柯伐柯 其則不遠 我覯之子 籩豆有踐

〈伐柯如何〉

伐(벌): 치다. 베다.

柯(가): 도끼자루.

匪(비): 아니다.

斧(부): 도끼.

妻(처): 부인.

媒(매): 중매.

〈伐柯伐柯〉

則(칙): 기준. 표준.

覯(구): 보다. 만나다. 합치다.

之子(지자): 이 아가씨. 신부를 가리킨다.

籩(변): 대접시. 대나무로 만든 그릇으로 과일과 포 따위를 놓는다.(그림은
　『삼재도회』에서)

豆(두): 목기. 나무에 옻칠하여 만든 그릇으로 고깃국과 젓갈 따위를 담는다.

踐(천): 진열하다.

해설: 모든 연이 비이다. 가까이 만나는 여자를 부인으로 삼은 시이다.
　*『모시서』에 의하면 주공을 찬미한 시이다. 주 나라 대부가 조정의 신하들
　　이 주공의 덕을 알지 못한 것에 대해 풍자했다.

6. 구역(九罭) / 촘촘한 어망

촘촘한 어망에 걸린 물고기
눈불개와 방어라네
내가 만나는 이 사람
용 그려진 옷과 수놓은 치마 입었네

개리 날아 섬으로 가는데
주공(周公)은 돌아갈 곳 없어
그대의 집에서 이틀을 지냈네

개리 날아 뭍으로 가는데
주공(周公)은 돌아갈 곳 없어
그대의 집에서 이틀을 묵었네

이런 연유로 우리에게 용 그려진 옷 있네
우리 주공(周公)님 돌아가지 마소서
우리를 슬프게 하지 마소서

九罭
九罭之魚 鱒魴 我覯之子 袞衣繡裳
鴻飛遵渚 公歸無所 於女信處
鴻飛遵陸 公歸不復 於女信宿
是以有袞衣兮 無以我公歸兮 無使我心悲兮

〈九罭之魚〉

九罭(구역): 조밀한 어망.

鱒(준): 눈불개. Squaliobarbus curriculus. 잉어목
  잉어과 민물고기.(그림은『모시명물도설』에서)

魴(방): 방어. Megalobrama terminalis. 농어목 전
  갱이과.

覯(구): 보다. 만나다.

之子(지자): 이 사람. 이 분. 주공(周公)을 가리킨다.

袞衣(곤의): 용 수놓아진 옷.

繡裳(수상): 수놓아진 치마.

〈鴻飛遵渚-鴻飛遵陸-是以有袞衣兮〉

鴻(홍): 개리. Anser cygnoides. 기러기목 오리과.

遵(준): ~을 따라.

渚(저): 물 가운데 위치한 작은 섬.

女(여): 너.

信(신): 다시. 이틀.

陸(육): 뭍. 육지.

復(복): 돌아오다.

宿(숙): 묵다. 잠자다.

해설: 1연과 2연과 3연은 흥이고, 4연은 부이다. 주(周) 나라 왕실에서 유언
  비어를 믿어 주공(周公)을 소원하게 대한 것에 대해 풍자했다. 또한
  주(周) 나라 동쪽 지역의 사람들이 주공을 흠모한 것으로 보인다.

  *『모시서』도 같다.

7. 낭발(狼跋) / 말승냥이가 밟다

말승냥이 앞발 자신의 턱밑 살을 밟고
말승냥이 뒷발 꼬리에 걸려 넘어지네
공손하고 훤칠하고 잘생긴 주공(周公)
붉은 신발을 신고 의젓하게 서있네

말승냥이 뒷발 꼬리에 걸려 넘어지고
말승냥이 앞발 자신의 턱밑 살을 밟네
공손하고 훤칠하고 잘생긴 주공(周公)
언행에 허물이 없다네

狼跋

狼跋其胡 載疐其尾 公孫碩膚 赤舃几几
狼疐其尾 載跋其胡 公孫碩膚 德音不瑕

〈狼跋其胡〉

狼(낭): 말승냥이. Canis lupus. 식육목 개과 포유류.

跋(발): 밟다.

胡(호): 턱과 목 밑에 쳐진 살.

載(재): 곧. 즉. 이에.

疐(치): 발끝이 걸려 넘어지다.

尾(미): 꼬리.

公(공): 주공(周公)을 가리킨다.

孫(손): 겸손하다.

碩(석): 크다.

膚(부): 잘생기다. 아름답다.

赤舃(적석): 붉은 신발.

德音(덕음): 행위와 말. 언행.

瑕(하): 티. 허물. 잘못.

해설: 모든 연이 흥이다. 주공(周公)이 섭정함에 멀리서는 사국(四國)에서 유언비어를 퍼뜨리고 가까이서는 성왕이 그러한 사정을 이해하지 못했다. 주공이 그렇게 어려운 상황에 처했음에도 언행에 잘못이 없었으므로 주 나라 대부가 그것을 칭송했다. 이리가 앞이나 뒤로 움직이지 못하는 상황은 주공의 난처한 환경을 비유한다.

* 『모시서』도 같다.

부록

1. 「모시서(毛詩序)」

「관저」는 후비의 덕을 노래한 것으로 풍의 처음이다. 이것으로써 천하 사람들을 교화하고 부부의 도리를 바로 잡는다. 그러므로 그것을 향인(鄉人)과 방국(邦國)에 썼다. 풍이란 바람이요 가르침이다. 바람으로써 감동시키고 가르침으로써 교화한다.

시란 뜻이 가는 바이니, 마음에 있으면 뜻이요 말로 나오면 시이다. 감정이 안에서 움직여 말로 드러난다. 말하는 것으로 부족하므로 감탄하게 되고, 감탄하는 것으로 부족하므로 길게 노래하게 되고, 길게 노래하는 것으로 부족하면 저도 모르게 손으로 춤추고 발로 뛰게 된다. 감정이 소리(聲)로 나오고, 소리가 조화로우면 그것을 음(音)이라고 한다. 치세의 음이 편안하고 즐거운 것은 그 정치가 조화롭기 때문이다. 난세의 음이 원망하고 성내는 것은 그 정치가 어그러져 있기 때문이다. 망국의 음악이 슬프고 수심에 찬 것은 그 백성이 곤궁하기 때문이다. 그러므로 득실을 바로 하고 천지와 귀신을 감동시키는 것으로는 시보다 좋은 것이 없다. 선왕은 이로써 부부를 다스리고, 효심와 공경심을 이루고, 인륜을 두텁게 하고, 교화를 아름답게 하고, 풍속을 개선했다. 그러므로 『시경』에는 여섯 가지 뜻이 있으니 첫째는 풍, 둘째는 부, 셋째는 비, 넷째는 흥, 다섯째는 아, 여섯째는 송이다. 윗사람은 풍으로써 아랫사람을 교화시키고, 아랫사람은 풍으로써 윗사람을 풍자한다. 글을 위주로 하여 넌지시 간하면 말하는 사람은 죄를 받지 않으면서 듣는 사람을 경계할 수 있으므로 풍이라고 한다. 예의가 폐하고,

정교(政敎)가 상실되고, 나라마다 정사를 달리하고, 집안마다 풍속을 달리하게 되자, 변풍(變風)과 변아(變雅)가 지어지게 되었다. 국사(國史)가 득실의 자취에 밝아 인륜이 무너진 것에 대해 가슴 아파하고, 형벌과 정치가 가혹한 것에 대해 슬퍼하면서, 성정을 길게 읊어 그 윗사람을 풍자하니, 이것은 일의 변화에 통달해 옛 풍속을 그리워한 것이다. 그러므로 변풍은 감정에서 나와 예의에 그쳤다. 감정에서 나온 것은 백성의 본성이요, 예의에 그친 것은 선왕의 덕택이다. 한 나라의 일이 한 사람의 근본에 달린 것을 일러 풍이라 한다. 천하의 일을 말하고 사방의 풍속을 형용한 것을 일러 아(雅)라고 한다. 아(雅)란 바르다는 뜻으로 왕정이 폐하고 흥하게 된 까닭을 말한다. 정사에 작고 큼이 있으므로 소아와 대아가 있다. 송(頌)이란 왕성한 덕의 모습을 찬미하는 것으로, 이룬 공적으로써 신명께 고한 것이다. 이를 일러 네 가지 시작이라고 하니, 이는 시의 지극함이다.

「관저」와 「인지」의 교화는 왕의 풍이므로 주공과 관련이 있다. '남(南)'이란 교화가 북쪽에서 남쪽에 이르는 것을 말한다. 「작소」와 「추우」의 덕은 제후의 풍으로, 선왕이 그것으로써 교화했으므로 소공과 관련이 있다. 주남과 소남은 처음을 바로 잡는 길이요, 왕이 교화를 펴는 기본이다. 그러므로 「관저」는 숙녀를 얻어 군자에게 짝지어 주는 것을 즐거워하고, 현자를 등용함에 여색에 빠지지 않도록 근심하며, 요조숙녀를 애틋하게 기다리고 어진 인재를 사모하되 결코 선량함을 해치는 마음이 없으니, 이것이 「관저」의 뜻이다.

「毛詩序」

關雎, 后妃之德也, 風之始也, 所以風天下而正夫婦也. 故用之鄕人焉, 用之邦國焉. 風, 風也, 教也, 風以動之, 教以化之.

詩者, 志之所之也, 在心爲志, 發言爲詩. 情動於中而形於言, 言之不足,故嗟嘆之, 嗟嘆之不足, 故永歌之. 永歌之不足, 不知手之舞之·足之蹈之也.
情發於聲, 聲成文謂之音. 治世之音安以樂, 其政和. 亂世之昔怨以怒, 其政
乖. 亡國之音哀以思, 其民困. 故正得失, 動天地, 感鬼神, 莫近於詩. 先王以
是經夫婦, 成孝敬, 厚人倫, 美教化, 移風俗. 故詩有六義焉. 一曰風, 二曰
賦, 三曰比, 四曰興, 五曰雅, 六曰頌. 上以風化下, 下以風刺上, 主文而譎
諫, 言之者無罪, 聞之者足以戒, 故曰風. 至於王道衰, 禮義廢, 政教失, 國異
政, 家殊俗, 而變風變雅作矣. 國史明乎得失之跡, 傷人倫之廢, 哀刑政之苛,
吟咏情性, 以風其上, 達於事變, 而懷其舊俗者也. 故變風發乎情, 止乎禮義.
發乎情, 民之性也. 止乎禮義, 先王之澤也. 是以一國之事, 繫一人之本, 謂
之風. 言天下之事, 形四方之風, 謂之雅. 雅者, 正也, 言王政之所由廢興也.
政有小大, 故有小雅焉, 有大雅焉. 頌者, 美盛德之形容, 以其成功, 告於神
明者也. 是謂四始, 詩之至也.

然則關雎麟趾之化, 王者之風, 故繫之周公. 南, 言化自北而南也. 鵲巢騶
虞之德, 諸侯之風也, 先王之所以教, 故繫之召公. 周南召南, 正始之道, 王
化之基, 是以關雎樂得淑女, 以配君子, 憂在進賢, 不淫其色. 哀窈窕,
才, 而無傷善之心焉, 是關雎之義也.

2. 주희, 「시집전서(詩集傳序)」

혹자: 시를 왜 지었을까요?

대답: 사람이 태어남에 고요한 것이 하늘의 본성이요 사물에 느끼어 움직이는 것이 본성의 욕구이다. 이미 욕구가 있으면 생각이 없을 수 없다. 이미 생각이 있으면 말이 없을 수 없다. 이미 말이 있으면 말로 다할 수 없어서 '아'라고 하면서 길게 감탄을 쏟아냄에 반드시 자연스러운 음향과 가락이 있어 그칠 수 없다. 이것이 시를 지은 까닭이다.

혹자: 그렇다면 시로써 가르치는 까닭은 무엇일까요?

대답: 시는 사람의 마음이 사물을 느껴 말로 드러난 것이다. 마음이 느낀 것에는 삿된 것과 바른 것이 있다. 그러므로 말에 드러난 것에는 옳은 것과 그른 것이 있다. 오직 성인이 윗자리에 있으면 그 느낀 것이 바르지 않음이 없어서 그 말이 모두 가르침이 될 수 있다. 혹시 느낀 것이 잡스러워서 발화한 것에 대해 가리지 않을 수 없을 경우에 윗사람이 반드시 스스로를 반성해 그것에 따라 선을 권하고 악을 징계했으니, 이것도 가르침이 된다. 옛날 주 나라가 융성할 때에 위로는 교(郊) 제사와 종묘 제사와 조정의 일로부터 비롯해, 아래로는 향당(鄕黨)과 여항(閭巷)에 이르기까지 그 말이 순수하게 바른 것으로부터 나오지 않은 것이 없었다. 이것에 대해 성인이 진실로 성율(聲律)을 맞추어 그것을 지방 사람들 및 나라에 사용하여 천하를 교화했다. 열국(列國)의 시에 이르면 천자가 순수(循守)할 때에 반드시 시를 진열케하여 관찰함으로써 출척(黜陟)의 법을 행했다. 그러나 주 나라 소왕(昭王)과 목왕(穆王) 이래 점차 쇠약해

져서 동쪽으로 수도를 옮기는데 이르러서는 마침내 폐지되어 시행되지 않았다. 공자가 그 때에 태어났으나 직위를 얻지 못하여 권징(勸懲)하고 출척(黜陟)하는 정치를 행할 수 없었다. 이에 특별히 그 전적(典籍)을 들어 토론해 중복된 것을 빼고 그 혼란한 것을 바로잡아, 선한 것 중에 모범이 될 수 없는 것과 나쁜 것 중에 경계가 될 수 없는 것 역시 간행할 때 삭제함으로써 간략함을 따라 구원(久遠)한 뜻을 보여주었다. 그렇게 하여 배우는 자로 하여금 이에 나아가 그 득실을 살피어 좋은 것을 스승으로 삼고 나쁜 것을 고치게 했다. 이런 까닭에 그 정치가 비록 한 시대에 행하여지지 못했을지라도 그 가르침은 실로 만세에 미쳤다. 이것이 시가 가르침이 되는 까닭이다.

혹자: 그렇다면 풍, 아, 송의 문체가 같지 않음은 왜일까요?

대답: 내가 듣기로 시 중에서 풍이라고 하는 것은 모두 마을의 거리에서 부르던 가요에서 나왔으니, 이른바 남녀가 서로 모여 읊고 노래하면서 자기의 감정을 읊은 것이다. 주남과 소남만은 직접 문왕(文王)의 교화를 입어 덕을 이루어서 사람들이 모두 그 성정(性情)의 바름을 얻었다. 그러므로 그 말에 나타난 것이 즐거우면서도 과하게 음란하지 않고, 슬퍼하되 상하는 데에 이르지 않았다. 이런 까닭에 이 두 편이 풍의 바른 모범이고, 패풍 이하는 각 나라의 치세와 난세가 같지 않고, 사람들 중 현명한 자와 현명하지 못한 자가 달라서, 그 느껴서 드러난 것에 삿됨과 바름, 옳음과 그름의 차이가 있다. 이른바 선왕의 풍이 이곳에서 변했다. 아와 송의 경우에는 모두 성대한 주 나라 때에 조정과 교묘(郊廟)에서 사용하던 악가(樂歌)의 가사들이어서 그 말이 화순하면서도 장엄하고, 그 뜻이

너그러우면서도 정밀하다. 또한 그것들은 작자가 대부분 성인의 무리여서 진실로 만세의 법도로 삼아 바꿀 수 없는 것이다. 아 중에서 변아에 이르면 역시 이것들도 한 때의 현자와 군자가 당시의 병든 풍속을 근심하여 만든 것인데 성인이 그것을 취했다. 그 충후(忠厚)하고 측달한 마음과 선을 펼치고 악을 막는 뜻은 더욱이 후세의 문장을 하는 선비들이 미칠 수 있는 바가 아니다. 이것이 시가 경(經)이 되어 사람의 일이 아래로 무젖고 천도가 위로 갖추어져서 하나의 이치를 갖추지 않음이 없는 까닭이다.

혹자: 그렇다면 시를 배우려면 어떻게 해야 할까요?
대답: 주남과 소남에 근본해 그 단서를 구한 다음에 열국의 풍을 참고해 그 변(變)을 다한다. 아(雅)로써 바르게 하여 그 법도를 키운다. 송(頌)으로써 조화롭게 하여 그 그칠 곳을 구한다. 이것이 시를 배우는 큰 요점이다. 이에 장구로써 큰 줄기를 잡고, 훈고로써 작은 줄기를 잡아, 외우고 읊어서 창달하고, 흠뻑 무젖어서 체득해, 그것들을 은미한 성정(性情) 사이에서 살피고, 말하고 행하는 기미에서 살핀다면 수신제가치국평천하의 도리를 다른 데서 구하지 않더라도 이곳에서 얻을 수 있다.

묻던 사람이 알았다고 하면서 물러났다. 내가 당시에 『시집전』을 편집하고 있는 터라 이 말들을 모두 순서대로 정리해 머리말로 적는다.
순희 4년 정유년(1183) 겨울 10월 무자일에 신안 주희가 서문을 적다.

「詩集傳序」
或有問於予 曰詩何爲而作也 予應之曰 人生而靜 天之性也 感於物而動

性之欲也 夫旣有欲矣 則不能無思 旣有思矣 則不能無言 旣有言矣 則言之
所不能盡 而發於咨嗟詠歎之餘者 必有自然之音響節族而不能已焉 此詩之所
以作也

曰然則其所以教者 何也 曰詩者 人心之感物而形於言之餘也 心之所感 有
邪正故 言之所形 有是非 惟聖人 在上則其所感者 無不正而其言 皆足以爲教
其或感之之雜而所發 不能無可擇者 則上之人 必思所以自反 而因有以勸懲之
是亦所以爲教也 昔周盛時 上自郊廟朝廷 而下達於鄉黨閭巷 其言粹然 無不
出於正者 聖人固已協之聲律 而用之鄉人 用之邦國 以化天下 至於列國之詩
則天子巡守 亦必陳而觀之 以行黜陟之典 降自昭穆而後 寖以陵夷 至於東遷
而遂廢不講矣 孔子生於其時 旣不得位 無以行勸懲黜陟之政 於是 特擧其籍
而討論之 去其重複 正其紛亂 而其善之不足以爲法 惡之不足以爲戒者 則亦
刊而去之 以從簡約示久遠 使夫學者 卽是而有以考其得失 善者師之 而惡者
改焉 是以其政 雖不足以行於一時 而其教實被於萬世 是則詩之所以爲教者
然也

曰然則國風雅頌之體 其不同 若是 何也 曰吾聞之 凡詩之所謂風者 多出於
里巷歌謠之作 所謂男女相與詠歌 各言其情者也 唯周南召南 親被文王之化
以成德而人皆有以得其性情之正故 其發於言者 樂而不過於淫 哀而不及於傷
是以 二篇 獨爲風詩之正經 自邶而下則其國之治亂 不同 人之賢否 亦異 其所
感而發者 有邪正是非之不齊 而所謂先王之風者 於此焉變矣 若夫雅頌之篇
則皆成周之世 朝廷郊廟樂歌之詞 其語和而莊 其義寬而密 其作者 往往聖人
之徒 固所以爲萬世法程 而不可易者也 至於雅之變者 亦皆一時賢人君子 閔
時病俗之所爲 而聖人取之 其忠厚惻怛之心 陳善閉邪之意 尤非後世能言之士
所能及之 此詩之爲經 所以人事浹於下 天道備於上 而無一理之不具也

曰然則其學之也 當奈何 曰本之二南 以求其端 參之列國 以盡其變 正之於
雅 以大其規 和之於頌 以要其止 此學詩之大旨也 於是乎章句以綱之 訓詁以
紀之 諷詠以昌之 涵濡以體之 察之情性隱微之間 審之言行樞機之始 則修身
及家平均天下之道 其亦不待他求 而得之於此矣

問者 唯唯而退 余時方輯詩傳 因悉次是語 以冠其篇云
淳熙四年丁酉冬十月戊子 新安朱熹 序

참고문헌

고원상 기자, "날카로운 부리와 눈매, 제주 해안서 먹이 찾는 물수리 포착", 『미디어 제주』, 2023.02.06.

리가원·허경진 번역, 『시경』, 청아출판사, 1999.

마르셀 그라네, 신하령·김태완 번역, 『중국의 고대 축제와 가요』, 살림, 2005.

성백효 번역, 『시경집전』 상, 하, 전통문화연구회, 1993.

이상진·이준녕·황송문·최영전 번역, 『시경』, 자유문고, 1998.

이영노, 『원색한국식물도감』, 교학사, 1996.

岡元鳳, 『毛詩品物圖考』, 中國濟南: 山東畵報出版社, 2002.

高明乾·佟玉華·劉坤, 『詩經動物釋詁』, 中華書局, 2005.

高明乾·王鳳産, 『詩經動植物圖說』 動物卷, 中華書局, 2020.

高明乾·毛雪飛, 『詩經動植物圖說』 植物卷, 中華書局, 2020.

屈萬里, 『詩經全釋』, 屈萬里全集5, 台北: 聯經出版事業公司, 中華民國72.

吉川幸次郎 編選, 洪順隆 評析, 『詩經國風』 上, 下, 臺灣 台北市: 林白出版社, 中華民國68.

唐莫堯 譯詩, 袁愈荌 注釋, 『詩經全譯』, 中國貴州: 人民出版社, 1981.

大化書局 編纂, 『詩經動植物圖鑑叢書』, 台北: 大化書局, 中華民國66. 이것은 여러 책을 묶은 책이다. 그 중에서 청(淸) 나라 서정(徐鼎)의 『毛詩名物圖說』, 일본 강원봉(岡元鳳)의 『毛詩品物圖考』, 당(唐) 나라 육기(陸璣)의 『陸氏草木鳥獸蟲魚疏圖解』를 참조했다.

雒江生 編著, 『詩經通詁』, 中國西安: 三秦出版社, 1998.

馬瑞辰, 『毛詩傳箋通釋』, 全3冊, 中華書局, 1989.

潘富俊 著, 呂勝由 撮影, 『詩經植物圖鑑』, 中國上海: 上海書店出版社, 2003.

徐鼎, 『毛詩名物圖說』, 淸華大學出版社, 2006.

揚之水, 『詩經名物新證』, 中國北京: 北京古籍出版社, 2000.

楊合鳴, 『『詩經』疑難詞語辨析』, 崇文書局, 2002.

吳兆基 編選, 『詩經』, 中國北京: 宗教文化出版社, 2001.

王圻, 『三才圖會』 全3冊, 上海古籍出版社, 1988.

王延海 譯註, 『詩經今注今譯』, 河北人民出版社, 2000.

王巍, 『詩經民俗文化闡釋』, 商務印書館, 2004.

張允中, 『詩經古韻今注』, 臺灣商務印書館公司, 中華民國76.

唐子恒·廖群·安增才, *The Book of Songs*, 2冊, 山東友誼出版社, 1990.

Arthur Waley, *The Book of Songs*, New York: Grove Press, 1996.

Bernhard Karlgren, *The Book of Odes*, Stockholm: The Museum of Far Eastern Antiquities, 1950,

James Legge, *The She King or The Book of Poetry* (The Chinese Classics, vol. 4), Hong Kong University Press, 1960.

국풍 동식물명(학명) 색인

느낌이 있는 고전 _ 가장 오래된 노래

시경詩經 I _ 국풍國風

초판 1쇄 인쇄 ㅣ 2024년 02월 01일
초판 1쇄 발행 ㅣ 2024년 02월 08일

역해자 ㅣ 정용환
발행인 ㅣ 한정희
발행처 ㅣ 경인문화사
주 소 ㅣ 경기도 파주시 회동길 445-1 경인빌딩
전 화 ㅣ 031)955-9300, 팩 스 ㅣ 031)955-9310
이메일 ㅣ kyunginp@kyunginp.co.kr
홈페이지 ㅣ https://www.kyunginp.co.kr/
출판번호 ㅣ 제406-1973-000003호

ISBN 978-89-499-6775-2 94140
     978-89-499-6774-5 (세트)

정가 30,000원